城市精细化治理：
策略与应用

张世翔 王欣国 著

同济大学 出版社
Tongji University Press
·上海·

内 容 提 要

本书归纳了城市治理的概念与需求，梳理了城市治理的相关理论和方法，总结了国内外城市治理的发展现状，提出了城市精细化治理的内涵。全书按照可持续发展目标从"以人为本、安全韧性、智能化智慧化、卓越的全球城市构建"等方面提出了城市精细化治理的理论体系，分析了超大规模城市整体和市内基层社区的精细化治理策略与典型实践经验，并选取了交通、环境、公共卫生这三个典型的城市治理难点、痛点集中领域，进行了深入剖析与实践经验总结。

本书适合城市规划与城市治理、社区治理、公共管理等领域的人士使用，也可供相关领域科研人员、高校师生参考。

图书在版编目(CIP)数据

城市精细化治理:策略与应用 / 张世翔，王欣国著. —上海：同济大学出版社，2023.10
 ISBN 978-7-5765-0960-1

Ⅰ.①城… Ⅱ.①张…②王… Ⅲ.①社会管理－研究－中国 Ⅳ.①D63

中国国家版本馆 CIP 数据核字(2023)第 197486 号

城市精细化治理:策略与应用

张世翔　王欣国　著
责任编辑　丁国生　　**责任校对**　徐春莲　　**封面设计**　陈益平

出版发行	同济大学出版社　www.tongjipress.com.cn	
	(地址：上海市四平路1239号　邮编：200092　电话：021-65985622)	
经　　销	全国各地新华书店	
排　　版	南京文脉图文设计制作有限公司	
印　　刷	上海安枫印务有限公司	
开　　本	710mm×1000mm　1/16	
印　　张	16	
字　　数	325 000	
版　　次	2023年10月第1版	
印　　次	2023年10月第1次印刷	
书　　号	ISBN 978-7-5765-0960-1	
定　　价	88.00元	

本书若有印装质量问题，请向本社发行部调换　　版权所有　侵权必究

前言

本书立足党的二十大报告中"推进国家治理体系和治理能力现代化""完善社会治理体系""健全共建共治共享的社会治理制度,提升社会治理效能""坚持人民城市人民建、人民城市为人民,提高城市规划、建设、治理水平,加快转变超大特大城市发展方式,实施城市更新行动,加强城市基础设施建设,打造宜居、韧性、智慧城市""健全现代环境治理体系""提高公共安全治理水平""推动公共安全治理模式向事前预防转型""完善网格化管理、精细化服务、信息化支撑的基层治理平台,健全城乡社区治理体系""加快推进市域社会治理现代化,提高市域社会治理能力""发展壮大群防群治力量""建设人人有责、人人尽责、人人享有的社会治理共同体"等相关内容。

2017年3月5日,习近平总书记参加十二届全国人大五次会议上海代表团审议时指出"城市管理应该像绣花一样精细"。城市精细化管理,必须适应城市发展。要持续用力、不断深化,提升社会治理能力,增强社会发展活力。2018年11月6日,习近平总书记在上海考察时强调,一流城市要有一流治理,要注重在科学化、精细化、智能化上下功夫。既要善于运用现代科技手段实现智能化,又要通过绣花般的细心、耐心、巧心提高精细化水平,绣出城市的品质品牌。城市治理,承载着人民群众对美好生活的向往,关系着人民群众的获得感、幸福感、安全感,绝非一日之功。推进高质量发展、创造高品质生活,都离不开精细化的城市治理。大城市的现代治理,可以说是无所不包,又无微不至。"绣花"的比喻,强调的就是一种城市治理的"微操技术",思路要清,眼神要准,活更要细,针针都要绣在实处。"绣"的功夫到位了,城市的运行才能更顺畅、人民的生活才能更幸福。

本书分为理论篇和实践篇。在理论篇中,本书首先归纳了城市治理的概念与需求,梳理了城市治理的相关理论和方法；总结了国内外城市治理的发展现状。在此基础上提出了城市精细化治理的内涵，之后按照可持续发展的目标从"以人为本、安全韧性、智能化智慧化、卓越的全球城市构建"等方面提出了城市精细化治理的理论体系。在实践篇中，本书分别阐述了超大规模城市整体和市内基层社区的精细化治理策略与典型实践经验，选取了交通、环境、公共卫生三个典型的城市治理难点、痛点集中领域，进行了深入剖析与实践经验总结。

本书的撰写是伴随着作者之一张世翔教授主持的国家社会科学基金重大项目(21ZDA105)子课题、上海市哲学社会科学规划课题(2020BCK001,2023VZH042)、上海高校智库内涵建设项目(2022ZKNH073)、上海健康医学院校级重点科研项目(SSF-23-02-001)、上海健康医学院师资人才百人库"产学研践习"项目(A1-2601-23-311007-17)等科研项目进行的，在此向这些项目的支持方和全体项目组成员表示衷心感谢！上海中医药大学与上海健康医学院联合培养的公共卫生专业硕士研究生黄天翔和冯瀛尹参与了编撰工作；同济大学出版社诸位老师为本专著的出版提供了支持，付出了大量辛勤的劳动，也向他们致以衷心的谢意！

受作者的学识、水平等多方面因素所限，本书还存在诸多不足，期待相关学界和业界的同仁们不吝赐教。

张世翔　王欣国
2023 年 7 月于上海健康医学院

目录

理 论 篇

第 1 章　城市治理的相关理论

1.1　城市治理的概念 ·· 3
　　1.1.1　西方城市治理理论 ·· 3
　　1.1.2　我国城市治理理论 ·· 4
　　1.1.3　城市治理与城市管理的关系 ·· 4
1.2　城市治理的需求 ·· 5
1.3　风险治理理论 ··· 7
1.4　应急治理理论 ··· 9
1.5　协同治理理论 ·· 11
1.6　柔性治理理论 ·· 12
1.7　韧性城市理论 ·· 14
1.8　城市更新理论 ·· 16
1.9　智慧城市理念 ·· 18
1.10　人民城市理念 ·· 21

第 2 章　城市治理的相关方法

2.1　大数据方法 ··· 23
　　2.1.1　大数据的基本概念 ··· 23
　　2.1.2　大数据处理流程 ·· 24
　　2.1.3　大数据城市治理 ·· 25
　　2.1.4　大数据城市治理的革新与风险 ··································· 27
2.2　人工智能方法 ·· 27

  2.2.1　人工智能的基本概念 ………………………………………… 27
  2.2.2　人工智能城市治理新特性 ……………………………………… 28
  2.2.3　人工智能在城市治理中的应用 ………………………………… 29
  2.2.4　人工智能城市治理的革新与风险 ……………………………… 30
 2.3　区块链方法 …………………………………………………………… 30
  2.3.1　区块链基本概念 ………………………………………………… 30
  2.3.2　区块链方法城市治理体系架构 ………………………………… 30
  2.3.3　区块链方法城市治理应用 ……………………………………… 32
  2.3.4　区块链方法城市治理革新与挑战 ……………………………… 33
 2.4　网格化方法 …………………………………………………………… 33
  2.4.1　网格化方法的基本概念 ………………………………………… 33
  2.4.2　网格化城市治理机制 …………………………………………… 34
  2.4.3　网格化方法在城市治理中的应用 ……………………………… 35
  2.4.4　网格化方法城市治理革新与挑战 ……………………………… 36
 2.5　智能化升级 …………………………………………………………… 37
  2.5.1　智能化升级的基本概念 ………………………………………… 37
  2.5.2　智能化升级的逻辑机理 ………………………………………… 38
  2.5.3　城市治理智能化升级中城市大脑的功能机理 ………………… 39
  2.5.4　城市治理智能化升级的实践 …………………………………… 40
 2.6　数字化方法 …………………………………………………………… 40
  2.6.1　数字化转型与数字化治理 ……………………………………… 40
  2.6.2　城市数字化转型与数字化治理动态 …………………………… 41
  2.6.3　数字化治理框架 ………………………………………………… 42
  2.6.4　城市治理数字化转型的实践 …………………………………… 43

第3章　国内外城市治理的发展现状

 3.1　国内主要城市治理发展现状 ………………………………………… 44
  3.1.1　北京 ……………………………………………………………… 44
  3.1.2　上海 ……………………………………………………………… 46
  3.1.3　成都 ……………………………………………………………… 47

3.1.4　深圳 49
　　　3.1.5　郑州 52
3.2　国外主要城市治理发展现状 56
　　　3.2.1　纽约 56
　　　3.2.2　东京 57
　　　3.2.3　新加坡 60

第4章　城市精细化治理的内涵

4.1　当代城市治理面临的主要问题 64
　　　4.1.1　基层治理的主要问题 64
　　　4.1.2　交通治理的主要问题 67
　　　4.1.3　环境治理的主要问题 69
4.2　城市精细化治理的功能需求 72
　　　4.2.1　基层精细化治理的功能需求 72
　　　4.2.2　交通精细化治理的功能需求 74
　　　4.2.3　环境精细化治理的功能需求 77
4.3　城市精细化治理的"绣花"理论 79
4.4　城市精细化治理的典型模式 85
　　　4.4.1　数字化模式 85
　　　4.4.2　多元主体共治模式 89

第5章　城市精细化治理的可持续发展

5.1　城市与城市群可持续发展的治理需求 92
　　　5.1.1　城市与城市群可持续发展的基本情况 92
　　　5.1.2　城市与城市群可持续发展的需求策略 95
5.2　构建以人为本的城市精细化治理体系 96
　　　5.2.1　以人为本的城市精细化治理体系的基本情况 96
　　　5.2.2　以人为本的城市精细化治理体系构建策略 98
5.3　构建安全韧性的城市精细化治理体系 99

  5.3.1 安全韧性的城市精细化治理的基本概念 …………………………… 99

  5.3.2 安全韧性的城市精细化治理体系的构建需求 ………………………… 101

5.4 构建智能化智慧化的城市精细化治理体系 …………………………………… 102

  5.4.1 智能化智慧化城市精细化治理的驱动力 …………………………… 102

  5.4.2 智能化智慧化城市精细化治理的问题 ……………………………… 104

  5.4.3 智能化智慧化城市精细化治理的策略和发展方向 ………………… 105

5.5 持续完善精细化治理，构建卓越的全球城市 ………………………………… 108

实 践 篇

第6章 超大规模城市精细化治理的策略与实践

6.1 超大规模城市治理的需求与难点、痛点 ……………………………………… 115

6.2 超大规模城市精细化治理的典型策略 ………………………………………… 118

6.3 上海"一网统管、一网通办"的实践经验 ……………………………………… 121

  6.3.1 上海市"一网统管、一网通办"的实践 ……………………………… 121

  6.3.2 上海市"一网统管、一网通办"的问题 ……………………………… 123

  6.3.3 上海市"一网统管、一网通办"的对策 ……………………………… 124

6.4 杭州"城市大脑"的实践经验 …………………………………………………… 125

  6.4.1 杭州"城市大脑"的实践 ……………………………………………… 125

  6.4.2 杭州"城市大脑"的经验 ……………………………………………… 126

6.5 伦敦"一案多治"的实践经验 …………………………………………………… 128

6.6 超大规模城市精细化治理的未来发展方向 …………………………………… 132

第7章 城市基层社区精细化治理的策略与实践

7.1 城市基层社区治理的需求与难点、痛点 ……………………………………… 137

  7.1.1 我国城市基层社区治理的需求 ……………………………………… 137

  7.1.2 我国城市基层社区治理的难点、痛点 ……………………………… 138

7.2 基于"社区云"的上海基层社区精细化治理实践经验 ……………………… 141

	7.2.1 基于"社区云"的上海基层社区精细化治理的实践	141
	7.2.2 基于"社区云"的上海基层社区精细化治理的问题	142
	7.2.3 基于"社区云"的上海基层社区精细化治理的提升策略	143
7.3	佛山市禅城区以"大数据＋微服务"构建基层社区治理的服务新模式	145
	7.3.1 佛山市禅城区的基层社区治理实践	145
	7.3.2 佛山市禅城区的基层社区治理成效	147
7.4	美国阿灵顿县基层社区"官民协作"模式的实践经验	148
	7.4.1 美国阿灵顿县基层社区治理的实践	148
	7.4.2 美国阿灵顿县基层社区治理的经验	149
7.5	英国贝丁顿打造低碳生活社区的实践经验	150
7.6	日本港北新城镶嵌式养老社区的实践经验	153
7.7	城市基层社区精细化治理的未来发展方向	155

第8章 城市交通领域精细化治理的策略与实践

8.1	城市交通领域治理的需求与难点、痛点	159
	8.1.1 城市交通治理的需求	159
	8.1.2 城市交通治理的难点、痛点	160
8.2	上海国家智能网联汽车试点示范区的实践经验	163
	8.2.1 智能出租车	165
	8.2.2 智能物流配送车辆	166
	8.2.3 低速无人车的使用	166
8.3	上海共享单车绿色出行的实践经验	168
8.4	香港"公交私营、政府监管"的城市交通运行机制实践经验	169
8.5	东京智能化城市轨道交通管理的实践经验	171
8.6	新加坡"以道路收费制度为中心",实施城市交通需求控制的实践经验	173
	8.6.1 区域许可证制度(ALS)	174
	8.6.2 电子道路收费系统(ERP)	176
8.7	城市交通领域精细化治理的未来发展方向	178
	8.7.1 完善交通基础设施,增强交通供给能力	178

  8.7.2 坚持创新,打破信息壁垒,提高管理水平 ……………………………… 179

  8.7.3 促进交通产业发展,加快交通人才培养 ……………………………… 181

第9章 城市环境领域精细化治理的策略与实践

9.1 城市环境领域治理的需求与难点、痛点 ………………………………… 183

  9.1.1 城市环境治理需求 ……………………………………………………… 183

  9.1.2 城市环境治理的难点、痛点 …………………………………………… 185

9.2 上海"一江一河"环境治理的实践经验 ………………………………… 187

  9.2.1 苏州河治理 ……………………………………………………………… 187

  9.2.2 黄浦江治理 ……………………………………………………………… 190

9.3 长三角生态绿色一体化发展示范区环境治理的实践经验 …………… 191

  9.3.1 加强联保共治,跨域联保共治机制逐步健全 ………………………… 192

  9.3.2 夯实生态基底,生态环境一体化保护制度框架基本成型 …………… 193

  9.3.3 推动绿色发展,加快探索绿色创新融合发展路径 …………………… 193

9.4 伦敦泰晤士河与巴黎塞纳河流域环境综合治理的实践经验 ………… 194

  9.4.1 伦敦泰晤士河治理 ……………………………………………………… 194

  9.4.2 巴黎塞纳河治理 ………………………………………………………… 198

9.5 德国鲁尔工业区空气污染治理的实践经验 …………………………… 199

9.6 纽约斯坦顿岛城市垃圾填埋场改造治理的实践经验 ………………… 201

  9.6.1 清泉公园设计规划 ……………………………………………………… 202

  9.6.2 垃圾填埋场生态恢复的技术 …………………………………………… 203

9.7 城市环境领域精细化治理的未来发展方向 …………………………… 204

  9.7.1 创新城市环境治理理念 ………………………………………………… 205

  9.7.2 健全城市环境法治体系 ………………………………………………… 205

  9.7.3 促进城市环境治理多元主体的协同合作 ……………………………… 206

  9.7.4 精细再造城市环境治理过程 …………………………………………… 207

  9.7.5 完善城市环境精细化治理的绩效评价体系 …………………………… 208

  9.7.6 建立环境治理追责制度 ………………………………………………… 209

第 10 章　城市公共卫生领域精细化治理的策略与实践

- 10.1 城市公共卫生领域治理的需求、问题与挑战 ………………………… 210
  - 10.1.1 城市公共卫生领域治理需求 ……………………………………… 210
  - 10.1.2 城市公共卫生领域治理的问题 …………………………………… 212
  - 10.1.3 城市公共卫生领域治理挑战与应对策略 ………………………… 214
  - 10.1.4 城市公共卫生领域治理的趋势 …………………………………… 215
- 10.2 上海多轮公共卫生三年行动计划的实践经验 ………………………… 215
  - 10.2.1 行动计划实施背景 ………………………………………………… 215
  - 10.2.2 行动计划实施阶段与特点 ………………………………………… 218
  - 10.2.3 行动计划实践效果 ………………………………………………… 220
  - 10.2.4 行动计划未来趋势 ………………………………………………… 220
- 10.3 《上海市公共卫生应急管理条例》的实践经验 ……………………… 222
  - 10.3.1 条例概况 …………………………………………………………… 222
  - 10.3.2 条例贯彻实施情况 ………………………………………………… 222
  - 10.3.3 条例执法检查情况 ………………………………………………… 223
  - 10.3.4 未来精细化治理趋势 ……………………………………………… 225
- 10.4 上海市爱国卫生与健康促进工作的精细化治理 ……………………… 226
  - 10.4.1 爱国卫生与健康促进工作概况 …………………………………… 226
  - 10.4.2 爱国卫生与健康促进工作挑战 …………………………………… 227
  - 10.4.3 上海实践探索经验 ………………………………………………… 227
- 10.5 英国开展"健康城市运动"的实践经验对中国的启示 ……………… 228
  - 10.5.1 健康城市的概念 …………………………………………………… 228
  - 10.5.2 英国健康城市运动 ………………………………………………… 228
  - 10.5.3 英国"健康城市运动"经验借鉴 ………………………………… 229
- 10.6 加拿大开展"健康社区活动"的实践经验对中国的启示 …………… 229
  - 10.6.1 加拿大健康社区活动发展历程 …………………………………… 229
  - 10.6.2 加拿大健康社区活动的建设指标 ………………………………… 229
  - 10.6.3 加拿大"健康社区活动"经验借鉴 ……………………………… 230
- 10.7 新冠肺炎疫情数字防控治理 …………………………………………… 230

  10.7.1 数字流行病学监测 ··· 231
  10.7.2 决策支持的数据可视化工具 ·· 231
  10.7.3 快速识别病例技术 ·· 231
  10.7.4 数字接触追踪 ·· 232
  10.7.5 流动数据评估 ·· 232
10.8 城市公共卫生领域精细化治理的未来发展方向 ······················ 232

参考文献 ··· 234

理 论 篇

第1章 城市治理的相关理论

1.1 城市治理的概念

治理(governance)一词是英语系国家的日常用语,其概念源自古典拉丁文或古希腊语"引领、导航"(steering)一词,原意是控制、引导和操纵,指的是在特定范围内行使权威。1995年全球治理委员会将"治理"一词定义为:"个人和制度、公共和私营部门管理其共同事务的各种方法的综合。"

20世纪,欧美发达国家为了解决城市化进程中的问题,提出了"城市治理"的概念。这一概念的提出使得城市治理模式发生了很大程度的转变,相对于"城市管理","城市治理"是一种创新思维[1]。广义的城市治理是一种城市地域空间治理的概念,是指为了谋求城市经济、社会、生态等方面的可持续发展,对城市中的资本、土地、劳动力、技术、信息、知识等生产要素进行整合,实现整体地域的协调发展。狭义的城市治理是指城市范围内政府、私营部门、非营利组织作为三种主要的组织形态组成相互依赖的多主体治理网络,在平等的基础上按照参与、沟通、协商、合作的治理机制,在解决城市公共问题、提供城市公共服务、增进城市公共利益的过程中相互合作的利益整合过程。

1.1.1 西方城市治理理论

罗德·罗兹作为治理理论的先行者,归纳总结了治理的六种形态:作为一种引入私人企业参与政府管理的治理、作为一种强调政府与其他行为主体互动的共同体行为治理、作为一种强调掌舵与划桨职能相互分离的新公共管理治理、作为一种将自由民主与新公共管理相结合的善治的治理、作为一种以"多中心"取代政府"唯一中心"的社会-控制系统的治理、作为一种以全社会形式共同实现公共事务执行的自组织网络的治理。简·克伊曼则以更为简洁明了的方式将治理界定为一种国家、市场和社会之间的新的互动形式。B.盖伊·彼得斯认为[2]"'掌舵'是具有国家中心倾向的'旧治理'的核心概念,政府的核心机构如何对经济和社会加以控制与调节是其关注点,而具有社会中心倾向的'新治理'的核心概念是'互动',其关注的是政府的核心机构如何与社会民众互动,从而达成一种双方都能接受的决策与方式,而不是受政府,特别是中央政府的指令。"

此外,乔恩·皮埃尔曾考察了西方发达国家城市发展状况,按照参与者、方针、手段和结果四个因素,将城市治理模式分为:管理模式、社团模式、支持增长模式和福利模式。实际上,城市治理被视为对特定区域空间的治理,如今国外的城市治理模式并非一成不变。不同的国家不同的地区、同一国家和地区乃至同一座城市根据不同阶段的特点会呈现出不同的治理特点[1]。

1.1.2 我国城市治理理论

20世纪90年代末开始,我国学者基于国外学者关于治理问题的研究成果开始致力于城市治理领域的研究,并发表了一系列的研究成果,阐述了国外有关城市治理方面的相关内容,同时探讨了我国在城市治理方面的改革与成效[2]。

在我国,"治理"一词最早作为政治词语,最初的含义为"统治"。中华人民共和国成立后,"综合治理"一词率先用于阐述治理农业水患的经验。1979年,在探究城镇待业者问题时,国内相关部门提出了"综合治理"这一说法[3]。1991年全国人大常委会一致通过《关于加强社会治安综合治理的决定》,具体阐述了有关社会治安综合治理方面的内容。现阶段,我国学界根据不同研究视角在定义城市治理时提出了许多不同的看法。一些研究者基于城市发展与规划的视角强调政府在治理城市时转变职能的内容,一些研究者强调城市治理在区划中发挥的作用,一些研究者强调城市治理在经济发展的过程中利益主体发挥的相应作用。研究者们对于城市治理的定义不尽相同,但是他们均认为在目前多元化治理体系中城市治理是其中的重要构成环节,亦是"治理"的定义在城市领域中的有效拓展[4]。

1.1.3 城市治理与城市管理的关系

广义的城市管理是指对城市一切活动进行管理,包括政治的、经济的、社会的和市政的管理。狭义的城市管理通常就是指市政管理,即与城市规划、城市建设及城市运行相关的城市基础设施、公共服务设施和社会公共事务的管理。我们通常说的城市管理研究,其研究对象主要针对狭义的城市管理,即市政管理。

通过对城市管理与城市治理两者定义的比较,可认为前者是线性的,后者是非线性的[5]。城市管理实际上是政府管理,城市治理是政府机构与社会民众共同参与并互动的过程。城市治理是城市管理的深化和升华,具有更为复杂的体系或结构。城市治理的实质是在复杂的环境中,政府与社会组织和民众共同参与管理城市的过程和方式,在此过程中政府必须调节其自身、社会各组织和社会民众之间的关系,从而促进城市的发展和提升城市的竞争力。

1.2 城市治理的需求

党的二十大报告指出:"坚持人民城市人民建、人民城市为人民,提高城市规划、建设、治理水平,加快转变超大特大城市发展方式,实施城市更新行动,加强城市基础设施建设,打造宜居、韧性、智慧城市。"

以民众需求为导向的精细化治理理念随着我国政府治理能力提升,已从构想逐渐转变为现实。2017年3月5日,习近平总书记参加十二届全国人大五次会议上海代表团审议时指出,"城市管理应该像绣花一样精细"。城市精细化管理,必须适应城市发展。要持续用力、不断深化,提升社会治理能力,增强社会发展活力。2018年11月6日,习近平总书记在上海考察时强调,一流城市要有一流治理,要注重在科学化、精细化、智能化上下功夫。既要善于运用现代科技手段实现智能化,又要通过绣花般的细心、耐心、巧心提高精细化水平,绣出城市的品质品牌。

中国特色社会主义已经进入新时代,我国社会的主要矛盾已经转变为人民日益增长的美好生活需要和不平衡不充分的发展之间的矛盾。城市精细化治理则成为新时代推进国家治理体系和治理能力现代化的重要组成部分,城市居民的需求不仅仅是对物质的需求,也是对民主、法治、公平、正义、安全、环境等方面更高的需求,呈现出多样化、个性化发展的特点。

改革开放以来,我国城市快速发展,忽视了经济社会的协调,从而出现了资源短缺、环境恶化等问题,可持续发展问题日益受到关注。因此,需要构建完善的城市精细化治理体系,深度解决城市治理中的问题,推动城市健康发展。目前,我国的城市治理正在从传统管理模式向现代化精细化治理模式转变[6]。城市精细化治理主体需要多元化,增加社会参与,形成多元治理理念,关注城市民众,他们也是城市的主体角色。应强化精细化治理理念,使城市治理精准化和精确化。城市政府在注重经济利益的同时,公众利益和城市居民的需求也不能忽视,要加强社会参与公共治理,实现从"经济导向型"到"服务导向型"理念的转变。城市治理中,应避免出现"头痛医头脚痛医脚"的现象,对城市内部的各个要素都应进行有效的治理,避免"碎片化"现象出现。不仅在治理过程中避免"碎片化"现象,治理结构中也要如此。我国政府目前实行横向的专业分工与纵向的权力分工,所以政府的各个职能部门之间、各级政府之间存在各自为政的问题。各个部门缺乏沟通合作,导致城市治理结构上的"碎片化",使治理缺乏系统性,资源无法有效整合,治理效率低下,一定程度上抑制了城市精细化治理的进程。此外,我国正处于飞速发展的大数据时代,信息化技术应当作为城市治理的手段加以应用。大数据平台、"互联网+"的应用可以有效解决治理手段落后、信息化程度低的问题。政府能够通过大数据信息平台为城市民众提供一些服务和公共信息,也可以通过平台收集信息,进行整合处理,从而了解公众的需求和城市问题。各个部门的信息数据应统一管理,实行数据互通共享,提高信息收集处理能力和解决问题的效率,提升城市精细化治理水平。

从治理方式上看,精细化治理满足的是个人的需求,最终形成的治理方式因人而异,具有个性化、多样化的特点。在精细化治理思想下,城市治理不仅要考虑宏观因素,即对城市进行可持续发展的构建,还需要从微观的角度对个体存在和提出的问题及需求进行研究与反馈。在此过程中,大多数从微观层面提出的问题和需求通过整合,能够转化为结构性问题,从而具备足够的治理价值。

张驰等人提出居民需求下的分层治理,公民需求的溢出是城市治理相关事务产生的源头,满足公民需求是城市治理的目标[7]。其以需求溢出理论为基础将需求分为人道需求、适度需求、奢侈需求三个层次,以此来构建城市治理不同层次需求的治理模式(表1-1)。人道需求被认为是刚性需求,如住房需求、医疗需求等。我国在2020年消除了绝对贫困,因此可认为我国已满足刚性需求。这种满足的状态需要保持在一定合适的范围内,如果超出范围,人道需求则会部分转变为奢侈需求,产生消极影响。适度需求具有存在形式多样性和目标实现长期性的特点,在城市治理的过程中,对适度需求作出不同的选择,城市会向着个性化、多元化的方向发展。适度需求的满足是城市治理的主要内容,由于政府能力有限,无法满足所有的适度需求,可以通过政社共治的合作方式来实现。第一种通过政府和社会按比例共同承担,第二种则是政府和社会按照行动条件与参与次序开展工作。需求溢出理论将政府参与次序分为"政府居前""政府居中""政府居后"三种模式,可按照城市治理的不同内容选择不同的行动方式。奢侈需求能够拉动经济增长,促进经济发展,但在特定的主体环境中部分奢侈需求会产生消极的影响。对于这部分奢侈需求,政府通常采用强制措施。但是对于社会组织或民众个人,强制手段的有效性欠佳,通常采用降低需求预期的方式。

表 1-1 城市治理不同层次需求[7]

层次	主范畴	层次内涵
人道需求	基本生活保障需求 安全需求 科学规划需求 产业发展需求 善治需求	满足人类基本生存条件以及能保持"社会人"属性的需求
适度需求	市场体系完善需求 教育需求 宜居环境需求 信息化需求 地方认同需求	需求在社会认许的合理范围内,旨在提高生活质量且无法在短期内得到满足
奢侈需求	奢侈生活需求 隐性收益需求	需求不在社会主体成员普遍认可的合理范围,在一定程度上存在资源的浪费

1.3 风险治理理论

风险治理既是动态过程,也是系统方法,指的是通过确立风险背景、识别风险、评估风险进而采取相应措施削减或回避风险,降低危机发生的可能性或者限制危机的影响,其最大的特点是注重预防,而非在风险转化为危机后采取被动的应急措施。实际上,现代社会就是一个风险社会,繁杂多样的风险充斥在我们的社会生活中。一方面如自然灾害一类的传统风险仍然存在,另一方面如网络风险一类的新兴风险不断涌现,同时二者的交织叠加导致每一种风险都包含诸多复杂因素,这就需要我们不断提高识别和治理风险的能力,从治理层面进行分析和研判。

德国社会学家乌尔里希·贝克是"风险社会"观点的主要倡导者,他认为风险是一种危险更是一种机遇、是一种事实更是一种文化、是一种虚拟更是一种现实,风险是我们知识扩展的动力,而知识是我们风险的源泉,风险是一种拓展未来的方法,更是不可控制的未来[8]。吉登斯认为应该从民主、自由、权力中心分散的亚政治形式中去探索高风险社会治理机制的新模式。鲍曼以现代社会的流动性和个体化过程为基础,以减少人们的不安全感,保留差异性和多样性的存在及不同文化之间的对话为原则实行现代及未来社会的管理模式。迈尔克·梅赫塔认为公众参与决策是非常重要的,不能仅仅依赖于技术与专家的决策。

与我国相比,西方国家风险观念的出现和应对风险的意识产生得早。通过对西方发达国家风险治理模式及经验的探索和研究,何珊君等认为西方发达国家风险治理模式可分为:开放政治(也称亚政治)模式、公民参与模式、风险文化模式、大数据与专家技术系统模式、制度与规范模式[9]。这五种模式各有利弊,可为我国风险治理提供参考。

国内学者从不同角度探讨了高风险社会管理,由于中国社会的特殊性,其风险治理也有着特殊的要求。杨雪冬在《改革路径、风险状态与和谐社会治理》一文中,分析了中国社会风险现状、衍生过程与风险类型,提出了公共责任与复合治理的重要概念[10];在《风险社会理论与和谐社会建设》一文中,杨雪冬提出中国需要复合治理,总结了中国目前面临的五大风险特点,该文以加快现代治理机制的构建为重点,再次强调公共责任与公共治理的重要性,但并未讨论如何构建这种责任[11]。陶建钟曾经在《风险社会的秩序困境及其制度逻辑》一文中以工具理性与价值理性的矛盾为切入点,指出社会风险的内在逻辑,认为社会风险与困境的治理仍然需要依靠制度,尽管他认为"风险社会下应对风险的制度恰恰成了风险的寄舍",但想要达到风险治理的目标还是可以通过制度的理论自觉、文化启蒙与生态政治实现[12]。李路路认为,中国社会所面临的风险是叠加的,因为当代中国正在经历现代化和体制转型的双重过程。基于现代社会的"时—空延伸"特征,以及中国体制转型时期的多元化、市场化、非集中化、流动性特征,重建共享价值观体系、弹性社会结构、国家与社会的组织化体系、法治及社会信息沟通体系成为当代中国社会控制体系所面临的巨大挑战[13]。张文显从构建和谐社会的法治视角,提出了构筑民主与共和机制、尊重与保障权利及人权机制、激发活力和创造机制、重建确保社会信用机制等十种法律机制[14];刘婧从对风险的不确定性因素的考察出发,提出了责任伦理的确立是人类应对风险社会挑战的有效途径[15]。另外,国内许多学者都从不同的视角提出了建议和对策。近十年来,这些建议和对策在一定程度上发挥了重要作用。

由于风险具有流动性,并随社会、经济、技术发展而变化,在新阶段和未来一段时间内,还需要提出对中国社会而言更有针对性、更有实践意义的方略与治理机制。陈东冬从马克思主义理论的视角出发,通过对资本主义经济危机的分析为风险社会治理提供了理论依据,认为风险社会的不确定性增加了治理难度[16]。现如今,风险治理面临着一系列治理困境,政府应当更新风险治理理念、完善风险治理机制、整合风险治理资源、丰富风险治理工具、提供优质公共服务,提高风险社会治理的有效性。赵秋提出了市域社会风险治理,从韧性治理的视角出发,分析市域层面的风险治理存在的短板,为实现市域社会治理能力现代化提供建议[17]。"流动人口"是一个具有我国国情属性的概念,是我国特定阶段的社会现象与社会转型产物,在经济社会发展与急剧变迁的背景下,伴生并蕴藏着巨大的社会风险。木永跃认为从社会风险类别和变化趋势来看,流动人口的社会风险促使风险管理朝着风险治理方向转型已是客观需求;从国家治理的维度看,应实现流动人口社会风险从"善政"到"善治"的转化[18]。这些新对策的提出,在实现国家治理体系与治理能力现代化的过程中将起到重要作用。

1.4 应急治理理论

十九届四中全会将应急管理提到了国家安全战略高度,对应急管理能力现代化提出了更高的要求,也要求以此为契机,做好从"应急管理"到"应急治理"及"安全治理"的理论范式转变。同时,也要求我们在应急治理实践中,以治理理论为基础,构建更为高效的应急治理体系和更为配合有序的应急治理共同体[19]。应急治理最早出现于冷战末期,由民防衍生而来。在国外,应急治理大多被定义为公共危机治理或危机治理,在20世纪早期,西方国家开始了对危机管理的研究。国外学者从各个方面对危机的成因和应急治理理论开展了全面的研究。我国应急管理理论的研究因为2003年"非典"事件的推动,得到了进一步发展。如今,我国已经形成以"居安思危,预防为主"为指导方针,以"一案三制"为基础的应急管理体系。

根据《中华人民共和国突发事件应对法》,应急治理是指突发事件的预防与应急准备、监测与预警、应急处置与救援、事后恢复与重建等应对活动。其目的是预防和减少突发事件的发生,控制、减轻和消除突发事件引起的严重社会危害,规范突发事件的应对活动,保护人民财产安全,维护国家安全、公共安全、环境安全和社会秩序。国外学者认为应急治理是一个动态的过程,具有几个不同的阶段,在不同的阶段有不同的任务。在传统的应急管理理论中,罗伯特·希斯提出的4R(缩减Reduction,预备Readiness,反应Response,恢复Recovery)应急管理理论极具代表性和权威性(表1-2)。其从危机生命周期的角度对应急管理的全过程进行指导,既为管理人员提供了应对危机的基本方案,又提供了评估危机事件处理效果的基本标准。4R应急管理理论中,缩减是应急管理理论最核心的内容,贯穿于应急管理的全过程。体现在目标层面和行动层面。就目标层面而言,是最大限度降低危机造成的冲击,就行动层面来说,对环境、结构、系统和人员提出了全面的要求[20]。美国联邦安全管理委员会认为,应急治理包括减缓(Mitigation)、准备(Preparation)、响应(Response)、恢复(Recovery)四个阶段,与罗伯特·希斯提出的4R理论相似。

表1-2 罗伯特·希斯的4R应急管理理论模型[21]

危机周期	4R程序	具体行动	突发事件分析法
危机事前	危机缩减(Reduction)	风险评估	科学评估突发事件的危害性
危机事前	危机缩减(Reduction)	管理策略	提前制定突发事件防控体系
危机事中	危机准备(Readiness)	风险预警	建立突发事件的预警系统
危机事中	危机准备(Readiness)	行动演习	组织开展相关知识学习与模拟演练
危机事中	危机反应(Response)	应对策略	尽快到达现场并进行全面部署
危机事中	危机反应(Response)	信息沟通	实情调查获取更多信息并及时反馈
危机事后	危机恢复(Recovery)	影响分析	分析突发事件发生缘由与影响
危机事后	危机恢复(Recovery)	恢复策略	制定恢复计划并做好回访、记录等善后工作
危机事后	危机恢复(Recovery)	经验总结	总结突发事件应对的经验与策略

现代社会政治、经济、技术、文化等不断融合发展,我们正面临来自自然生态及社会领域日趋增多的突发危害事件。因此,应急治理强调对危机事件的综合治理、全程治理,强调治理模式不再是单一地以政府为中心,而是在政府的主导下,社会多元力量共同参与应对。不同于一般的治理,应急治理具有明显的时间紧迫性,需要以极快的速度和有效的手段进行治理才能减少伤害。应急治理还具有灵活性,由于危机是复杂多变的,往往会脱离控制范围,所以经常需要以灵活多变、打破常规的方式进行应对。

目前我国关于应急治理的研究,主要集中在宏观区域,强调国家、省、市县区域的应急治理。新冠肺炎疫情发生以来,社区在应急管理中的作用越来越重要,社区应急治理遂成为学者研究的热点。国内外学者主要从社区应急能力、社区应急治理模式、社区应急治理的功能、社区应急协同四个方面展开研究[22]。大数据技术的发展也为应急治理提供了新的方向,佟德志表示,大数据应急治理模式实现了治理主体的多元化、治理程序的简约化和高效化。在抗击新冠肺炎疫情期间,我国已逐渐形成了基于大数据的"响应—处理"疫情应急治理模式(图1-1)[20]。

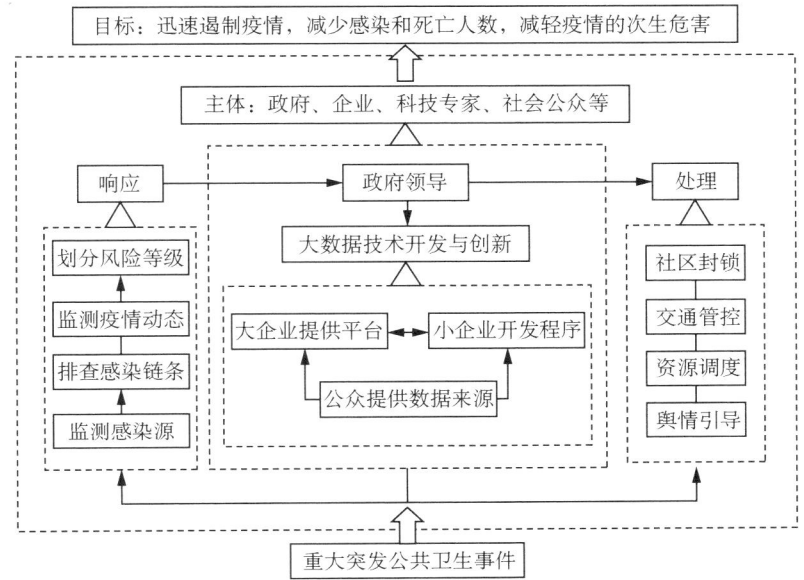

图 1-1　基于大数据的疫情应急治理模式[20]

1.5　协同治理理论

协同治理理论作为一种新的治理理论,在20世纪八九十年代被提出,是自然科学协同理论与社会科学治理理论的有机结合。联合国全球治理委员会认为,协同治理是个人、各种公共或私人机构管理其共同事务的多种方式之和。

协同学理论创始人赫尔曼·哈肯认为,协同是系统要素或子系统之间通过相互作用和配合,在时间、空间和功能上形成一定的自组织结构,从无序走向有序的过程。爱德华·弗里曼认为,协同治理是以解决问题为导向,由利益相关者参与并共同承担责任的实践。协同学原理与协同治理在研究对象的属性上具有众多的相似性,在对整体、结构、行为、自组织等核心范畴的理解上同样存在着相似性。可以说,协同学理论为协同治理过程中相关利益主体协同转换过程的理解提供了直接的理论基础。协同治理的过程是多个利益主体围绕政策目标进行博弈的过程,协同学理论对深入认识协同治理过程中的整体效应有着帮助作用。在公共资源分配过程中,协同学能帮助我们正确区分主要矛盾与次要矛盾,引导政策执行沿着政策目标推进。在政策执行过程中,能帮助我们加深对执行过程中相关结构形成和转化的认识。

党的十八届三中全会以来,协同治理理论在我国得到了迅速普及。高培勇指出,政府不是唯一的治理主体,社会组织和个人同样也是治理主体的一部分,这体现了共治的精神和方向[23]。杨宏山等针对京津冀区域发展由区域一体化治理转变为区域协同治理的过程,提出相比偏于理想化的一体化治理,协同治理更切合实际和更具操作性[24]。闫冰认为,在我国城镇快速发展的背景下,城市社区成为社会治理的重要环节。针对目前城市社区治理存在着各自为政、缺乏沟通与协调等"碎片化"现象,提出了社区协同治理路径[25]。

协同治理的基本特征和内涵主要表现为以下几个方面:

第一,治理主体的多元化。治理主体由过去的"一元"转变为"多元",多元治理不意味着各主体是并立的,仍然需要突出主责部门、主导力量,一般都由政府担任领导核心角色。政府通过建章立制、监督管理、激励引导等手段对其他参与主体进行适当的干预,以保证整体治理的有序性和有效性,从而达到共同治理的目的。第二,治理目标的趋同性。协同治理是一个多方互动的过程,并且要保持各主体之间的平衡和协同。政府机构内部是如此,政府与非政府机构之间亦是如此。为了实现这种协同,各主体需要树立一个共同目标,在共同目标的指引下,通过相互协作、相互融合的方式积极参与公共事务处理,发挥出协同治理的内在动力。简而言之,达成思想共识、协同互动。互动是协同的基础,没有互动,不可能有协同。第三,资源整合与共享。为实现共同目标,协同治理形成了分工合作、动态合作的治理结构,对各主体所拥有的资源进行整合和共享,使多元主体各自以及整体的优势和作用得到最大化的发挥。第四,制定规则与考核评估。协同治理涉及多方权益,管理活动的执行需要得到统一规范,并在此基础上建立法治化、规范化的管理途径,为多重利益诉求实现提供支持与保证。政府在制定行动规则和统一行动方面,发挥着无可取代的作用。同时,要以共同目标是否达成进行评估与考核,对整个协同过程、各协同主体作用发挥情况进行监督评估,以衡量协同治理效果,同时将考评结果作为改善协同过程的科学依据[25-26]。

1.6 柔性治理理论

柔性治理,即政府不依靠自上而下的行政强制措施,而是秉持以人为本、自主、平等、民主的理念,通过非强制性的方式,激发治理主体和客体的内在潜力,使之发挥主动性和创造性,寻求社会对于政府治理的信任、配合和参与,从而实现善治的目标。

柔性治理是由"柔性管理"和"治理理论"结合而产生的,它源于柔性管理。国内外政府管理与政府治理的发展历程显示,政府依靠权威治理产生的效率已经无法适应社会对政府治理的要求。在社会问题和效率双重压力制约下,柔性治理登上了历史的舞台。柔性治理有别于"刚性治理""官治""自治"和"多中心治理",它的关键在于关注和治理社会中的"人",关心普通人的关系、情感,在治理的过程中,既要合理地利用法律法规,又要尊重群众的话语权、畅通利益表达,促进作为普通人的治理对象的参与[27]。

从社会实践的视角出发,柔性治理的研究遵循着宏观和微观两条路径。①在宏观层面,柔性治理重新定位了国家、社会与个体之间的关系,从而使得国家解决复杂的社会问题的能力增强。在计划经济时期,国家对于社会与个体的强制性管理方式虽然取得了积极的成效,却也造成了一些不可回避的问题,比如限制了社会和群众的自主性以及积极性,公私之间的界限被混淆或者模糊。特别是社会问题具有多样、动态、复杂的特点,柔性治理不仅关注市场,也关注社会,为政府解决新的问题提供了新的治理方式。②在微观层面,柔性治理被应用到企业治理、社会组织管理、城乡社区治理等具体的实践领域,用来满足个体的差异性需求。特别是伴随着乡村社会秩序的转型,运用刚性治理管理农村社会的方式逐渐难以满足群众的生产和生活需求,需要柔性治理弥补刚性治理的不足[28]。城乡社会的"双轨"体制因柔性治理而重新构建。柔性治理实现了多主体之间的平等互动与相互协商,打破了自上而下造成的控制与被控制的关系。根据我国城市治理的具体实践,城市柔性治理主要包括:以人民为中心、多元主体共同治理、运用非强制性手段、构建城市治理共同体。

柔性治理是现代城市治理的内在需求。2013年11月,十八届三中全会提出"国家治理体系和治理能力现代化"的重大命题,其本质上对政府的社会治理提出了新的挑战和要求。特别是在改革进入深水区和攻坚期之后,刚性治理已经难以满足政府治理社会的需求,柔性治理的产生也就具备了理论基础和现实需求。2019年李克强总理在部署新型城镇化建设时提出:"新型城镇化要处处体现以人为核心,提高柔性化治理、精细化服务水平,让城市更加宜居,更具包容和人文关怀。"在柔性治理下,政府的强制性管理逐渐淡化,政府成为友好协商、协同合作的引导者,各个参与者之间互利合作、共赢。

柔性治理对现代城市具有重要价值。柔中带刚、刚柔并济的柔性治理包含了包容、关怀、灵活、信任等现代城市治理的内在特质需求,使得城市有了充实的社会资本,夯实了城市治理的社会基础。柔性治理运用非强制手段使得多元主体对公共事务的治理形成了一致性意见,让公众以平等合作的态度融入城市治理之中,从而促进了社会凝聚力的形成。政府与公众、社会组织等主体建立了彼此理解和信任的交往关系,让公众对政府制定的政策进行多角度多层次的理解,进而更好地塑造并不断巩固了政府权威。

1.7 韧性城市理论

"韧性"一开始是物理学、材料力学、船舶业等领域的概念,它的意思是,当一个主体发生了变化,它可以用自身的力量在一段时间内,将自身还原成原来的样子。1970 年,这个理论被引入生态学中,在此期间,"韧性"的概念从促使对象回归到最初状态,转为对对象进行稳定的塑造。随着对气候灾害、管理学、心理学、社会学等学科的不断扩展,从"工程韧性"到"生态韧性"再到"演进韧性",韧性理论在不断地丰富发展(图 1-2,表 1-3)。

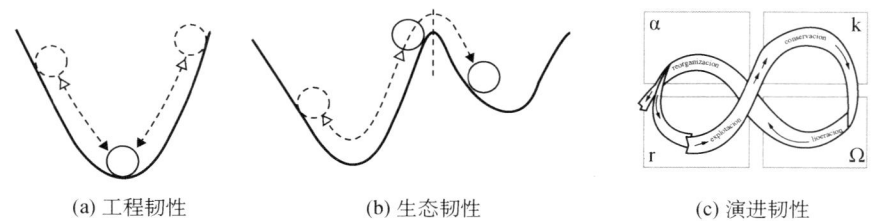

(a) 工程韧性　　　　(b) 生态韧性　　　　(c) 演进韧性

图 1-2　工程韧性、生态韧性、演进韧性示意图

表 1-3　三种不同韧性观点的总结比较

韧性观点	平衡状态	本质目标	理论支撑	系统特征	韧性定义
工程韧性	单一稳态	恢复初始稳态	工程思维	有序的、线性的	韧性是系统受到扰动偏离既定稳态后,恢复到初始状态的速度
生态韧性	两个或多个稳态	塑造新的稳态,强调缓冲能力	生态学思维	复杂的、非线性的	韧性是系统改变自身结构之前所能够吸收的扰动的量级
演进韧性	抛弃了对平衡状态的追求	持续不断地适应,强调学习力和创新性	系统论思维,适应性循环和跨尺度的动态交流效应	混沌的	韧性是和持续不断的调整能力紧密相关的一种动态的系统属性

目前,关于韧性的研究学者们已基本达成如下共识:第一,韧性具有4R特性,即坚固性、冗余性、快速性和多样性。其中,坚固性是指在受到自然和其他外部环境的影响时,系统不会轻易地破裂;冗余性是指当某个体系结构出现断裂或错位时,该体系仍能正常工作并持续运作;快速性可以使时间效率得到增强,也就是可以使系统在较短的时间或相对时间内恢复到原来的状态;多样性是指组织结构、组织资源、从各个角度应对危机的能力。第二,危机应急管理强调了应急预案、应急响应、善后处理,韧性理论强调了对自然和社会环境的系统分析,调整内部结构,提高应对能力,并利用社会资源,在最短的时间内解决危机。在社区治理中运用韧性理论,可以为社区治理提供新的思路[29]。

党的十九届五中全会首次提出"建设韧性城市"的概念。十三届全国人大四次会议通过的"十四五"规划,进一步提出"顺应城市发展新理念新趋势,开展城市现代化试点示范,建设宜居、创新、智慧、绿色、人文、韧性城市"。这是"韧性城市"这一概念首次在我国五年规划中被提及。2020年11月1日《求是》杂志发表的习近平总书记重要文章《国家中长期经济社会发展战略若干重大问题》再次强调"韧性城市"的概念,认为城市的发展不能只考虑规模经济效益,必须把生态和安全放在更加突出的位置,统筹城市布局的经济需要、生活需要、生态需要、安全需要。要坚持以人民为中心的发展思想,坚持从社会全面进步和人的全面发展出发,在生态文明思想和总体国家安全观指导下制定城市发展规划,打造宜居城市、韧性城市、智能城市,建立高质量的城市生态系统和安全系统[30]。

韧性城市理念的形成是一个多种学科不断相互融合的过程。20世纪90年代末,学者对韧性的研究逐渐从自然生态学拓展到人类生态学,主要应用于灾害防治、城区经济韧性、基础设施韧性、城市恐怖袭击韧性以及城建规划等领域。2002年倡导地区可持续发展国际理事会(Local Governments for Sustainability, ICLEI)首次提出"韧性城市"议题。2013年洛克菲勒基金会启动"全球100韧性城市"项目,为了提升城市韧性以应对21世纪物理、社会、经济、制度等多领域的挑战。2016年第三届联合国住房与可持续发展大会发布《新城市议程》,倡导将"城市的生态与韧性"作为新城市议程的核心内容之一,为韧性城市的可持续发展设定了新的全球标准[31]。

韧性城市面临的冲击或压力往往不是单一的,而是多重不确定因素共同导致的。

韧性城市的建设不仅仅依靠政府,更需要企业、公众等城市各方相关利益群体相互协作。在城市规划建设和管理理念上,韧性城市强调营建和维护社会体系以应对压力和灾害,并提升组织协调能力、反应能力和学习能力。韧性城市的规划构建要符合人类长期的生存和发展需要[32]。朱正威等通过对新冠肺炎疫情风险下两个代表性城市韧性建设实践案例分析发现,我国韧性城市建设正在经历从简单借鉴向自主创新、由强调城市局部功能强化到追求城市系统韧性提升的转变[33]。同时,在应对风险时的系统准备、常态与应急管理的衔接、大城市韧性建设的制度化等方面存在不足,提出"发展—安全"同构的韧性治理推动后疫情时代韧性城市的建设。梁正认为,"技术赋能"与"技术赋权"是大力推动基层韧性治理的重要抓手,是打通韧性城市建设"最后一公里"的重要手段[34]。项松林等通过合肥市韧性城市建设现状,提出了未来韧性城市建设的发展路径:强化技术赋能为抓手,培育产业新动能;落实以人为本理念,打造社区应急单元;深化智慧基建为动力,提升城市安全性能;构建多元参与模式,健全城市风险治理机制[35]。

韧性城市是城市安全发展的新范式。制定韧性城市战略规划、实施韧性城市管理体制,是发达国家韧性城市建设的基本经验。让城市更有韧性,归根结底还是为了让城市更平安、更宜居、更有温度,让市民更安心。这源于城市治理体系和治理能力现代化的扎实推进,是对"人民至上、生命至上"理念的真正落实。

1.8 城市更新理论

改革开放四十多年以来,中国经历了全世界规模最大、速度最快的城市化进程。根据数据显示,1978年到2020年,我国城镇化水平由17.9%增长到63.89%,城镇人口由17 245万人增加到90 199万人,增长5.22倍。中国城镇化走过了一条粗放、外延扩张式的发展道路,土地城市化明显快于人口城市化,建设用地使用方式粗放,效率偏低。1981年,设市建制的城市数量为226个,城区人口为1.4亿人,建设用地面积为6 720平方千米,2021年,我国设市建制的城市数量达691个,城区人口达5.6亿人,建设用地面积达6.2万平方千米。同比1981年,2021年城区人口增长4倍,建设用地增长9.2倍。全国城镇体系结构发生了根本性改变,各个规模级别的城市数量显著增加,迅速增加的城市数量与日益拉大的城市规模,成就了中国近几十年以城市增长主义为主要特征的快速城市化。粗放、外延扩张式发展模式带来一系列问题:第一,资源浪费,环境压力加大,城市面临"硬约束";第二,"城市病"日益突出;第三,"土地财政"难以为继。

传统的依赖人口和土地红利的城镇化路径已不可持续,而资源环境硬约束、"城市病"也使得粗放的发展模式难以为继。《国家新型城镇化规划(2014—2020年)》指出,我国城镇化发展由速度型向质量型转型势在必行;2015年中央城市工作会议强调,要树立"精明增长"和"紧凑城市"理念,推动城市发展机制由外延扩张式向内涵提升式转变(图1-3)。

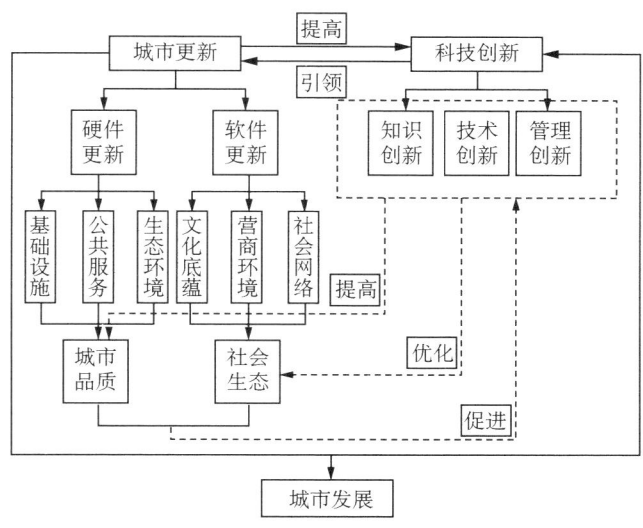

图1-3 城市发展机制[36]

从广义上讲,自城市出现以来就存在着城市更新。基于不同阶段城市发展所面临问题的差异性,城市更新的范围与内容逐步扩大。城市更新是城市规划治理的永恒主题。2000年以后我国兴起了大规模城市更新实践,主要采取以城中村改造、棚户区改造为重点的"外科手术式"旧城改造模式。这种模式可以明显改善空间形态、重塑城市环境,但也带来一些问题,例如:这种改造模式过于追求经济利益,损害了公共利益;缺乏系统性设计,城市系统性问题难以解决,系统性风险增大;极大程度上破坏了旧城区的社会经济结构、历史文化、传统风貌。2009年之后,以深圳、上海、广州为代表的超大城市通过出台城市更新实施办法、组建相关职能机构等措施探索城市更新转型。其中,2009年深圳市人民政府最早出台《深圳市城市更新办法》,并于2012年1月出台《深圳市城市更新办法实施细则》;2015年广州市人民政府和上海市人民政府分别出台《广州市城市更新办法》和《上海市城市更新实施办法》,为更好地开展城市更新制定了实施细则。同时,2014年12月广州市组建城市更新局,2015年5月上海市成立城市更新工作领导小组,2016年12月深圳市成立查违和城市更新工作领导小组,为实施城市更新提供坚实的组织机构保障[37]。

王嘉等以空间治理的视角,阐述了我国城市更新经历了政府主导下的一元治理、政企合作下的二元治理、多方协同下的多元治理三个阶段,提出了建立纲领性的顶层设计和指导方针、构建精细化的城市更新规划和政策体系、完善共建共治共享的多元主体关系,以及实现以人为核心的高质量发展的建议[38]。董昕研究发现,我国城市更新已从"零星改建"进入"规模化更新"阶段,也从"大拆大建"进入"存量提升"阶段。但是,城市更新的制度架构不完整、居民参与性差、对财政依赖过重、绿色低碳理念落地不足,需进行针对性改善[39]。党云晓等基于双层级双变量离散选择模型,分析了在城市更新背景下流动人口的居住/就业变动概率远高于本地人口,城市更新造成了流动人口居住和就业的不稳定[40]。

时至今日,城市更新转型已成为必然趋势,多角度多层面的城市更新实践不断深入,新的城市更新模式正在形成,迫切需要新理论和新技术指导。

1.9 智慧城市理念

党的十九大报告提出建设"智慧社会"的理念。智慧社会将是人类社会发展历程中的一次全方位、系统性变革,其发生规模、影响范围和复杂程度远超以往,并将彻底改变人们的生产生活方式,重构个人、企业、政府、社会之间的互动关系,变革国际竞争格局和社会治理模式(图1-4)。

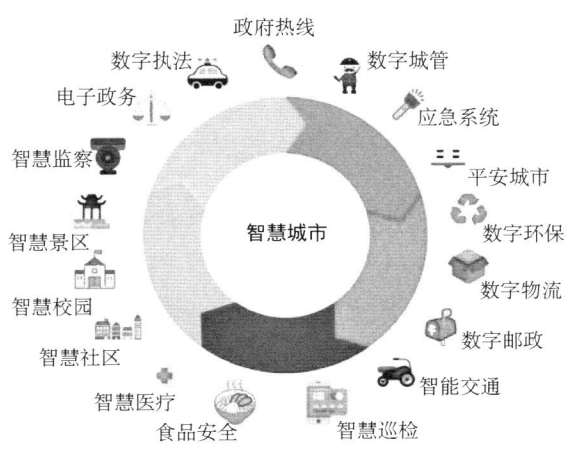

图1-4 智慧城市构成示意图[41]

我国是世界上最早开展智慧城市建设的国家之一,住房和城乡建设部于2012年开展智慧城市试点,截至2018年,我国全部副省级以上城市、超过76%的地级市和超过32%的县级市,总计大约500座城市已明确提出或正在建设智慧城市。至2020年,我国智慧城市试点项目占全球同类项目数量的一半以上,超过了欧洲、印度和美国同类项目之和。

巫细波等认为"智慧城市=物联网+互联网",智慧城市的核心是通过利用以物联网、云计算等为核心的新一代信息技术以一种更智慧的方式来改变政府、企业和人们相互交往的方式,对各种需求做出快速、智能的响应,提高城市运行效率,为居民创造更美好的城市生活[42]。从功能角度看,智慧城市体系可以分为感知层、网络层和应用层,三层具有更透彻的感知、更广泛的互联互通、更深入的智能化的特征。方卫华等将智慧城市定义为:政府通过理想的"制度框架",充分挖掘、利用信息技术的"三变"("万物变数据""数据变知识""知识变权力")优势,实现城市"三治"("融合之治""整体智治""协同共治")的一种"以人民为中心"的城市生态[43]。胡广伟等提出智慧城市群可能具有核心带动型、政策驱动型、动态模拟型、互补联合型和自然融合型五种发展形态,并以江苏智慧城市群为例,从"动态虚拟"与"互补联合"两个层面设计智慧城市群整体建设架构,提出基建先行、协同发展、辐射带动和迭代发展的"四步走"发展路径及对策建议,为区域一体化建设提供了新模式[44]。张骐严以上海市智慧城市建设为例,指出超大城市治理要深化运用互联网思维,发挥大数据支撑作用,以精细化、智能化为牵引,以深化街镇改革为重点,科学设置职能机构、整合职能职责、优化治理流程,推进以大部门制、合署办公、联合执法为载体的政府再造;以政府数据、社会数据、企业数据的互联互通和安全共享为抓手,推动决策、执行、监管、反馈、考核、评价、参与等体制机制建设的再深化。城市大脑的出现使得智能城市治理和智慧城市两者之间的联系更加紧密,但是城市大脑的理论研究与实践相比相对滞后,目前还缺乏统一的整体框架[45]。李文钊基于数字化转型和界面治理理论,提出一个分析城市大脑和智能城市治理的数字界面治理分析框架,提出了城市大脑和智能城市治理的八大设计原理,即可能性原理、交互性原理、形态性原理、结构性原理、路径性原理、协同性原理、演化性原理、评价性原理,为未来理论与实践统一提供了基础[46]。

中国联通立足"大联接""大计算""大数据""大应用""大安全"五大主责主业,形成了"城市智脑City[NEXT]"新型智慧城市能力体系,如图1-5所示。中国联通搭建了5G、宽带、算力、政企4张精品网,构建了算网一体化"智·云数据中心",推出了联通云7.0版本,为新型智慧城市筑牢云网融合底座;依托全国数据一点集中、50余种自研AI原子能力,以及全要素、多尺度、多层次城市孪生模拟等优势,建设了包含物联感知平台、城市信息模型(City Information Model,CIM)平台、数据中台、人工智能中台、应用中台的"数据智脑"中枢;面向城市生产生活各个领域,打造了优政、惠民、兴业、宜居四大类场景应用和城市智能运营中心(Intelligent Operations Center,IOC);提供了覆盖顶层规划、全链服务和安全护盾的新型智慧城市全生命周期服务体系。中国联通积极推动各地分级分类开展新型智慧城市建设,打造了兼具创新性、落地性、代表性的典型实践案例。在综合建设方面,全面赋能海南洋浦智慧城市建设,构建"城市智脑引擎+应用+运营"的能力体系,打造城市治理、应急一体化、智慧口岸等特色应用,实现"港、产、城"融合;在优政方面,建设集"态势感知、决策支持、协同指挥、监督评价"为一体的宁波江北城市运行一网统管平台,建立"城市体征+事件"双中枢,实时展示城市运行全貌、强化智治水平;在惠民方面,以自研"智慧社区服务平台"支撑杭州杨柳郡打造"一屏知全域、一网管全局、一键式发布"的未来社区;在兴业方面,为河南省打造经济运行平台,建设经济运行大数据先行指标体系、建立现时预测模型、开展经济风险预警和经济走势研判,推动地方经济健康高速发展;在宜居方面,基于"生态环境大脑"助力福建省智慧河湖建设,实现水道相关人、事、物全方位精细化管理,构建"监测、分析、决策、治理"的智慧化河湖治理体系。[47]

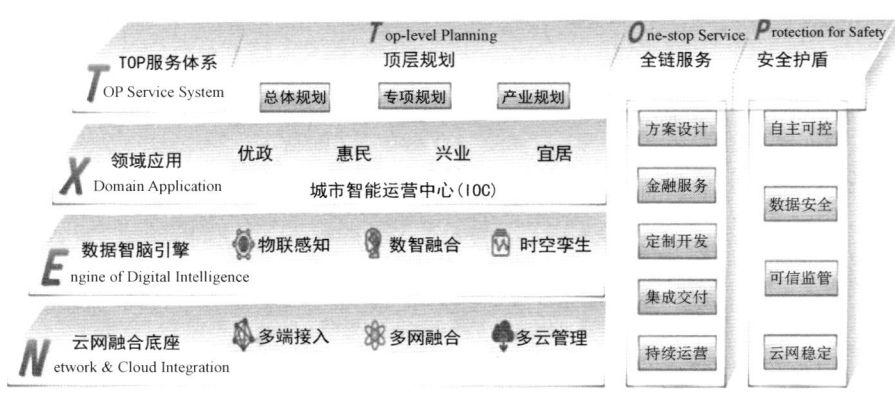

图1-5 中国联通"城市智脑City[NEXT]"新型智慧城市能力体系[47]

超大城市是智慧社会发展的前沿阵地,智慧技术在超大城市中的应用场景越来越多,智慧城市建设应利用新技术,构建兼顾创新与安全的智慧城市风险管理体系,形成融合创新与安全的智慧城市发展理念,打造从基础安全到决策安全的智慧城市安全保障,增强应对突发重大威胁的智慧城市韧性。

1.10 人民城市理念

"以人民为中心"是习近平新时代中国特色社会主义思想的重要内容。2015年10月29日,在党的十八届五中全会上,习近平同志明确提出了始终坚持以人民为中心的发展思想。他强调,人民对美好生活的向往就是我们的奋斗目标,要坚定不移走共同富裕的道路。党的十九大报告重申了十八大以来以习近平同志为核心的党中央反复强调的"以人民为中心"的发展理念,并把坚持"以人民为中心"确定为新时代中国特色社会主义的基本方略。2015年12月,中央城市工作会议提出:要顺应城市工作新形势、改革发展新要求、人民群众新期待,坚持以人民为中心的发展思想,坚持人民城市为人民。这是"人民城市"的概念首次出现在国家文件中,也可以看作是人民城市理论的逻辑起点。2019年11月,习近平总书记在考察上海杨浦滨江时,首次提出"人民城市人民建,人民城市为人民"的重要论断和城市治理理念。基于此,2020年11月,在浦东开发开放30周年庆祝大会上的讲话中,习近平总书记再次提出"提高城市治理现代化水平,开创人民城市建设新局面。"习近平总书记一系列关于人民城市的重要论述在理论和实践上为新时代中国特色城市发展道路指明了方向,提供了根本遵循。

在新冠肺炎疫情全球大流行期间,国际格局加速演变和调整,不稳定因素明显增多。习近平总书记要求积极推进应急管理体系和能力现代化,需要坚持以"人民为中心"和法治方式,注重发挥中国特色社会主义制度优势,健全风险防范化机制。在此思想指导下,中国共产党带领中国人民抗击新冠肺炎疫情,为全球抗疫起到积极作用,引起国内外关注,同时对于社会主义治理体系和风险防控机制建设具有重要意义。城市是人民的城市,城市发展要始终坚持人民的主体地位,要深刻把握人民城市的根本属性、人本价值、生命体征、战略使命、精神品格及主体力量。"十四五"时期是向第二个百年奋斗目标进军的第一个五年,在当前新发展格局下和不明朗的国际环境中,超大城市风险防控要进一步加强机制建设,解决旧的问题,防范新的问题。习近平总书记在全国抗击新冠肺炎疫情表彰大会上指出,"抗疫斗争伟大实践再次证明,中国人民所具有的不屈不挠的意志力,是战胜前进道路上一切艰难险阻的力量源泉","历史和现实都告诉我们,只要紧紧依靠人民、一切为了人民,充分激发广大人民顽强不屈的意志和坚忍不拔的毅力,我们就一定能够使最广大人民紧密团结在一起,不断创造中华民族新的历史辉煌。"坚持"以人民为中心"是"十四五"发展必须遵循的原则,"统筹发展与安全"要坚持一切为了群众,不断强化人民群众在城市风险防控中的政治保障、制度保障、法治保障;要坚持广泛动员群众,引导群众对城市风险防控工作的认同感、责任意识;要紧紧依靠群众,发挥好人民群众"创造者""阅卷人""监督员"的作用。只有充分发挥人民群众的力量,才能真正实现城市风险防控的动力变革[30]。

上海"一江一河"城市滨水公共空间再造过程中,遵循人民城市的建设理念,强化公共设施合理配置、丰富公共服务内容种类、关注公共绿地生态功能、充分征求民众意见建议,充分发挥了人民群众在城市滨水公共空间建设中的共建、共管、共享等作用[48]。北京市在进行老旧社区更新时,居民参与了常营小微绿地的设计过程,充分发挥人民城市理念,专注人民切实需求,鼓励打造自我造血的健康社区[49]。从城市管理、公共资源配置、社区营造等方面提出建设"人民城市"的建议,以助力流动人口的主观幸福感提升,也是人民城市建设过程中不可忽视的一环[50]。人民城市理念已深入城市治理的方方面面,贯彻落实"以人民为中心"的城市发展理念势在必行。

第 2 章　城市治理的相关方法

城市是一个国家政治、经济、文化、社会等方面活动的中心,改革开放以来,我国城镇化水平不断提升。到 2022 年末,我国常住人口城镇化率达到 65.22%。在推动国家治理体系和治理能力现代化国家战略下,城市作为国家最重要的组成部分,其治理水平现代化是重要内容。推进城市治理现代化,要践行人民城市重要理念,要打造多主体协同治理格局,也要不断更新城市治理相关方法。人工智能、信息化、数字化、智能化等新一代信息技术的广泛应用,改变着城市运行方式,在为城市治理提出新要求同时,也为城市治理带来新工具,推动城市治理方法的革新。如有的城市发展并创新互联网新媒体,搭建了公众参与城市治理的平台,拓展了公共参与的途径,使合作共治的城市治理成为可能。党的十八大以来,借助 5G、大数据、云计算、人工智能等多种新技术,我国的智慧城市建设加快推进,城市治理效能不断提升。

2.1　大数据方法

2.1.1　大数据的基本概念

目前学术界对大数据的概念尚未达成共识,但普遍都认为,大数据有着 4"V"特征,即 Volume(数据容量大)、Variety(数据类型多)、Velocity(数据产生速度快)和最重要的 Value(数据价值密度低)[51]。Volume 代表着庞大的数据量及数据的完整性。随着存储方法和技术手段的进步,越来越多的数据得以被记录和保存,这为数据分析和利用提供了基本条件。Variety 意味着从大量不同类型的数字资料中找出它们之间潜在的关系。在网络化社会,个体不仅是信息接收方也是信息发布者,这导致数据数量的大幅增加和信息种类的无比丰富,因此必须在众多复杂的数据中识别出彼此间的联系,并将看起来毫无用处的资讯转化为有效信息,以便作出正确的决策。Velocity 则指向更快地满足实时的需求。如今,对数据智能化和及时响应的需求不断提高,例如驾车时通过智能导航仪获取最佳路径,用餐前参考他人的评论来决定去哪家餐馆,甚至拍下美食照片分享到社交媒体上,这些都是人与机器之间频繁的信息交互活动,而这都不可避免带来数据交换问题。为确保数据交互的高效性和及时性,必须尽可能地减少延迟。大数据特征里最关键的一点,就是 Value,即大量的大数据中蕴含着较少的实际价值。因此,在处理海量且庞大的数据时,通过使用如云计算、智能开放源码平台等先进的技术手段来挖掘其中的宝贵信息,并将其转换为可用的知识,从而揭示潜在的模式,最后借助这些知识作出明智的选择并采取有效的行动。

2.1.2 大数据处理流程

大数据的处理流程一般包括四个步骤,分别为:数据采集、数据处理与集成、数据分析和数据解释(图2-1)。数据采集是第一步,也是最基础的一步,一般采用传感器收取、射频识别(Radio Frequency Identification, RFID)、数据检索分类工具如百度和谷歌等搜索引擎,以及条形码等技术。同时,移动设备的应用,加快了信息流通的速度,提升了数据采集的精度。数据的处理与集成是第二步,主要是对采集到的数据进行适当处理、清洗、去噪以待进一步集成存储。大数据具有多样性的特点,即通过各种渠道获取的数据种类和结构都非常复杂,这给数据分析处理带来极大的挑战。数据处理与集成这一步骤的核心就是要将结构复杂的数据转换为单维度、便于处理的数据,通常采用数据清洗和去噪的方式,可以在数据处理过程中设置一系列的数据筛选器,利用分类或者相关性的准则来识别并排除那些无效或是误差较大的异常值,以避免它们对最后的结果产生负面效应。需要把这些经过清理的数据整合并且储存起来,这是一个关键步骤,如果只是简单地随便存放,可能会导致后续使用时的困难,非常容易引发数据获取问题,现今普遍采用的方法是对特定的数据类型创建专用的数据库,并把各类不同的数据资料分类存放,这样能显著降低数据检索和访问所耗费的时间,从而提升数据抽取效率。数据解析是在大数据处理过程中最为关键的一环,因为在这个阶段能够找出数据的实际意义。在前一环节完成数据整理及整合之后,得到的数据就成为数据分析的基础材料,然后依据需要使用到的数据来做进一步的处理和解析,即第三步:数据分析。传统的数据分析方式包括数据发掘、机器学习、智能算法、统计分析等,然而这些技术已无法适应大数据时代的数据分析要求。对于完整的大数据分析过程来说,数据解读是非常重要的,即第四个步骤:数据解释。数据解释最核心的是选择恰当的显示方式。传统的数据显示方式通常是用文本的形式。但随着数据量的加大,数据分析结果越来越复杂,传统的数据显示方法已经不能满足数据分析结果输出的需求,为了提升数据解释、展示能力,"数据可视化技术"被引入[52],成为解释大数据最有力的方式。可视化结果分析可以形象地向用户展示数据分析结果,有利于提高用户对结果的理解程度和接受程度。常用的可视化技术有基于集合的可视化技术、基于图标的技术、基于图像的技术、面向像素的技术和分布式技术五种[53]。

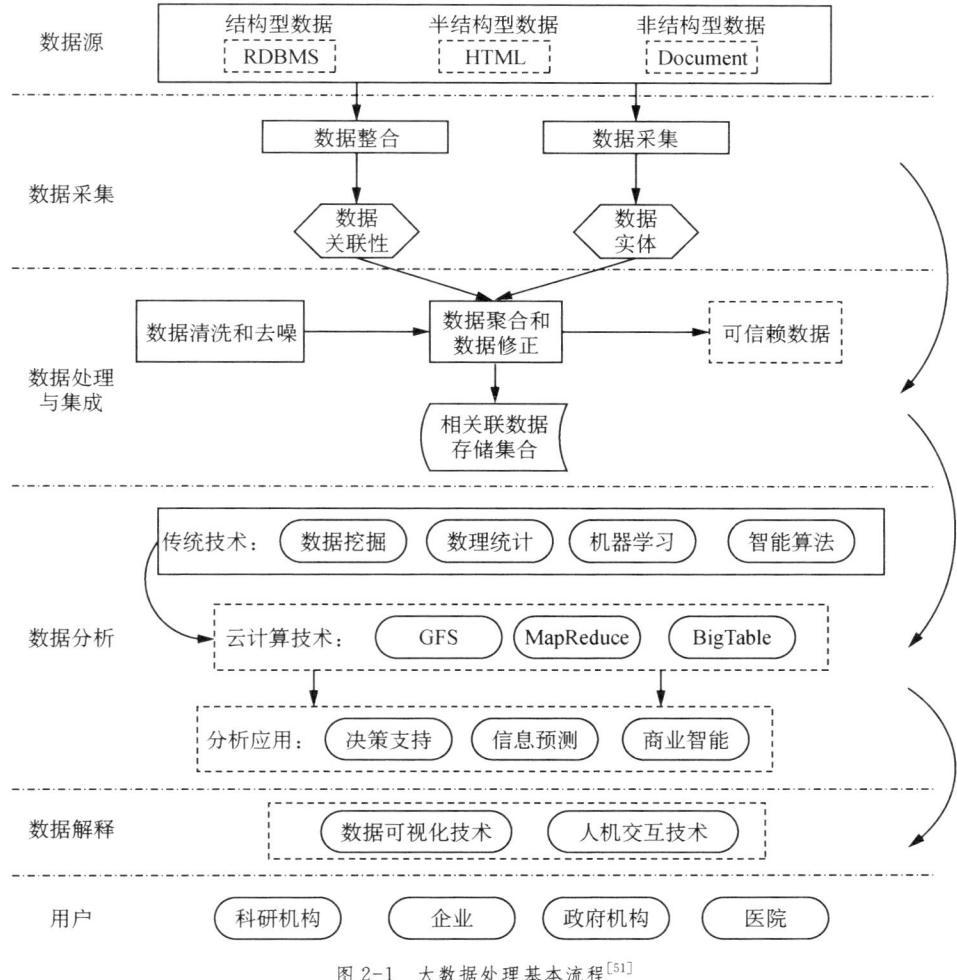

图 2-1 大数据处理基本流程[51]

2.1.3 大数据城市治理

大数据城市治理在经济社会与信息技术水平发展较为成熟时,才能更好地体现出其优势。相较于传统的城市治理,大数据城市治理带来三方面的变革(图 2-2)。一是从样本思维转变为全局思维。样本分析方法在现阶段城市治理中被普遍使用,但随着数据采集、存储、分析等技术的成熟,对治理对象的感知越发全面与系统,管理者可以从系统角度分析治理对象与内外环境之间的联系,从而全面把握治理过程;二是从精准思维变为趋势思维。传统城市治理方案制定时受限于样本量过少,数据足够精准才能提升分析的准确性。在大数据环境下,大量的半结构化、非结构化数据对分析模型运算能力要求提升,同时,绝对精准不再是主要任务,从宏观上把握治理对象发展趋势和方向,基于数据进行关联分析与模拟预测,挖掘城市问题、探索解决策略,保障城市要素的高效运转才是重点;三是从因果思维转变为相关思维。传统城市治理往往注重探寻事件因果关系,而随着治理任务的日益复杂化,任务之间交叉关联,需要借助大数据方法找寻不同治理对象的关联关系,简单依靠传统因果分析方法难以揭示城市治理的复杂动态规律[54]。

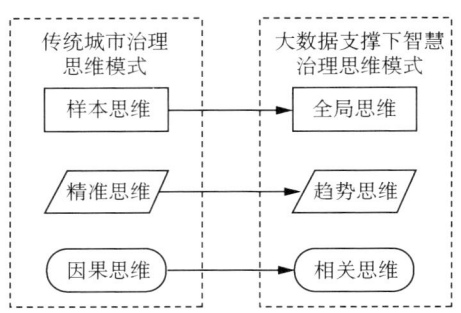

图 2-2　大数据推动城市治理思路转型[54]

我国传统城市管理方式主要是由政府机构引导的,由于其数据收集和分析方法的局限,这种方式面临诸如无法准确了解当前状况、不能精确找准问题、部门间融合协同不够等问题。而利用大数据的城市管理则通过多种信息的获取装置来持续监控城市各个部分的活动状态,从而揭示出城市问题所在,在此基础上对其特性进行辨识和模式研究,预测城市问题的发展趋势;运用城市风险分析模型去探索产生这些问题的根本原因,并且以流程模拟的方式呈现出来,协助有关部门作出具体的处理决定。最终,根据现有的城市管理策略,评价管理的实际成效,提取出的事件处理经验可以作为未来制定或改进相关政策的参考依据(图 2-3)。

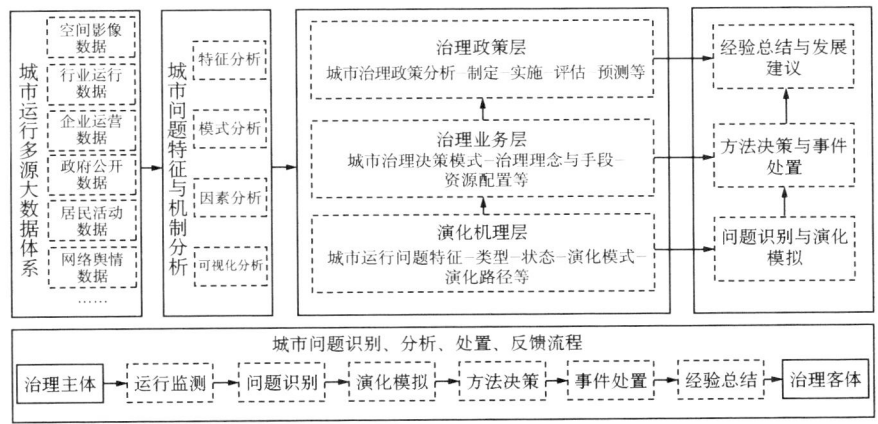

图 2-3 大数据支撑的城市智慧治理创新模式[54]

2.1.4 大数据城市治理的革新与风险

大数据技术在城市治理中的应用,为城市治理带来新技术的同时,也使城市治理理念进一步更新,使城市治理议题更加民主,这有利于更好地实现目标共商、执行自动、评估实时、全过程集成,达到公共决策科学化。大数据技术通过海量数据的应用,解决抽样误差,对趋势预测更加科学,实现公共服务优化,降低城市治理的复杂性与不确定性。但是同时也带来新的风险,如数据开放带来的信息泄露与隐私侵犯,形成了新的数据碎片、数据割据、数据孤岛。由于现行法律对算法、数据缺乏约束,如何更好地保护隐私,制定新的伦理规范确保公众有规则地参与成了城市治理的新问题。

2.2 人工智能方法

2.2.1 人工智能的基本概念

学界对于人工智能(Artificial Intelligence, AI)的定义尚未达成共识。在 1956 年的达特茅斯(Dartmouth)会议上,被称为"人工智能之父"的约翰·麦卡锡提出了他的观点:人工智能是指赋予机器人类似于人的智慧行动的能力。然而,这一观点并未充分考虑到感知与自我认知等方面的机器智力因素。根据现有的人工智能划分标准,通用人工智能指的是一种可以全面考虑问题、处理视觉和声音信息、作出逻辑决策并制定计划的人工系统,它还拥有触类旁通及融合知识的特点。相比之下,专用的人工智能则专注于解决特定任务,例如广为人知的阿尔法狗(AlphaGo)围棋算法,仅能在某一方面击败人类智能[55]。回归到术语本身,我们需要明确什么是"智能",智能通常被认为是一种个体对于现实世界的理性分析、判断、目标设定和高效执行能力的总称。再者,以"人工"作为关键词来理解,我们可以采纳埃特尔提出的建议,他曾研究过多种人工智能定义,之后得出结论:人工智能是对如何利用计算机提升人们工作效率的研究[56]。换句话说,计算机只是实现这一目标的一个手段,目的是借助它们去完成那些只有人类才能胜任的高难度任务。人工智能在城市治理中的应用实践就是智能治理。如智能驾驶和无人驾驶技术将为城市交通拥堵、空气污染和停车困难等问题提供有效解决方案;智能医疗技术的发展和互联网医院的应用也将改善城市医疗资源分布不均衡和优质医疗资源匮乏等问题[57-59]。

2.2.2 人工智能城市治理新特性

随着人工智能技术在城市治理领域的广泛应用,城市治理逐渐呈现出不同于以往的变化和特性[60]。

第一,人工智能技术推动着城市的管理方式从传统的单一式向连接型转型。人工智能技术背后的核心是高效率且快速的数据处理平台,为了让人工智能技术能在城市管理上发挥作用,必须先把现有的城市管理方法转化为一种基于连接性的城市管理网络。一方面,随着人工智能技术的进步,城市管理的各个方面,如参与者、主题及工具间的互动性和关联度得到了提升,这有助于建立起一个基于连接性的城市管理网络。这个新的城市管理模式摒弃了过去零散的管理形式,让人工智能技术更紧密地结合到城市管理网络中,并强化它们之间的工作协同能力。另外,随着人工智能技术的逐步推广使用,各种元素间的关系也变得更加密切,人类与物品、人群和社会之间的交流也在不断变化,最终形成了一个人类活动密集而又互相渗透的综合体。与此相应,受人工智能影响的城市管理也会产生一系列由不同因素构成、包含多种工具和问题的复杂的城市管理网络,这样的高度连接性能够提升应对各种城市难题和紧急情况的能力,提高公众问题解析和决策的精确度和科学性。然而这也带来了一些潜在的问题,比如道德困境和个人隐私泄露等,这些都需要在人工智能技术与城市管理系统的互动整合过程中予以关注和解决。

第二,城市治理主体呈现多样化趋势。伴随着人工智能技术的进步及运用,以其为基础的人工智能驱动的城市管理方式正在逐步消除传统的、单一大规模的管理机构,即主要依赖于政府管理的模式。这种更具技术性质的城市管理不但能促使更多的专业技术人才加入这个行业中来,同时也能扩大市民及各类社团等对城市管理的影响力,从而提高他们的积极性,使城市管理者的角色变得更为丰富。另一方面,由于人工智能科学在城市生态环境各方面的拓展和利用，这必将激发相应组织的出现，并且当它被引入城市管理后，也会引起新角色的诞生。然而，相较于其他的城市管理者，他们拥有着显著的技术特质、专长特性以及独立性，是城市管理权力的新型生力军，因此应该给予足够的关注和积极指导，以便更好地推进人工智能在解决城市问题上发挥作用，进而提升城市管理系统的效率和能力，实现现代化的城市管理。最后，随着人工智能科技的发展和在城市管理层面的应用，城市管理将继续朝着技术管理的方向发展，并在此基础上构建全新的适合的都市管理体制和权力机制，在这个转变的过程中，市民和其他社区成员将有更多机会和途径参加城市管理活动，最终确立他们在城市管理中的主角位置。

第三，人工智能下的城市治理，将在信息收集与处理、公共问题决策和城市治理手段等多方面实现治理过程数字化。人工智能技术的应用将深刻改变城市治理的信息收集方式与处理机制，提高信息收集、处理的速度和质量，使城市治理主体收集、甄别、筛选信息更加有效；会使公共问题决策体现出更高级别数字化。其在数据收集和处理上的优势将是数字化城市治理的前提和基础，可以提高决策的精准度；能够大幅提升城市应对突发公共危机速度，避免响应不及时，减少不可避免的损失。

第四，人工智能技术在城市治理的应用，将推动治理手段技术化。通过人工智能技术不断优化城市公共物品和服务的提供，满足城市居民日益多元化、复杂化需求，有利于应对城市问题。人工智能技术在政务上的应用，可以提升信息收集、整合的速度和质量，优化电子政务建设，可以进一步提升公共物品和公共服务供给的技术化水平，为城市治理提供技术手段。

2.2.3 人工智能在城市治理中的应用

不可否认的是，人工智能技术应用尚处初级阶段，由于城市社会的复杂性、脆弱性和敏感性，其在城市管理中仍面临一些挑战，如原始创新能力有限、数据收集不够全面、制度结构有待优化等问题。因此，需要更深层次地参与各个层面，不仅限于工具方法，还要深化管理的含义，分享并传播信息，以便更好地理解、掌握大都市社会精细化治理时代的特性、本质属性、核心元素及其基本模型；同时，还需要打破政府与城市各种要素、单元、物品以及民众的需求之间的隔阂，增强对于公众信息的深刻理解和灵敏反应；此外，还需探寻利用信息通信技术推动城市管理的新途径，强化城市管理智能设施基础建设，研究使用城市管理的数据信息，提升城市公共服务的效能；最后，要设想出如何通过人工智能形成智慧政务、智慧物业、智慧安全、智慧医疗、智慧养老等方式来实现智慧社区的管理,从而建立起"线上线下结合、上下交流互动、流程驱动、基于科学决策、过程监控、机制协同、法律保护"的城市精细化管理框架。

2.2.4 人工智能城市治理的革新与风险

人工智能在城市治理中的应用实现了机构精简,有效控制了政府的规模,在人工智能技术的加持下,政府在决策中能精准识别政策问题,降低政策分析成本,提升政策分析质量与科学性,提高决策效率,使政府部门间协作更加协调与迅速;能够优化城市公共服务,行政流程得到简化,增加政府和社会公众之间的互动,推进城市治理的精细化,加强政府的透明性,提高政府回应的及时性。但同大数据城市治理一样,仍然存在信息孤岛、缺乏相关人才、行政伦理以及政府去中心化等方面的挑战。对民众来讲,如何保护敏感数据,确保数据安全、隐私安全等是人工智能城市治理带来的新风险。

2.3 区块链方法

2.3.1 区块链基本概念

区块链技术是一种把时序数据按照前后顺序相连的方式组成链式数据集,以密码学为技术保障,保证数据不可篡改和不可伪造的分布式共享账本技术[61]。目前已经由区块链1.0模式延伸到服务社会多领域的区块链3.0模式[62]。时至今日,区块链尚未有一个公认的定义,可以从狭义和广义两个方面来大体界定。作为一种去中心化的基础框架和分布式计算范式[63],区块链以去中心化、不可篡改和伪造、点对点传输为主要特征[64],其改变了社会治理方式、公司组织形式、商务合作模式[65]。

2.3.2 区块链方法城市治理体系架构

区块链从本质上说就是一个数据库,在其中存储的数据具备了"不可伪造,全程留痕,公开,可追溯"等特性,这也使得它可以创造更为可靠的合作,被广泛研究和运用。其使用的关键技术包括分布式账本技术、非对称加密算法、共识算法、时间戳技术和智能合约技术[66]。

石娟等在数据治理流程下进一步提出基于区块链的城市公共安全大数据管理平台的技术架构,主要包含数据层、网络层、共识层、激励层、合约层、应用层和目标层,各层相互衔接、互为关联,以求达到智慧治理、精准治理、系统治理、科学治理的目标(图2-4)。其中,数据层是基础层,功能在于采集、记录和存储城市公共安全大数据。

根据数据治理流程,石娟等探索性地提出基于区块链的数据治理体系框架(图2-5),这为我们了解区块链方法在城市治理体系中应用的架构提供了一个视角[62]。

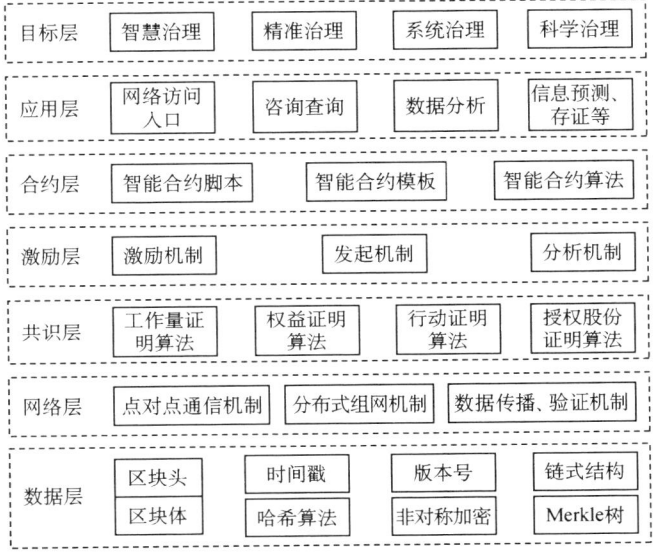

图2-4 基于区块链的城市公共安全大数据管理平台的技术框架[62]

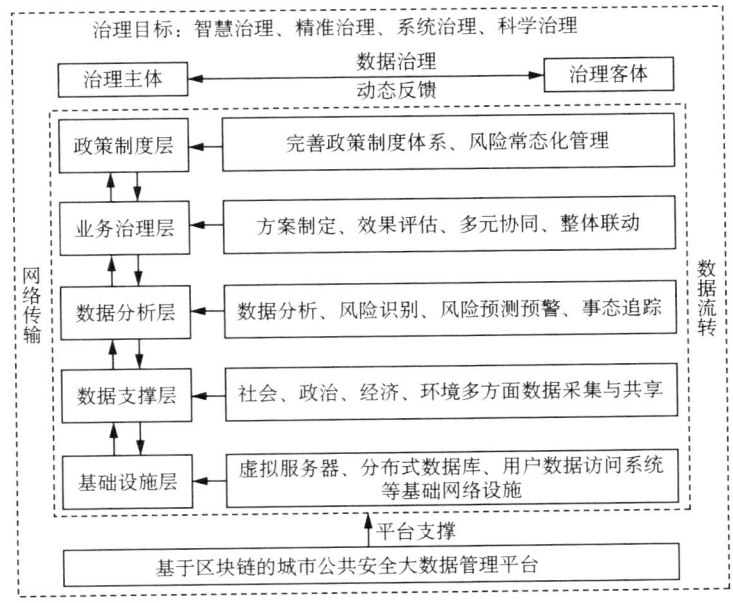

图2-5 基于区块链的城市公共安全数据治理体系框架[62]

2.3.3 区块链方法城市治理应用

区块链技术去中心化、共享账本以及信息可溯源的特征,有力推动了城市数据共享,减少了数据被篡改的可能(图2-6)。城市数据共享网络一般采用分布式的布局,即去中心化管理,这降低了数据被破坏的风险以及漏洞被攻击的危险;通过建立数据信任机制,使用户能够利用不同节点数据进行验证,让数据交换更加安全;采用非对称公钥私钥、哈希算法等,让数据交换过程安全透明;共享账本及信息的可溯源性,打消了数据提供者的顾虑,促进了数据共享[65]。

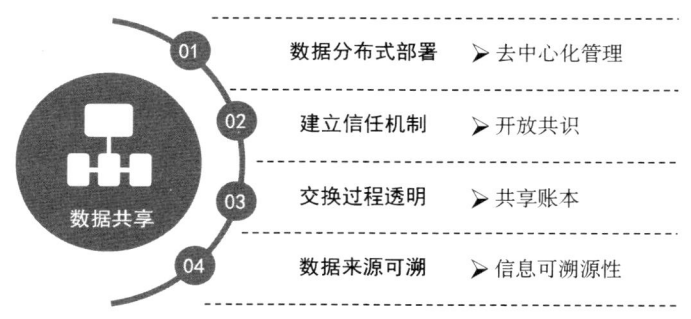

图 2-6 城市治理数据共享中区块链应用的特征[65]

在城市管理行政执法过程中,区块链技术可以对登记立案、调查取证、审查决定等行政执法过程全程进行记录,记录的内容可以包含文字记录、音像记录,区块链记录以不可逆、不可篡改的特性改变了这类记录一定程度上存在丢失、被篡改、损毁等的可能,增强了城市执法过程的公正、公开、透明[66]。在城市治理部门间协同化方面,区块链技术能有效解决城市治理中的协同问题。传统科层制治理机制下,信息需要在各部门之间自下而上,自上而下地传递数次,这样不仅无法应对高速变化的外部环境,还会导致信息在传递过程中的损失与失真。区块链的去中心化克服了组织层级多、信息传递慢的弊病,有助于建立紧凑、扁平的组织结构,提高部门间协调程度,加快城市治理反应速度,最终提高城市治理的协同效率[67]。

区块链技术应用到城市治理中,可以提高服务的效能并能降低信息系统的运行费用。由于其分散式的结构和数据储存模式,它有能力提高网络中的数据交换速度,进而提高工作效率,节省业务系统运营支出。埃森哲研究发现:使用区块链技术的政府机构可以在监督方面省下30%～50%的支出,而且在经营过程中可节省一半的成本。当各个部门都成为整个区块链体系的一部分时,可以通过迅速分享各自业务数据而形成一个扁平化的系统。这样一来,各部委就不再需要一级接一级或一步接一步向上层级的中央节点提交数据以等待决策,这样,不仅减轻了每个部门的责任,还提高了它们的执行力,同时也降低了系统的维护费用[68]。

2.3.4 区块链方法城市治理革新与挑战

区块链带来了平等、信任、共享、安全、可靠的数据技术,其去中心化、安全加密、不可篡改等技术优势,与城市治理创新理念存在高度的耦合性,为解决城市治理的痛点提供了"数字化"的技术解决方案[69]。区块链的分布式、公开透明、集体维护特性与共建共治共享理念、整体性治理观、多中心协同治理等城市治理理念高度契合,符合城市治理的价值需求。另一方面,区块链有助于解决传统城市治理问题以及智慧城市建设难题。区块链可以提升信息透明度和共享水平,促进公众参与城市治理[66]。

新兴的区块链技术在给城市治理创新带来新机遇的同时,也给城市治理创新带来一些挑战。目前,区块链技术仍处在发展初期,技术存在一些风险,应用到城市治理领域也会不可避免给城市治理带来风险。此外,区块链算力需要能源支撑,分布式网络会造成能源耗费量增大。从整体上看,区块链技术已经从 1.0(可编程货币)、2.0(可编程金融)发展到 3.0(可编程社会)阶段,但在城市治理的应用仍为 1.0 日益成熟阶段和 2.0 初步应用阶段。同时,区块链监管也面临挑战。近年来,人们对区块链的"去中心化""去中介化""去信任""自组织"等特性非常关注,这是对区块链给予厚望的重要原因,然而,这并不意味着区块链系统运行不需要监管。一方面,区块链的"去中心化"并不意味着"去监管",即便有智能合约能够约束投机者或者惩戒违约者,区块链仍然需要监管,否则,不可能持续地自组织运行。另一方面,区块链的"去信任"也不意味着"去监管",信任关系并不能代替监管手段,区块链仍然需要必要的监管[66,70]。

2.4 网格化方法

2.4.1 网格化方法的基本概念

网格(Grid)一词诞生于 20 世纪 90 年代中期的计算机科学领域。在技术层面,网格就是通过互联网,将计算机的服务器、数据库等信息资源融合,形成一个无形的资源共享平台,服务于网格内的用户。网格建立的本质就是资源整合,提升信息共享的效率[71]。网格化治理是将网格理念应用于治理过程中的产物,是根据预设的标准对治理对象进行分类(如地理位置、人群分区或资源控制等),每一个类别均代表着独立的一个"方格"。这些"方格"以一种有效的互动方式连接在一起,构成一个整体网络,即形成一张"网"[72];是以管理科学和信息技术为基础,以人、事、地、物、组织为管理内容,合理配置、整合优化、充分利用社区基础设施和功能,从而达到信息更加清楚、管理更加专业、服务更加高效的社区治理方式[73]。

2.4.2 网格化城市治理机制

作为城市治理体系改革的一种技术手段,网格化治理通过系统整合、信息融合、流程重塑、绩效评估、协同管理和诚实管理等方式打造出一个全新的、无缝连接的城市治理体系,主要在城市基层社会治理中应用。有学者从基层社会作为权力运行与作用的场域这一视角出发,从"纵向权力—横向权力"阐述了网格化治理机制。社区通过建立"网格化治理"机制,致力于创建一种以"网格化治理"为主导的管理策略,旨在提供全面的服务系统,同时实现城市和社会管理的扁平化。通过构建全方位服务体系,警务室、工商、卫监、城管、消防、交警等执法部门均入驻社区,形成多元化社会管理工作格局,打造组团式服务体系,实行"三社联动"(社区、社会组织、社工)工作机制,如图 2-7 所示。整个辖区被细分为一级网格 1 个,二级网格 20 个,三级网格 10 个,三级基层综合网格 58 个,共有 58 名网格长和 58 名专职网格员,还配备了必要的工作设备,如电动巡逻车、

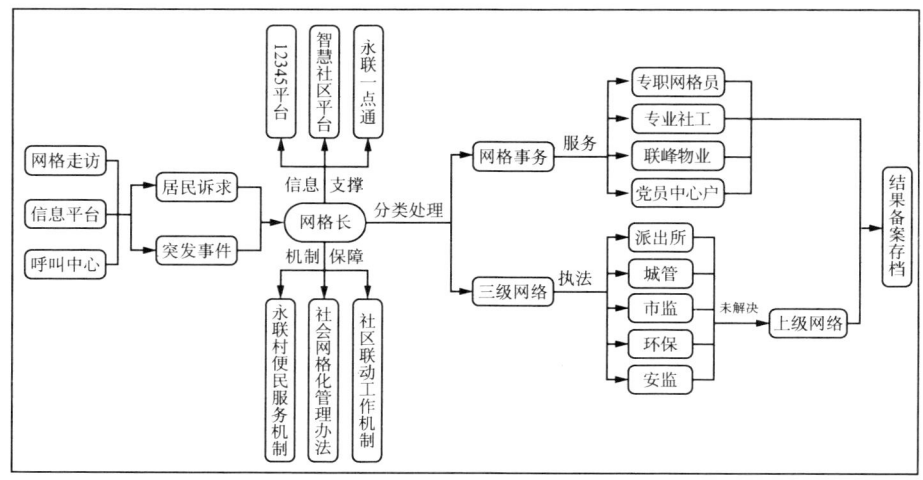

图 2-7 N 镇 Y 社区网格化服务流程图[74]

工作包、记录本等。通过"技术嵌入"网格化治理的方式,将治理资源、权力下沉到基层,将社会重新组织起来,并制定相应的工作处理程序,如图2-8所示。通过构建了六大工作制度,"一格五网,五网合一",实现城市社区资源、信息、数据的共建共享,使得对基层社区的整体规划、全天候无缝隙的管理和服务成为可能[74]。

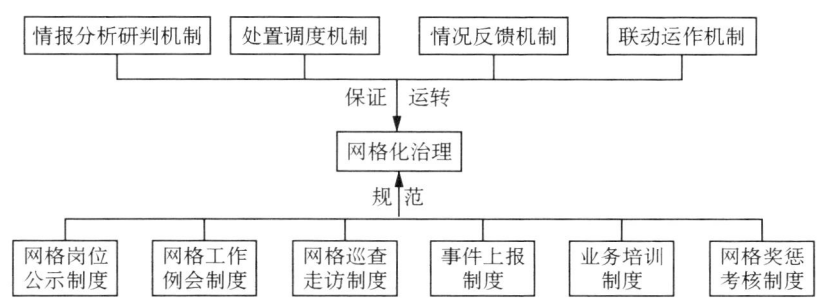

图2-8 N镇Y社区网格化治理联动运作机制与工作制度[74]

2.4.3 网格化方法在城市治理中的应用

随着城市的快速扩张和城市管理的日益复杂,一种名为网格化的城市管理策略应运而生。这种新的城市管理方法源于"数字城市"的快速发展,并被视为对传统城市管理的新尝试。网格化城市治理这一理念得到了党和国家的高度重视,党的十九大报告提出"打造共建共治共享的社会治理格局"[74]。网格化方法能充分调动社会各方参与,其在城市治理中得到了应用。

网格化方法在城市治理中的应用可以具体分为城市部件管理、城市事件管理、城市管理"双轴化"管理和管理信息采集四种。

城市部件主要是指城市市政管理的各项设施,即城市管理诸要素中的硬件部分,这涵盖了城市行政管理的各种设备,也就是城市治理各因素的实体部分,例如街道、桥、水电燃气暖通等基础设施,以及公园绿化区、休闲运动场所等公共场所,还包含一些比如门牌号、广告标识等非公众设施,为物化的城市管理对象[75]。城市部件管理是指通过使用地理编码技术,把城市部件按照它们的地理位置精确定位到万米单元网格地图上,并可通过该网格化城市管理信息平台来实施各类管理操作。每一个部件都会被赋予编码,并在对应的城市网格图表中予以注明。城市部件数据库则是构建城市网格化管理体系的基本数据库,同时也是城市网格化管理系统的核心构成,为实现高效率的城市网格化管理,需要收集与处理城市部件的信息,并且部件信息的准确度也将直接影响到管理效果,所以对于部件信息的评估也非常关键。

城市事件管理是将涉及市容环卫、设施管理、街面管理、突发事件管理和综合管理等事件纳入管理范围,并根据不同的事件明确责任单位和处置最后时限。这与相对静态的城市部件管理是不同的。

"双轴化"管理中"双轴"一般是指城市管理监督中心和城市管理指挥处置中心两轴,建立"双轴"管理体制旨在整合政府职能,融合并优化行政功能以消除跨界责任模糊不清的问题及不足。其中,城市管理监督中心是监督轴的主体,是城市管理信息的集散中心、监控中心和评价中心,该中心的首要任务是负责对全区域的城市管理实施监控;城市管理指挥处置中心根据城市管理监督中心传送的信息,调集各专业管理部门,协同办公,指挥各专业管理部门具体实施城市管理职能,处理所发生的各类问题,最大限度地减少重复检查和重复作业,提高管理效率,从而实现城市的高水平管理。

管理信息采集是网格化城市治理的第四种方法,成功解决了以往由于信息采集方式、手段和传输方式的落后造成的城市管理工作被动滞后问题,实现了信息的及时采集与传输。其核心功能有电话沟通、短信交流、图片传送、表单填写与传送、语音群呼、无线定位、录音传送和视频传送八项功能。如在城管监督员使用信息采集器后,有效解决城市管理信息滞后和工作被动等问题,大幅度提升了整体工作效率。

2.4.4 网格化方法城市治理革新与挑战

网格化城市治理是城市治理领域的一大创新,其改变了城市基层政权的组织结构模式,促进了政府的扁平化管理。城市网格化治理有利于实现基层政务的一体化推进,推动政府职能由管制向服务转变。近年来,我国政府越来越重视民生问题,社会管理创新就是要以更为科学的手段、更为合理的方式转变社会管理职能,更好地保障民生。与此相适应,我国也在积极地转变政府职能,逐步地朝着服务型政府发展。与此同时,社会管理创新的目标是在中国建立现代化的社会管理系统,其中一项关键行动便是实现由管制型政府向服务型政府的根本性转变。城市网格化治理实际上是一种尝试,旨在构建服务型的城市基础政府机构。城市网格化治理也推动多主体的共同治理,推进社会的和谐稳定。由单一的政府管理转为多元社会主体的共同治理是运用网格化方法进行城市管理的重要创新。其在方便基层居民表达诉求的同时,也能在一定程度上缓解传统的干群之间的矛盾,利于稳定基层社会秩序[76]。

大多数地方积极推动城市网格化改革,尽管取得了一系列的成就,但也伴随着一些新的挑战。一是城市的网格化治理最终的社会价值体现不足,其应更多地体现在民生上,在管理过程中应当更加彰显公平与正义。现在有很多城市在推进城市网格化治理的过程中,忽视了网格化的内在价值。二是部分地区的城市网格化管理过分注重权力的控制,忽视了网格中居民的治理和参政的意愿。城市中的网格其实是多元社会治理的一种微型模式,其本意旨在激发城市居民对自主管理社会公共事务的积极性,满足他们的需求,政府只是从中加以引导和服务。现有某些地区的城市网格化治理过分地强调政府在社会管理领域中公权力的控制,而忽视了城市居民的自治需求。三是随着现代社会科技的不断进步,信息变化日新月异,人们对此的需求也在持续提升。在这种快速转变的背景下,网格化的城市管理模式也遭遇了严峻的挑战。

为进一步发展网格化城市治理模式,需要在以下五点上有所突破:一是推进"网格化管理＋社会治理法治化";二是推进"网格化管理＋社会化服务"的资源整合;三是推进"网格化管理＋社会治理智能化";四是推进"网格化管理＋社会治理专业化";五是推进"网格化管理＋人才队伍现代化"等。只有在这五个方面进行突破和创新,才能更好地将网格化手段应用到城市治理之中。

2.5 智能化升级

2.5.1 智能化升级的基本概念

智能化升级即通过推进智慧平台升级建设,完善系统功能和智能化应用场景,并通过智能视频分析、人脸识别等感知技术,对城市管理数据库运转效率再提升,是大数据方法、人工智能方法的再升级,是以"城市大脑"的形式进行城市治理。以智能化城管平台为例,通过拓展视频应用,实现了智能抓拍、智能分析、远程喊话、指挥调度一体化管理平台,实现了从问题收集到案件处置全过程智慧化管理。城市治理智能化升级目前通行的做法是为城市安装一个人工智能中枢——城市大脑,通过集合散落在城市各个角落的数据,通过数据技术、人工智能,对数据进行融合计算,实现城市生命体征感知,比如城市事件即时感知、交通状况变化和事件突发预警、公共资源配置等等,最终目标是实现对城市病的治理。智能化升级后的城市治理具有智慧集成和智能决策的特征。

作为智慧城市的进阶版,"城市大脑"是一种应用于城市管理的技术手段,它能推动整个城市数字化转型,提升其管理的效率及质量;通过技术的革新来构建新的城市模式,并具备了综合性、开源性、多元性、智能性、预测性以及自适应的学习特性。这不仅为理解数字政府、数字管理、科技管理、数据管理和城市管理提供一个实例环境,也为形成系统的精细化管理理念提供了路径。这种方式有助于优化城市管理结构,增强城市管理效力,使城市更具智慧和灵敏度[77]。

2.5.2 智能化升级的逻辑机理

作为一种复杂的网络系统,城市的智能化发展正在不断地增加城市管理难度。复杂网络系统根本的特性在于它是由简单的微观主体间的互动而引发出的不可预测的大型效应,即涌现性,这也意味着每个微观主体都很难全面掌控或者准确预测主体之间互动后的总体效果[78]。

城市的互联网大脑架构与智慧城市建设相结合,形成城市级的"类脑复杂智能巨系统"[79],这个巨系统作为城市智能的承载体,是城市智能的发生器、输出器、连接器及操作系统的总和。城市大脑、智能升级与治理转型之间存在逻辑关系(图2-9)。在这个逻辑关系中,为了让城市的复杂系统完成智能化提升,必须应对三个潜在的问题:首先,需要面对的是简单的管理方法带来的混乱局面,即所谓的"缺脑失序"问题;其次,当构建了基于城市大脑等一系列的城市管理数据驱动的平台和框架时,可能会遇到新的城市大脑与现有的行政结构下的城市体系间的冲突,这被称为"脑城风险"挑战;最后,如果当地政府使用传统的管理策略来处理这些矛盾,可能会无法准确地定位自己,导致对脑城网络的管理产生错误的结果,这就是所谓的"协调难题"。

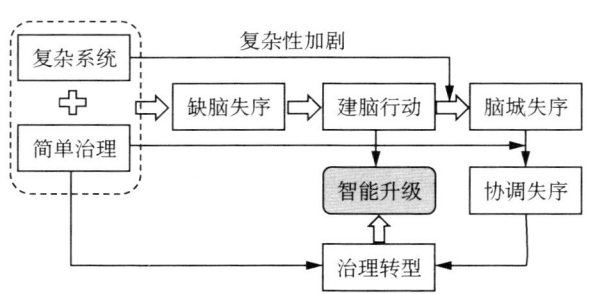

图 2-9 城市智能化升级的复杂性逻辑[78]

2.5.3 城市治理智能化升级中城市大脑的功能机理

城市大脑作为一种新型基础设施,辐射范围和受益人数具有规模性,在数据载体的元素达到一定的阈值时,其投入和使用的单位成本会下降或出现零边际成本[80]。这正是建设城市大脑的目标。需要创建一个全新的管理机构来满足这个目标,以便更有效地实现跨地区的整合,充分发挥城市大脑的影响力,进而产生基于城市大脑的新式城市管理模块,该模块能够自动优化自身规模以适应最佳状态,并最终完成从"城市边界"至"大脑边界"的管理转变。因此,这就产生了城市的"规模效益",也就是"多个城市共享大脑",共享信息、技术及管理。最终,毗邻的城市可以通过共享大脑资源和计算能力,组建城市大脑集群,汇集数据资产,释放集体效能。

各个城市的智慧化转型目标、进程与规定有所差异,这会引发城市间的信息交流需求,进而推动城市大脑的相互连接,并且将会演变为一种网络影响力的。城市大脑在建设期间,传统的城市之间的政策学习和政策扩散将转变为数据共享基础上的城市大脑之间的学习。在互联互通中形成"网络效应",即依靠主体的非线性连接带来边际递增,实现治理成效和治理能力的双提升。通过发达的城市神经网络,多个小脑连接成一个大脑,形成"脑脑互联"的网络状态。

城市智能体的数据来源的多样化和异质性,不仅增强了数据之间的联系性及应用潜力,也通过结构化的标准处理手段减少了数据专有性,进而实现各部门间知识共享,并将其转化为公共数据资源,扩大决策技术的使用范畴,最终达成了"脑城一体化"的目标,形成了城市智慧的大规模协作效果。例如,利用"城市大脑"的核心平台可以存储来自各行各业的数据,当遇到问题时,可通过该核心平台迅速获取所需信息,并将市、区、街办、部门乃至公司的网络纳入其中,以此促进城市数据的流通,并进一步发挥出协同效应。

为了适应城市间的多样性和提升城市智能化水平,城市大脑必须经历一个适配的过程,这个过程中的匹配度直接影响着智能化发展的效率。这种匹配度的产生源于对城市间差异性的重视程度。具体到智能化发展所需的支持体系中,各城市间的差异构成了智能化是否实施、如何实施、涉及哪些领域及走向何方的基本要素。故在推进城市智能化进程时,各个城市要充分考虑到自身的特殊情况及其配套设施的需求,以确保城市智能化的发展能更好地体现出本市的特点。总体来看,城市智慧化应该是"百花齐放"而不是"千篇一律",这也就催生出了城市智慧化的"匹配效果"——城市智慧化能够与各类城市特点相互契合,如人口数量、自然资源分布、社会构成、居民消费能力和地方特有的风土人情等。

2.5.4 城市治理智能化升级的实践

杭州已开始与上海分享关于智慧旅行的信息,例如,上海居民到杭州旅行时可以享受到杭州"城市大脑"提供的一系列服务,如景点门票购买、酒店预订等,实现与杭州居民"同城化",这极大地便利了两地间游客的出行,提高了他们的出行满意度。"城市大脑"的数据清晰地体现了杭州与周边其他城市的经济、人口和要素的关联度,为杭州的经济社会发展决策提供了重要依据。城市集群的大脑建设基于现有的都市圈和城市群展开,提高城市集群管理网络内各单个城市大脑的效能,增强各个节点的依存关系,使其产生更高的效益。通过大脑共享和大脑互联的"以脑定城"模式重塑城市治理边界,增进城市与城市之间的相互学习、资源共享和协同合作关系,发挥城市大脑在互联互通中的网络效应,进而实现城市群治理现代化。

2016年4月,杭州以交通领域为突破口开始建设城市大脑,如今杭州城市大脑的应用场景不断丰富,已形成11个系统、48个场景同步推进的良好局面。"多游一小时""一键护航""便捷泊车""舒心就医"和"非浙A急事通"等应用场景上线并应用。天津"城市大脑"在多元化场景中发挥了智能中枢作用,天津上线的"数字驾驶舱""银发智能服务平台""两津联动"等场景的应用,实现了"部门通""系统通""数据通",成为"数字天津"的新名片。

2.6 数字化方法

2.6.1 数字化转型与数字化治理

现代城市所包含的物理空间和社会空间空前复杂庞大,是涵盖诸多子系统的"巨系统"。随着数字技术的快速发展和广泛应用,人类社会也逐渐迈入数字时代,进而引发数字政府建设和政府城市治理数字化转型,这为进一步加强统筹规划、优化城市治理提供了便利化方式和智能化手段。数字化转型是一个旨在通过信息、计算、沟通、连接技术的组合等方式促进治理方式发生实质性改变的过程。也有学者将其界定为在信息技术应用不断创新和数据资源持续增长的双重作用下,经济、社会和政府的变革和重塑过程[81]。在数字化转型后,城市公共服务从线下走向线上,从分散走向整合,从经验管理走向数据支撑。如各地开展的在线申请"一件事",政务服务"一网通办""一网通管",在线购票,智慧城市内涝预警监测平台等。城市基础设施物联感知和数字监管加快应用建设,传统市政管理走向智慧管理,智慧工程、智慧住房、智慧城建、智慧城管走向实践。这些数字形态的服务改变了人类社会工作和生活形态、带来了极大的便利,提升了效率和可持续性,为城市居民造福。在城市数字化转型后,城市治理也应同步数字化。但相较于城市数字化转型,城市治理数字化理论研究还处于滞后状态,目前还缺乏针对城市治理数字化的整体框架思考。

2.6.2 城市数字化转型与数字化治理动态

近年来,我国出台了一系列促进数字化发展和数字化转型的政策。党的十九大报告提出新时代建设网络强国、数字中国、智慧社会发展战略,要求各级政府快速适应数字化环境,推动政府职能转变。《中华人民共和国国民经济和社会发展第十四个五年规划和2035年远景目标纲要》提出加快数字化发展,建设数字中国,加快建设数字经济、数字社会、数字政府,以数字化转型整体驱动生产方式、生活方式和治理方式变革。全国多个省级政府也出台了促进数字化转型的政策文件。2018年11月,浙江省出台了《浙江省保障"最多跑一次"改革规定》,提出推动政府数字化转型。2020年12月出台的《浙江省数字经济促进条例》强调数字基础设施建设与数据资源支撑,聚焦数字产业化、产业数字化以及治理数字化等方面。

2021年5月,《广东省人民政府关于加快数字化发展的意见》发布,聚焦数字经济、数字社会和数字政府三大领域,提出全方位赋能经济社会转型升级,把广东建设成为全球领先的数字化发展高地。2021年1月,上海市委、市政府公布《关于全面推进上海城市数字化转型的意见》,提出充分运用数字化方式探索超大城市社会治理新路子,回应人民对美好生活的新期待,明确城市数字化转型的总体要求;强调城市数字化转型是一项系统工程,要整体性促进城市经济、城市生活和城市治理数字化转型。2021年10月,《上海市全面推进城市数字化转型"十四五"规划》出炉,明确了未来五年上海城市数字化转型的发展目标和重点任务。

在政策的推动下,各地积极实践城市治理数字化。内蒙古鄂尔多斯以数字技术赋能城市治理,将燃气、供水、热力、电力、桥梁等数据数字化,实现实时安全监测检测。鄂尔多斯搭建了一个城市信息模型基础平台,整合城市地上、地下、室内、室外、历史、现状和未来多维度的信息模型数据和城市感知数据,在三维数字空间构建起与现实城市相对应的数字孪生城市,形成智慧城市数字底座,为城市规划建设管理提供更直观、更精细、更具互动性的可视化分析和场景模拟,为跨部门跨行业治理城市搭建桥梁。北京、上海、广东、浙江等多个省市也已经探索数字孪生推动城市治理数字化转型的相关实践。但要更好地依托数字孪生推动城市治理数字化转型,这不仅需要在技术上不断突破,而且在提升城市治理能力及治理效果的实现路径方面也亟待探讨和研究。

2.6.3 数字化治理框架

数字化转型需要治理框架的支撑,以上海为例,围绕数字经济、数字社会、数字政府,以"数字-数治-数智"为主线,形成以数据开放共享为基础、数据交易流通为核心、数据创新应用为动力、数据安全管理为支撑的上海城市数字化转型"四梁八柱"治理框架(图2-10)[82]。这可以为其他城市推进城市数字化转型的工作提供借鉴。

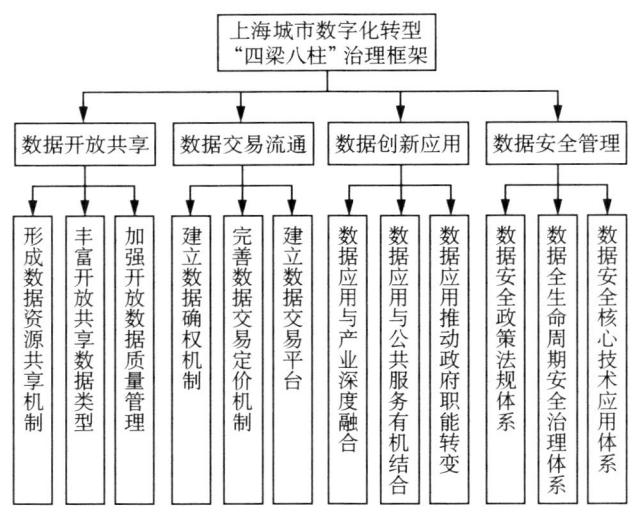

图2-10 上海城市数字化转型"四梁八柱"治理框架示意图[82]

浙江衢州立足县域治理单元,以全省数字化转型"四横三纵"体系为总体框架,以一个大脑(城市数据大脑)、一朵云(政务云)、一张网(电子政务网)、一个平台(公共数据平台)为统领,打造了集成县域数据资源、信息系统、基础设施的"一网智治"数字治理平台,推动人、事、地、物、组织的标准化、颗粒化、数字化,全面提升了治理"智治"水平。

2.6.4 城市治理数字化转型的实践

在城市治理数字化转型方面,上海走在了全国的前列。经过建设,上海城市数字化转型形成了规范高质量的数据开放共享体系。这包括建立了跨行业、部门、层级和区域的数据资源共享机制。在这个过程中,政府部门、公共机构和企业起到了重要的推动作用,但由于目前相关机制、制度以及技术等方面的制约,数据开放共享的整体水平仍然较低,部分政府部门仍然存在"不愿开""不敢开""不会开"等问题。在城市数字化转型中,上海形成了灵活便捷的数据创新应用体系,实现了数据应用与公共服务的有机结合。例如在医疗、教育、交通、环保、养老等领域,在充分考虑居民和企业实际需求基础上,积极探索了大数据的创新应用,切实提升了城市服务的整体水平。

未来,城市治理数字化转型下一步工作的重点是进一步打通不同主体及其内部的数据壁垒,加快推动形成政府内部各部门、各层级之间的数据开放共享交换机制,制定数据共享责任清单,打破"数据孤岛"困局,激发数据资源的活力,营造社会整体数据流通共享的氛围。可以借鉴国外经验,通过构建政企数据统一对接与合作机制,明确双方数据共享的权利与责任,推动政企数据共享的有关规则制度建立;鼓励大型企业尤其是互联网龙头企业搭建开放平台,与社会共享数据资源,实现更大范围和更广领域的合作共享,充实全社会数据资源池,创新拓展数据开放共享的渠道。另一工作重点,是需要丰富开放共享数据的类型。虽然上海建立了数据开放共享目录、数据使用规则等统一规范,但仍旧远远不够。应进一步以部分类型和领域的数据开放共享为突破口,通过行业主管部门主动探索,率先在本行业领域推动公共数据资源开放共享。可以先期试点民生服务领域,进一步开放金融、教育、医疗、投资、农业等方面的政府数据,不断扩大政府开放的数据类型。

第3章 国内外城市治理的发展现状

3.1 国内主要城市治理发展现状

3.1.1 北京

首都作为一个独立主权国家的核心城市,不仅在政治、经济、文化和社会各方面来说都具有独特地位,而且其承载着国家的历史记忆,发挥着重要的引领、示范作用。首都既是国家重大决策的中心,又是国家价值观的承载者。从行为层面看,首都与其他城市不同,首都功能确保其维持着强大和持久的中心地位,它要求有一个特殊的主体环境,以确保政府职能和决策能够被安全和高效地执行。

北京在新时代中国特色社会主义背景下肩负着引领中国城市治理现代化的特殊使命。近年来,随着我国不断走向国际舞台中心,首都北京的世界知名度与国际影响力与日俱增。首都治理作为国家治理体系和治理能力现代化的重要组成部分,愈发受到国际社会的关注。

北京是我国的政治、经济和文化中心,这也直接决定了在北京所发生的突发事件较其他地区具有更高的敏感度。为了增强其对公共危机事件的应对能力,2019年8月,北京市以市突发事件应急委员会名义发布了《北京市突发事件应急指挥与处置管理办法》,2021年8月北京市修订了《北京市突发事件总体应急预案》。北京市通过科学管理,建成了一套较为完整的应急管理体系。在该体系的指导下,不仅可以整合资源、积极动员相关人员,实现信息、资源共享,还可以在危机发生时及时通过手机、电台等向广大公众传递信息和应对措施,便于其自救和互救。应急领导机构由市委、市委平安北京建设领导小组和应急委组成。市委应对突发公共卫生事件,市委平安北京建设领导小组处理社会安全事件,应急委处置自然灾害和事故灾难。各区、重点地区、基层和重大活动都设有应急机构,市应急委下设的专项指挥部负责4大类、52小类突发事件的应急处置。以此,北京市构建了"党委领导、充分结合"的应急指挥组织体系、"协同联动、反应灵敏"的首都特色应急机制,树立了"以人为本、预防为主"的应急工作理念,划分了突发事件分级响应机制,从应急队伍、指挥系统技术、物资装备、医疗卫生、治安、应急避难场所、资金、法制等方面健全了应急保障工作体系[30]。

2018年,中央深改委第五次会议审议并通过了《"街乡吹哨、部门报到"——北京市推进党建引领基层治理体制机制创新的探索》。"吹哨报到"在全国范围内成为基层治理创新的典范,也成为解决"条块"冲突的有效途径。"吹哨报到"(图3-1)是北京市平谷区金海湖镇在实践中探索总结的基层执法长效工作机制,也是解决"块块"部门(即街乡政府)与"条条"部门(即区县执法部门)相互分割、沟通不畅等问题的有效机制。2019年1月,北京市在"吹哨报到"机制的基础上增加了"接诉即办"改革(图3-2)。"接诉即办"围绕"以人民为中心"的服务理念,整合60多条市各类与民众生活密切相关的服务热线,成立12345便民服务中心,改变以往将民众诉求上交区中心后再返回乡镇的做法,直接将诉求派遣到333个街乡和区政府。区政府进行督导,实现居民咨询、建议、投诉、举报"一号通办"。北京市创造性地实施了"党建引领"下的面向党政系统内的"街乡吹哨、部门报到"机制,开始了面向公众的"接诉即办"改革,为破解新时代基层治理难题提供了宝贵的经验[83]。

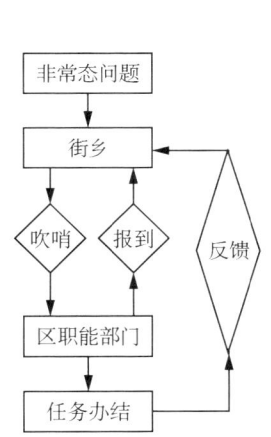 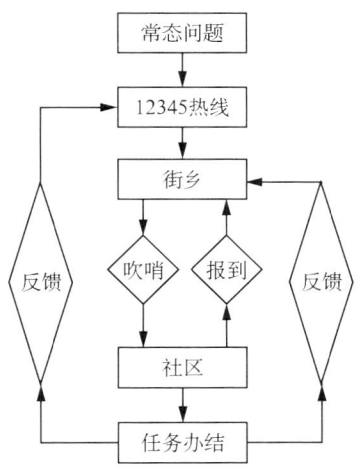

图3-1 "吹哨报到"流程图[83]　　图3-2 "接诉即办"流程图[83]

《北京市"十四五"时期智慧城市发展行动纲要》明确提出,推动城市运行"一网统管",要以城市事件为牵引,统筹管理网格,构建"横到边、纵到底"的城市运行"一网统管"应用体系,推动城市管理、应急指挥、综合执法等领域的"一网统管",提高城市公共资源配置优化能力,促进城市治理体系创新,提高城市治理现代化水平。在建设"一网统管"的过程中,有着雄厚的软件硬件建设基础,不断完善动态感知系统,有效应用高新技术。尽管北京市在城市管理信息化建设上做了一些基础性工作,但对照提升城市精细化治理要求仍然还有差距和不足。一是系统不够完善。全市分层、分级、分类协同管理体系不完善,城市管理领域大数据应用仍局限于各个专业领域,还没有形成自上而下、相对完善的生态系统,发挥作用比较有限。二是数据不够充实,城市运行管理数据基础不牢。三是信息不够融合。城市管理市级信息系统与区级信息系统相互之间还不能深度融合、无缝对接,行业主管部门与对口企业之间信息提供不主动,数据更新不及时、共享不充分,条块之间存有信息壁垒。

3.1.2 上海

上海是一座拥有 2 400 多万常住人口、500 多万流动人口,270 多万家市场主体的超大型城市。上海的城市规模巨大,建筑密集,人口密度高、流动性大,在资源、环境、公共安全等领域都面临着严峻挑战。2017 年 3 月 5 日,习近平总书记参加十二届全国人大五次会议上海代表团审议时指出"城市管理应该像绣花一样精细"。城市精细化管理,必须适应城市发展。要持续用力、不断深化,提升社会治理能力,增强社会发展活力。

超大型城市的治理需要深化运用互联网思维,发挥大数据的支撑作用。自 1990 年以来,上海不断加强城市治理的信息化建设,把科技创新作为支撑城市治理现代化的重要举措。上海的智慧城市建设从铺设信息高速公路的 1.0 阶段,发展到单一功能应用系统规模建设的 2.0 阶段,再到推动应用融合创新的 3.0 阶段[45]。

上海市运行的"一网统管"平台是上海城市精细化治理的"绣花"工具。2017 年开始,上海着手"两张网"系统的顶层设计,融合智慧城市建设,运用前沿技术推动城市管理手段、模式、理念等方面的创新。2019 年,上海市提出城市治理数字化转型的"一屏观天下、一网管全城"设想。2020 年上半年,全市正式启动"一网统管"数字化治理工作。上海"一网统管"平台的建设过程中,亦是将大应急工作做实、做细、做精的过程,线上线下协同高效处置一件事,在最低层级、最早时间、以相对最小成本,解决最突出问题,取得最佳综合效应,形成了具有领航性的上海大应急方案,为城市精细化治理提供了支撑[30]。上海"一网统管"系统目前已汇集 50 多个部门的 185 个系统、近千个应用,贯通市、区、街镇三级,覆盖经济治理、社会治理和城市治理。

徐汇区将区行政服务中心、区城运中心、区大数据中心三中心合一,并按照市委、市政府"一网通办"和"一网统管"的要求,设置了前、中、后三个平台。通过"一网通办"的海量数据来赋能"一网统管"的事中事后监管。比如,借助陆巡车辆上的智能摄像收集数据并归集到区城运中心,通过数据初筛和人工智能算法将需要处理事件的数据信息发送到街面网格员的"汇治理"手机端,实现数据的"自产自销"。长宁区北新泾街道综合治理中心建设智能化社区运行大脑,推进智慧治理,实现社区治理"最全大数据"。依托一网通办、一网统管顶层设计,以人工智能目标检测算法和视频数据处理技术为基础,实现对"神经元"感知信息的全过程、全天候智能化记录、检测、判断和推送。结合公共安全监管工作,实现快速预警、统一指挥、闭环处置。位于长宁区仙霞路700弄、750弄的虹仙小区,作为全市首个自治共治智慧型小区,2020年进一步打通了公安和小区物业的所有监控数据链,接入了街道"一网统管平台",实现了警务责任区、综治网格、城运网格多格合一、一网统管[84]。"一网统管"为上海市公共安全及风险管理提供了可靠的平台支撑和技术保障。

"一网统管"平台为上海市公共安全及风险管理提供了可靠的技术支撑和保障。在城市治理的内容里,环境治理至关重要,上海市"一江一河"就是环境治理的典型案例。"一江一河"是上海的城市标志性空间和重要发展纽带,为实现建设具有全球影响力的世界级滨水区的目标,上海市规划资源局等部门组织编制了《黄浦江沿岸地区建设规划(2018—2035年)》《苏州河沿岸地区建设规划(2018—2035年)》。苏州河自1998年至2017年已启动四期环境综合整治工程。在实施综合治理规划前,苏州河水质黑臭,几乎无法发挥滨水公共空间的应有功能,也很难提供让市民满意的公共服务。经过近二十年治理,苏州河水进入黄浦江基本无色差,水质和水生态系统服务功能得到全面恢复和改善;沿岸建设也逐步从单一的水质治理变为全面的景观环境提升、产业用地转型以及经济功能和社会功能的恢复[48]。

3.1.3 成都

自古以来,成都平原因其得天独厚的地理位置、丰富的水源和湿润的气候,在农业社会中构成了一种自然的农业优势,为人类的聚居奠定了坚实的基础。然而,由于历朝历代的政治作用,城市的空间格局也在一定程度上受到了人类活动的影响,但总体上还是以"点"的形式发展。20世纪80年代初期,主要向东北和东南扩展,城市初步形成了辐射状和环状的城镇布局。改革开放以来,我国的城市发展方式从"轴向扩张"转变为

"向内填补",并逐渐完成了功能的划分和交通网的构建,形成了"单一中心"的城市格局。自20世纪90年代以来,成都的城市空间格局由单一的向中心聚集转变为向中心聚集和向四周扩散并存,成都城区逐渐成形,并进入了郊区城市化发展时期。

纵观成都城市管理体制的演变,从"大城管,大综合"的管理体制,到"院落+社团",再到自主探索的"互联网+"政务,各自呈现出不同的特点。在成都现行的行政管理体制中,与城市治理直接关联的两大行政机关分别是城市管理委员会和城市管理局。成都市城管局在城市管理中起到了统筹协调的作用,在国家和省、市层面分别出台了有关城市管理的各项政策之后,就由该局来进行具体的贯彻落实,同时,它还承担着起草地方性法规、规章等相关政策的任务,拟定城市发展战略,制订城市中长期发展规划,制订城市年度工作方案和组织实施的任务。而成都市城市管理委员会在城市管理中要考虑到各个方面,如城市建设,污染控制,城市绿化等。

成都市率先出台《城市管理标准》(试行),实现了"标准化、规范化、常态化"的城市治理目标,基本形成了"两级政府、三级管理、四级网络"的城市治理体系。除此之外,成都市还建立和健全了一套城市治理考核制度和"一票否决"机制,把上级机关对下属单位的考核纳入工作绩效考核,形成了一套全方位的考核制度,以防止出现偏袒和舞弊现象。在信息化治理方面,以精细化、信息化、动态化、规范化为基本思想,构建了市、区两级同步城市管理体系。

环境卫生整治是成都城市治理的重要组成部分,成都市通过政府购买服务,出台《关于规范中心城区环卫市场化作业管理的指导意见》,对中心城区1 674条街道、401座城市桥梁、564万平方米人行道等区域的环境卫生状况进行连续跟踪评估,并安排专门的工作人员,对城区各区域的环境卫生状况进行实地抽查和打分,开展广泛的社会调查对各区域的环境卫生状况进行综合评估,最后,对成绩不佳的单位实施"末位淘汰"。同时,在各大媒体平台上,每日对评价结果和卫生管理的薄弱环节进行公开,以促进城市环境卫生工作质量的提升。成都市在市区内开展了一系列的综合整治工作,对违法违章建筑、乱摆摊点等进行了全面的清理和改造,对环境卫生设施、道路管线、园林绿化等进行改进和优化。在处理扬尘污染上,成都制定了一系列的治理措施,比如对各种建筑、房屋的拆除、建设等,从源头上防止扬尘污染扩散到人群稠密地区。在硬件方面,成都市发布《成都市城市道路检查井盖监督管理规定》《中心城区城市道路桥梁巡查工作规定》《关于进一步加强中心城区道路挖掘管理实施意见》,规定了基础设施的维修与管养工作。成都市还以特色街区和文创园为载体,以锦里、宽窄巷子和琴台路所代表的 26 个特色街区为代表,打造一张"城市名片",在治理城市积弊的同时提高城市的文化价值属性。

成都市首先通过电视、电台、网站和报纸等多种形式,强化公众行为导向;注重公众满意度,拓宽公众对城市治理效果的反馈评价渠道,对在考核结果排名中处于末位的执法单位,进行强制性的整改。其次,让民众直接参与城市治理的过程,比如,发起"城管志愿者带动工程"项目,使民众有正当的途径参与城市治理。其中,较为典型的做法就是在各区(市)县建立"城管志愿者大队",以降低公民参与的门槛,提升公民参与的热情。与此同时,开通政府部门官网、微信政务等公民意见发表渠道、实行政务公开等,让城市居民足不出户就能了解并参与城市治理。

成都市已初步建立起多元主体参与的城市治理架构,并呈现出与现代治理水平趋于一致的趋势,然而,在此背景下,社会组织在城市治理中的主体地位还很薄弱,市民参与的质量和所能发挥的功能仍然有限,企业在城市治理中的参与也不够积极。鉴于此,在城市治理功能体系中,政府作为"掌舵者",强化决策顾问机构的建设,放松对市场的干涉和约束,转变为服务型,让市民拥有一定程度的自主性,从而使基层自治得以不断发展。此外,要充分发挥其动员作用,还需对居民自治进行科学的指导,还需进一步发挥其监督作用。成都市在城市更新与功能调整中,由于受到阶段性事件的影响,主观性很强,没有形成规律性与一致性的更新机制,缺少精细化管理精神。与此同时,尽管城市基本形成了自下而上与自上而下相交互的运作体系,但也存在着显著的横向互动不足,尤其是受到公众表达的能力、水平、涉及范围等因素的限制,存在着一些无效情况。成都市的政府治理在融合互联网和大数据的基础上,实现了更加高效、开放、现代化的治理模式,但在企业、社会组织、公民参与等方面尚未形成具有较高创新性的治理模式[85]。

3.1.4 深圳

深圳作为一座新兴城市,无论在经济发展还是在城市治理上,都处于全国领先地位。近几年,深圳在"数字中国"战略的引领下,积极推动"数字政府""智慧城市"建设,为我国城市治理数字化转型贡献了一份优秀的答卷。深圳在国际和国内的大环境下进行了城市治理的数字变革。"数字时代"的到来,使得以数字技术为支撑的城市发展模式逐渐成为一个世界性的潮流,包括伦敦、纽约和东京在内的世界级大都市正在大力推进智慧城市的建设。深圳是一个极具代表性的大都市,在数字化时代背景下,积极利用数字技术对城市治理进行赋能。深圳是新时代中国特色社会主义先行示范区,是粤港澳大湾区核心城市,是我国城市治理数字化转型的重要引领力量,是推动"数字中国"的关键。

深圳在数字化治理进程中,紧扣"以人民为中心"的核心理念,致力于把深圳建设成为大湾区、全中国乃至全世界范围内"智慧城市"与"数字政府"的典范。深圳在城市治理数字化转型进程中,从顶层设计入手,对深圳全城的治理转型进行了全面规划,并于2013年、2018年、2021年三次对"智慧城市"与"数字政府"进行总体顶层设计。在数字治理的过程中,政府建立领导小组、构建多方合作机制,有效地将多方主体的关系进行了协调,共同推进城市治理的数字化转型。数字治理需要有足够的人力、财力。深圳非常重视高科技人才的建设,一直以来都是以创新和人才为主要的发展策略,制定了一系列的人才政策,引进了世界各地高素质、高水平的人才,深圳从引进、培养、激励、保障四个方面来促进高科技人才的发展。在资金政策支持上,先后颁布了《关于促进科技创新的若干措施》《关于以更大力度支持民营经济发展若干措施的通知》《深圳市战略性新兴产业发展专项资金扶持政策》《深圳市高新技术企业培育资助管理办法》等多项政策,明确指出,对于符合条件的新型信息技术和高端装备制造业,将采取直接资助、股权投资、贷款补贴和风险补偿等多种形式,对符合条件的新型信息技术和高端装备制造业等行业,给予直接资助、股权投资、贷款补贴和风险补偿。上述举措已经取得了一定的效果,深圳5G网络的建设水平在国内处于领先地位,同时,区块链技术和人工智能技术的发展也在不断推进,深圳市政府大数据中心已经实现了政府数据的跨区域、跨层级、跨部门的共享[86]。

在"数字时代"的大背景下,深圳积极响应"数字中国"的战略要求,通过以制度适调与技术创新的内在重构为支撑,建立"服务+物理+经济+安全"的综合治理平台,朝着满足人民对美好生活的向往,打造数字治理的示范样板的方向努力。

新冠肺炎疫情期间,深圳市加强应急能力建设。迅速组建应急指挥机制,并动态调整组织架构。以定点医院、后备医院和发热门诊为主,构建分层级应急治疗系统。采取"一人一策"措施,全力展开医疗救治。组织市重点物资生产企业复工复产,并从重点企业和海外渠道大额采购防疫物资。完善交通节点防控,筑牢针对外部输入的防线。出台应急法规,为依法抗疫提供保障。深圳市全力防控新冠肺炎疫情的同时,仍存在着公共卫生应急预案落后政府职能和组织结构待调整的情况;针对重大事件的指挥架构尚未明确;部门职责定义边界不清,社会可参与度不足;应急医疗救治基础薄弱,临床和公共卫生衔接不足;应急物资顶层设计有待完善,尚未建立应急物资储备中心;公共卫生人才短缺,激励机制有待完善;公共卫生地方性法规缺失,强制隔离措施缺乏法律保障等[87]。在这种情况下,深圳形成的智慧应急系统赋能灾前、灾中、灾后全生命周期管理的城市应急体系。通过灾前充分准备、感知与模拟,灾中及时响应、指挥与行动,灾后全面恢复、评估和总结,使得三个阶段的工作环环相接、丝丝入扣,推动了应急管理工作的有序开展(图3-3)[88]。

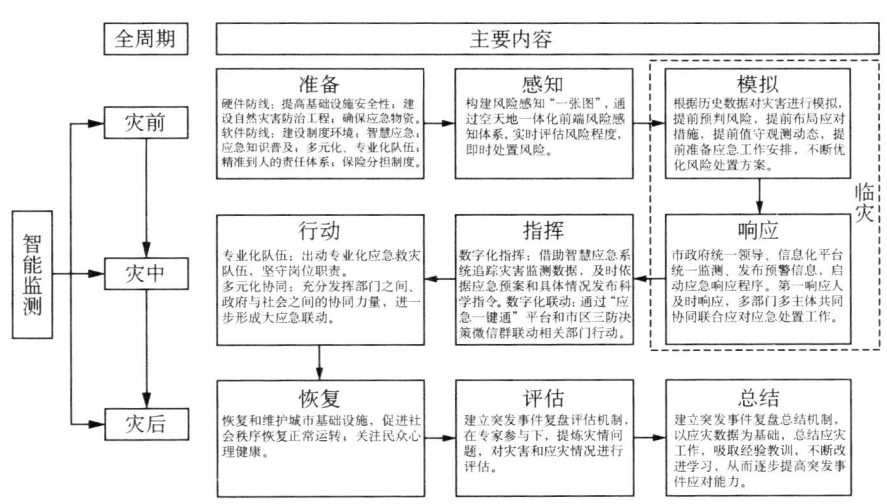

图3-3 深圳全周期应急管理实践及其主要内容[88]

深圳市盐田区的居委会经历了"居委会与股份公司分离""一会(合)两站""一会(分)两站"三个阶段,形成了居民自治和居站分设为特色的"盐田模式"。南山区通过代议性吸纳、商议性吸纳、机构性吸纳、精英性吸纳、社区党组织引导、党员(公职人员)参与,建立了综合吸纳和联系互动为特色的"南山模式"。桃源居居委会以企业参与的方式,为社区服务提供经济基础;以党组织、政府、企业、社区居委会、业委会和社区义工站为六大主体,形成社区服务的实践模式,针对不同人群的社会福利实现社区服务的保障,形成了以企业参与和物业服务为特色的"桃源居模式"。深圳市在居民自治、社区党建、社区服务等方面探索出的"盐田模式""南山模式""桃源居模式"为城市社区治理提供了新思路[89]。

"网格化"的深圳治理模式为超大型城市的流动人口提供了有效的管理手段。深圳将城市分为网格,每个网格都有专人负责,巡查、走访、收集辖区基本信息、收集辖区动态信息、上报紧急情况,是联通网格与网格、辖区与城市之间的重要纽带。"楼长"是一个集法制宣传、人口登记、治安协管、民意联络、纠纷调解等多种功能于一体的深圳市基层组织,是深圳市居民自治的重要组成部分。深圳现有楼长超过167 000人,实践表明,业主自治能够有效地发挥居民的自治功能,促进城市管理的现代化。

3.1.5 郑州

2018年起,郑州市逐步推广"路长制",先后发布了《郑州市人民政府关于印发郑州市城市精细化管理三年行动实施方案的通知》《郑州市人民政府办公厅关于印发郑州市城市环境卫生精细化管理工作检查评比方案的通知》《郑州市人民政府办公厅关于印发郑州市城市精细化管理工作"路长制"实施方案的通知》等文件,在习近平新时代中国特色社会主义思想指导下,进一步加强郑州作为国家中心城市的建设。最关键的是,要建立一个明确的责任分配、有效协调和有效监督的机制,即下沉到路段的各有关部门的执法管理人员,在路长的统一指挥下,对所负责路段的环境卫生、市容市貌、市政设施、绿化、交通管理、"门前五包"等进行全方位的综合管理。

首先是要加强联系,建立"路联管"。"路长制"分为三级,由上下联动的多级"路长"组成,由多个部门联合起来,层层压实,综合整治,对路面事务进行全方位的管理。道路的治理是全面治理的重要组成部分,要使城市的道路卫生、交通秩序、绿化、基础设施的维护工作都得到有效的管理或执法。城市道路管理是一项非常复杂、要求非常细致的治理项目,仅靠政府的力量很难全面实施,还需要社会各界的积极参与,而路长制使民众由被治理的对象转变成为可利用的路面治理力量,形成全民参与共管路面的机制。路长制是一个现代化的窗口,它把各级领导联系起来,在工作中发现问题、解决问题,在具体工作中,各自的领导和协调能力都得到充分的发挥。他们的工作积极性也被调动起来,就连自身的创新意识也被激发出来。

实施"路长制",关键是把管理实践下沉到基层,把权利向下延伸,把具体的工作落实到权利实施,把更大的政策分配给每个路长,把具体的实践落实到每个路段。具体到道路管理的各个方面,如交通管理、环卫管理、市政管理、执法等,都是由路长来统筹,力量汇聚,方向一致。在实际的实施过程中,路长实现了各方的协同治理,不同区域、不同道路的路长积累了丰富的经验,在基层实现了群众管理和群众治理,共同推进难题的解决,进一步就路网责任推动多单位联动融合。这种综合整治的方式,十分符合基层的实际情况,而且效果很好,可以做到面面俱到。郑州每个城区的特色街道,乃至社区,都有自己的路长制度。随着城市管理水平越来越高,管理手段也越来越灵活,各区域根据实际情况,不断创新管理模式,促进了道路管理与城市网格化管理的深度融合。在不同区域,城市管理工作已经形成良好的管理理念,在责任分配、问题解决、智能化管理、公众参与和考核等方面都得到了有效执行。

"路长制"在道路交通管理中的具体做法是:①从严治"脏",确保道路交通环境干净、整洁;无垃圾、无吐痰、无污水、无灰尘、无油渍、无严重积尘;墙壁上无污点、无张贴和涂鸦;及时清理人行道护栏,保持干净,无污迹。②对"乱"进行综合整治,实现城市环境的整体改善。维持静态交通秩序,不随意停放机动车、非机动车,对违规停车进行劝导、张贴、拍摄、收集证据;加强共享自行车的标准化管理,严格规范停车地点和停车标志,重点区域和节点的问题集中整治;不随意摆摊、堆放。③改善硬件条件,以提升质量解决"差"问题。街道绿化无缺枝、枯枝,门牌无损坏,夜间照明无黑灯少字,城市家具无锈蚀等。④以综合治"污"为重点,改善生态环境;无露天烧烤现象,各餐饮业均全部安装油烟净化设施,废气达到排放标准。

(1) 路长制的成果

"路长制"和城市精细化管理的实施,不仅需要政府的主导,更需要社会各界的参与、多元的协作、共同治理、共享发展。多主体参与是城市精细化管理的一种方式。整合办公室、执法、治安、交通、巡逻、环卫、绿化等管理资源,在辖区内进行管理工作,建立一个服务、管理和执法于一体的综合管理运作体系;在警力下沉的同时,城管、巡防、环卫、绿化等部门的力量下沉,解决了"谁来发现"和"谁来管"的问题。权力与责任下放,按照"权随事转、人随事走"的原则,把日常管理责任细化到各路段、各部门,并解决各部门责任主体问题;强化管理,落实常态化、长效化的管理要求,对沿街商户严格落实"门前三包"制度,"脏乱差污"现象得到整治;智慧管理,建设智慧城市、街道和环境管理系统,利用"互联网+"和其他智能技术,在线监测和管理辖区发生的事件、先进事迹、管理单元人员、勤务车辆、作业现场、工作效果、商户自治等。

郑州市环境卫生第三方监测评价工作以自然周为单位,对2 387条道路进行一周一次的普查,确保"应采尽采"。检查的范围是市政设施、围墙、物品摆放、房屋、环境卫生、绿化等,每一项都有专门的资金,巡逻队可以通过步行、骑行、驾车等形式,按照郑州市市政部门发放的检查手册,进行随机、完全隐藏身份的检查,一旦发现问题,就会通过手机上的第三方监控系统进行调查,并按照郑州市环境卫生检查的要求拍照上报,再对提交的问题进行审核,确认提交的信息的种类和准确度,进行公开。第三方监控系统可以生成不同街区、道路、城区的问题类型和数据表。总路长每两周要对自己所在区域进行一次路检,一级路长每周一次,二级路长至少每天一次,迅速发现问题,并很快给出评价。每月都会有相应的数据,由数字化监管中心公布,评价出100条红旗路段和20条未完成的黑旗路段,这些指标与财政预算挂钩。如果发生两次或者三次黑旗情况,那就交给责任路长负责,通过问责和换人的方式推进工作。

郑州市充分利用新闻媒体,对城市环境卫生精细化管理工作及市容市貌大提升活动开展情况和典型经验进行广泛的宣传,组织与之相关的城市建设活动,营造了一种强烈的社会舆论氛围,让公众树立了保护环境的意识。以城市环境卫生精细化管理为契机,深入推进"路长制"工作,坚持"发现问题、报告反馈、立案、处理、复查、结案"的工作流程,充分调动路长、网格长、城管安保等各单位的力量。同时,要求城管、城建、环卫等相关部门的积极配合。区文明办、区委、妇联、总工会等部门,积极组织和发动各级文明单位,积极开展志愿服务,积极开展城市环卫及市容市貌大改造工作。对城市精细化管理制度和机制进行创新,各有关部门结合本地区的具体情况,不断提高城市管理的标准和水平,创新全民动员、市场运作、第三方参与等新机制、新方法。

(2) 路长制目前存在的问题

首先,过度依赖行政权威,执法力度不足。要使"路长制"真正贯彻下去,必须进一步发挥"路长"职能,建立健全"路长"工作机制。在目前的工作实践中,路长制以路长为核心,路长根据工作的实际需求,根据调查的需要,完成相应的工作交接和最终的处理。路长办公室负责日常工作,如果有什么问题,办公室会直接交给下面的人去办理,而不是自己去做。在这种情况下,路长办公室更要充分利用自己的枢纽作用,不仅是一个信息传递的中心,还可以了解辖区内的不同情况和问题,制定出相应的对策。但由于路长办公室的人员结构，大部分的权限和职责都由路长来承担，而一两个人根本不可能收集到足够的信息，所以光靠路长办公室的力量是不够的，如果路长办公室的人知道发生了什么事情，他也无法第一时间处理，必须通知各个级别的人，让他们等待命令。但一切工作的组织、实施，都要靠下级来完成，基层工作繁重，工作中难免会出现各种各样的问题。市民们急需解决的问题，都会汇聚到路长办公室，而这个办公室没有任何实权，也没有能力去协调。所以，一句话，在缺乏法制支持的情况下，仅仅依靠行政权力是不可能动员各方和民众积极合作的。

其次，部分政府官员的治理理念存在问题，过分看重经济效益，忽视了生态效益及其它综合效益。一些政府官员受旧观念的约束，为了追求业绩、追求发展，只看重GDP，走上了"先污染后治理"的老路。习近平总书记在近几年的大会上反复强调，生态文明是一个关乎我国前途命运的重大问题，即"绿水青山就是金山银山"。但我国"权力本位""GDP崇拜"的思想根深蒂固，生态优先、绿色发展的理念亟待培育。在很长一段时间里，各级政府都采取了"强政府—弱社会"的治理思路，公共事务和公共产品也都是由政府垄断的，这导致人们在思想上服从、意识上被动、心理上依赖、主体意识和权利意识淡薄，难以真正地参与城市管理。虽然"政府—公众—社会—组织—企业"等多元主体参与的治理模式得到了广泛认同，但是如果政府理念不转变或定位不当，将导致其他主体和利益相关者失去话语权，使得多元治理很难实现。

多元参与渠道狭窄，参与程度有限。现代治理的关键是治理主体的多元化。从"一元之治"到"多元共治"的转型，是从"统治"走向"治理"的过程。建立政府、市场、社会三者之间形成良性互动关系，是实现国家治理现代化的基本条件，也就是说，要真正形成"党领导、政府负责、社会协同、公众参与"的新局面。路长制的目标是扩大社会参与主体和下沉政府工作人员的城市管理模式，尝试将政府机构的治理者纳入其中，让责任网覆盖各个部门，从而提高城市的管理效率。道路治理与公安交警、环卫绿化等公共单位关系密切，各部门能否充分共享信息，对政府的管理水平和功能提出挑战。因此，要进一步加强管理信息化。多元化的治理体制需要完善的网格化治理系统，而现代化的管理是实现信息化的重要手段，信息化建设跟不上，各部门的信息共享就不能同步进行。根据相关研究，不同主体之间的协作，其合作的效率取决于双方的沟通程度，只有当双方的交流良好时，才会产生良好的信任[90]。

3.2 国外主要城市治理发展现状

3.2.1 纽约

纽约市是美国乃至全世界最大的城市,坐落在美国纽约州的东南部,毗邻大西洋。纽约在2018年11月被全球化与世界城市研究网络(GaWC)评定为"Alpha++"级别的国际一流大都市。纽约市包括布朗克斯区、布鲁克林区、曼哈顿、皇后区和斯坦顿岛区,总面积为1 214.4平方公里。纽约是美国人口最稠密的城市,也是一个多族裔的大都市,有来自97个国家和地区的移民,将近37%的人口是海外来的,所以纽约市的合法移民数量,比芝加哥和洛杉矶加起来还要多。纽约的产业集群共有13个,分别是计算机硬件与电子、工业机器与系统、交通设备、生物制药、材料加工、光学与成像、软件等。纽约是全球最大的三个金融中心之一,世界500强企业中的73家总部位于纽约,2021年纽约市的地区生产总值达到了15 983.9亿美元。

纽约城市的治理压力仍然存在:公共服务压力增大预算缩减,以及城市突发事件的危险增大。作为一个具有代表性的超大型城市,纽约的城市管理实践对中国的城市管理体制和治理能力的现代化具有一定的借鉴意义,简述如下。

促进公众参与,实现高度民主化治理。纽约尤其注重调动市民参与城市治理,从治理参与的程度、参与渠道的畅通程度以及合法性等方面,都表现出高度现代化。例如,由国会议员、政府官员实地考察、利用媒体等多种途径传播民意等。在决策过程中,听证作为一种被广泛采用的公众参与形式,各方利益相关者及专家均可通过表决发表意见,更易于作出科学、客观的决策,减少决策失误的发生。此外,纽约市政府还建立了一套完整的制度,以保证民众能够全程跟进,并深度参与。比如,在市政委员会组织一个特定的都市议题之前,会先进行一段较长时期的预告,让公众了解有关议题的全部内容;在进行讨论时,议会邀请各利益相关方出席,市民可自行出席或收看当地电视台的专题电视节目,并可免费参加会议;在决策过程中,各利益相关方可以广泛地参与决策过程,从而使得最终制定的决策方案具有很强的可操作性,而在执行过程中,相关各方都会积极地参加到管理中来,并在一定程度上实现"全员参与",从而极大地减少监管的成本。

合理地授权和权力下放,以达到市场管理的目的。一般情况下,政府与市场之间存在着四种互动的合作模式:由政府投资的公司进行建设,公开招标,监督验收;委托经营公司,例如停车场的管理;特许经营,一般在自然的垄断产业中进行;政府采购,随着政府的治理体制和治理能力的不断提高,政府与政府之间的互动与协作关系越来越趋于理性。纽约市政府在管理城市时,常常扮演宏观调控社会公平的角色,在市场、企业、社会等各方面能够发挥其应有的功能时,政府就会退出,但这并非"弱政府",而是一种职责广泛的政府对民间组织的权力下放,从而有效地减少政府失灵的可能性,同时也为政府与市场、企业、社会组织等各方面的互动提供了一个新的路径。从政府自身的角度来说,承担太多的管理功能并不一定能带来更好的管理效果,政府除了将核心功能交给中介机构之外,还可以通过社会组织等市场力量,实现政府的管理,从而降低政府的管理成本,产生更多的社会服务和公共产品。

运用现代科学技术,如大数据,进行管理。纽约是最早使用大数据进行城市管理的城市,已经实现了信息电子化,政府预算、部门职能、议会议题等信息都通过电子系统实时传输,大大提升了管理的效率。2012 年发布的《纽约市开放数据法案》是一项地方性的公开数据法,它允许公众无条件、不经批准地向公众公开其数据。在 MODA 推动下,纽约市的数据公开和社会化应用也有了显著的进展,目前已有超过 12 000 个项目,涵盖健康、商业、公共安全、城市管理、教育、环境、住房和发展、教育、环境创新等方面,并以此为基础,发展了许多社交应用。比如,已经有一些 App,提醒民众不要去高风险地区,并保持警觉,这样就可以减少犯罪的发生。应用 App 可以为市民提供实时的出行咨询服务,为高峰时段、热点站点与一般站点的优化配置提供参考[85]。

3.2.2 东京

东京,日本国的首都,都市圈面积 1.34 万平方公里,总人口将近 3 700 万。全国大约四分之一的人口居住在这块不足日本国土面积 4% 的土地上。从 20 世纪 50 年代到 70 年代,东京的人口在 20 年里增加了 83%,达到 1 100 万余人。突如其来的快速城市化为东京带来巨大的经济繁荣,但也造成了巨大的冲击。例如,中心区内存在着大量的钢铁、船舶、机械、化工、电子等产业,以及大量的农民工,这些都曾经导致了城市病的加剧,以及住房供给不足、交通拥堵、污水横流等问题。基于此,东京提出"副中心"的城市发展策略,引导流动人口向新宿、涩谷和池袋等地迁移,但不是强制的制度安排,而是通过优化副中心的功能结构,在市场手段的引导下实现人口的自然迁移,并通过产业转移、轨道交通建设、公共服务均等化等方式,构建"中心区—副中心—外围新城—邻县中心"的多中心、多圈层、均衡化、宜居、低碳的都市圈空间结构。东京的管理制度以制度的扁平化和社会力量的全面参与为特色,其管理能力以有效治理城市病和公平分配公共资源为特色。

东京在体制上显示出高度现代化的管理水平,其组织结构专业化,职责明确。东京都建立了中央委员会,制定针对性强、可操作性强、效果明显的城市管理法规。与此同时,东京都政府在机构设置方面进行了科学的规划与调整,抛弃了繁琐的组织结构,采用扁平的管理体制,抛弃了严格的管理层次,采用精简的管理方式,从而推动不同的功能之间的资源配置。

东京在城市治理的每个方面和环节,都努力地运用社会组织的力量,通过多元力量来达到治理现代化的目的。以垃圾管理为例,东京出台《促进循环型社会建设基本条例》,该条例明确了东京居民与企业机构的环保责任,即要限制垃圾的产生,让民众养成垃圾分类与回收的习惯,同时,企业机构也要以环保为第一要务,以创新的方式,从产品的设计与生产环节,降低或杜绝高污染与不可回收的产品数量。在东京,民间志愿者组织作用也是极为重要的。在绿化和公园的养护方面,东京设立了一个专门针对个人和机构名为"绿地维护志愿者"的注册登记系统,它负责管理后备志愿者的资料,并在政府和市民之间建立起一种联系,政府会安排志愿者的工作,并对志愿者进行专业的培训,让志愿者能够通过这样的制度,有条不紊地参与公园的维护治理。另外,东京也建立了公民意见的反馈流程,以此建立和完善有关制度,提高公众意见的透明度、表达意见的通畅度、监督反馈的及时性,以及在适当的时机举行听证,充分发挥民间力量的作用,推动城市管理走向一个更加现代化的良性循环。

东京是一个人口密集、结构跨度不够合理的大都市,其"城市病"重,但其治理也是值得称道的。东京为应对人口问题,着重调整产业结构,引导人口地区流动,制定《工业控制法》,将劳动密集型和重工业转移到郊区、城镇甚至国外。在城市中心区域加快发展知识密集型、资源密集型和技术密集型服务业。大力发展科技创新型、都市服务型产业,以合理的产业结构为导向,实现了经济的合理配置,创造了高度的繁荣。治理环境污染方面,东京都厅(市政府)制定了一套环境影响评价体系,对各大建设工程的执行和竣工后的环境影响进行评价,并依据评价结果采取相应的措施,降低环境的不良影响。

2002年东京政府进一步完善了环境影响评价体系,将环境影响评价的范围从项目实施扩展至一个连续的责任分配体系,即,在项目完成之后,开发商将继续承担起相关的环境保护责任,并不断地采取更多的环保措施。评审结果将及时上报主管审批机关,并由该机构全程监督后续工作。东京在处理交通拥堵方面也拿出了现代管理思想和方法,大力发展轨道交通,并运用智能化、数字化、信息化的交通体系,用以提升交通效率,减轻交通堵塞,东京中心区每条地铁每隔3分钟就会开一辆有轨电车,以满足乘客的需求。

东京都政府提倡公共服务均等化,以防止城市公共资源过度集中。在教育方面,日本政府给中小学教师的福利优厚程度等同于国家公务员。同时,为防止地区间教师与教学水平差距过大,规定教师应经常轮换,在同一学校的工作时间最多只可五年,以实现公共服务与产品供应平衡。同时,各级政府机关也对义务教育的实施负有直接责任,从体制、资金等方面实现了多方面的保障[85]。

东京也是全球城市安全指数排名靠前的城市之一,有着极为成熟和完善的城市安全治理体系(图3-4)。其城市安全主要特点是城市"秩序意识"与"社会契约"集体主义和谐共生。日本同样是智慧城市建设的先锋国家,重点针对政府政务治理便捷民众需求、医疗健康远程服务民众、教育培训等方面利于国民需求的推进。日本在推行智慧城市建设理念宗旨是"以人为本",建设中首先考虑市民的需要,其次提升城市运行能级和

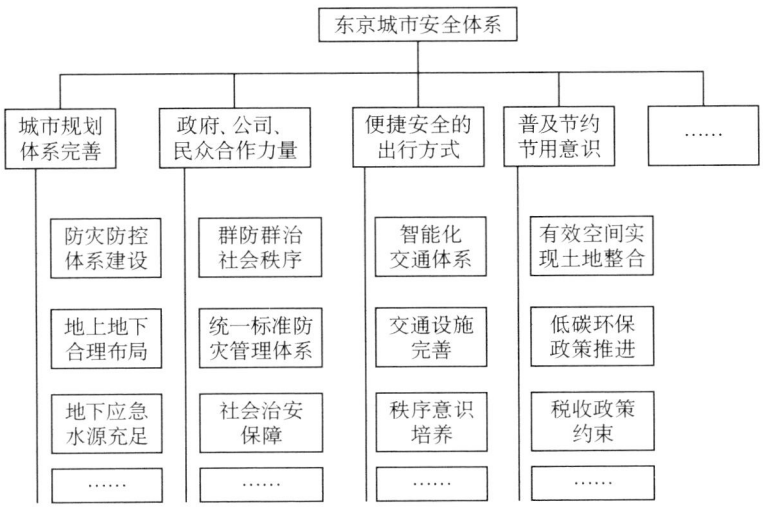

图3-4 东京城市安全体系[91]

效率,最终实现市民便捷、安全、智能生活的理念。日本在建设智慧城市过程中采用企业资本作为城市建设的主力军,并利用自身优势和资源,吸引社会各方企业和研究机构的共同参与,着力打造智慧城市,进而协助推进政府改善城市管理理念。例如,日本千叶县建设智慧城市主要通过"节能+创新+蓄能"的全方位方式打造智慧城市交通系统、环保系统,形成适合城市居民居住的智慧型社区。东京都在智慧城市建设方面的很多技术根据市民生活习惯与市民需求紧密关联,实用性强。政府通过推动数字技术,提升公众办事效率与便捷性,实现政务简单化、效率化和标准化,方便群众,并提升政府政务可视化平台,让市民更好地监督政府办事过程[91]。

3.2.3 新加坡

新加坡地处马来半岛南部,国土面积为718.3平方公里,总人口547万,人口密度约为每平方公里7 600人,土地资源匮乏,但不像其他大城市存在着人口、建筑、交通等方面的拥挤,同时保留着丰富的生态空间,整体呈现出生态都市的风貌,作为全球第四大金融中心,也是全球最宜居的城市之一,被称为"花园城市"。而这些都离不开其城市治理体系和治理能力现代化的推动,新加坡的城市治理模式和方法,提供了一个城市治理现代化的良好范本。

新加坡在城市治理中,各个相关部门和行为主体之间已形成了一套有效的沟通机制。新加坡国家发展部下属的三个部门,即:城市重建局、建屋发展局、公园暨康乐署等机构,它们分别负责城市的规划和建设。城市重建局主要负责新加坡的城市总体规划、城市设计、发展控制和战略制定,以及土地买卖。建屋局负责新市镇及社区单元的计划,并兴建组屋。公园暨康乐署及城市委员会的主要职责是处理日常的清洁、花园的保养和维护等事务。新加坡的城市行政工作主要由市议会负责,但"建管分离"政策下,各部门间的权利互不干扰,议会在决策、执行和监督等方面也从未被市议会垄断。市政理事会时常与建屋发展局、环境发展部及其他机构商讨,努力与市民建立一个良性的互动关系。一方面,通过海报、小册子、新闻媒介、组织相关活动等,将城市顶层规划的思想和内容广泛而形象地传播给广大群众;同时,政府也积极与基层领导人沟通,听取他们的意见。此外,市政委员会还经常与提供公益产品/服务的企业打交道,这使得城市管理更趋现代,把城市管理分解成居民、社会团体、企业、政府部门等各方面的职责,提高各方面的参与程度,把各方面的利益诉求都导向一个大方向,朝着一个方向努力,极大地促进了城市治理的发展。

新加坡十分重视公共参与,并为此制订了各种措施,以促进民众的参与。比如,市镇理事会每两个月举行一次理事会,理事会成员和居民就城市管理的问题进行讨论,新加坡公民可以是参加城市的建设者、规划者、监督者等,新加坡城市规划是开放和透明的,每年都会公布开发信息、供应和需求信息,以鼓励更多的民众参加规划过程,并提出反馈。

新加坡的城市管理也具有很强的特色。在城市治理体系中,首先要具有较好的完整性,将每一个大小事务都规定在案,使法律更加完备;另一方面,新加坡的法律法规非常贴合实际,尤其是惩罚体系,"严"字当头,闻名于世。种类繁多的罚单,几乎覆盖了新加坡的每个公共场所,例如乱扔垃圾和随地吐痰都是违法的,在新加坡的各个公共场所,包括咖啡厅、商场、餐厅、学校、剧院、公共建筑物、公交车或公共交通设施等,若有人违反此项规定,将被罚款 1 000 美元。在新加坡,破坏公有财产的人要被抓起来接受鞭刑。2015 年,有两个德国人去新加坡,他们因为在列车车身上乱画而被判处入狱和鞭刑;违反交通法规,在 50 米宽的马路上任意横过,会被处以 20 美元的罚款。如被逮到两次,罚金将增至 2 000 美元,刑期延长 6 个月。新加坡的法律执行过程也非常严格,通常是由政府指派专人对惩罚进行监督;另外,新加坡成立了一批高水平的纪律检查队伍,建立了一套覆盖整个社会的民众监察网络,以保证法律法规得到切实执行。处罚种类繁多,处罚力度大,执法力度强,常常致使违法者无法承担违法成本,同时也从诫勉的角度培养了公民良好的行为习惯。此外,新加坡还对国民进行普及性教育,在法令颁布之后大力宣传,让国民有知情权,等到宣传期结束,才真正落实。

新加坡的城市治理能力现代化,在公共基础设施建设方面具有较为典型的体现。采用了超前的极限规划理论,在都市规划方面,区域职能分工十分有效,以经济、商业、金融、旅游为核心,以新加坡南部沿海地区为中心,打造国际化、前沿的经贸、金融、旅游产业。重工业、高污染、高能耗的第二产业,主要集中在新加坡的西部。东部地区建设国际机场、快速交通走廊等大型配套公共服务设施,缓解城市人口集聚的压力,同时还规划发展以轻工业为主的新型城镇,以促进经济的全面发展。在建立客观的评价体系方面,新加坡的考核制度与其他城市的评价方式迥异,即以客观、细致的具体评价标准代替主观的评价,指标涵盖的范围很广,每一项指标都很有针对性,且城市治理的方方面面都有条款可依,作为一种推动城市治理体系和能力现代化的有效途径,对于未来的城市管理行为,预期将有更高的可操作性。在公共服务设施的布局上,要考虑集约性和中心性,形成"区域—次区域—新镇"三级公共服务设施系统,统计和计算各级中心的人口和规模,并提供相应的公共服务和产品,使商业、医疗、学校、交通等设施的布局达到最优解。此外,还对各地区的公用设施做了更详细的规范,例如:精确的布局系统,精确到超市、餐馆、菜市场的需求,精确到主要的业态和结构。建立了科学、有效的城市运输系统,道路规划结合了辐射网与方形网的优势,其网络骨架为蜂窝式(环状辐射),土地利用面积在全国范围内占12%~15%,路网密度居全球第三。城市交通形成地铁、轻轨、城市快速路、城市道路四个层次的路网体系,主要是以地铁为主,其他道路交通为辅,相互补位。交通场站通常设在城市中央、人口密集的地方,以门对门"无缝衔接"为主要将实现多种交通方式之间的换乘距离压缩在合理步数之内,方便快速换乘。新加坡充分利用大交通中心周围的区域,对居住和商业进行配套开发,以提升城市的人流聚集度。同时,在私家车管理上,实行拥车证、ERP控制收费系统等,以减少私人车辆的保有量,调整高峰时段的道路使用量。新加坡重点建设城市的生态环境,提出了城市绿化建设的具体要求,比如新建居住区要配建10公顷的绿化,每隔500米住宅区要配建面积为1.5公顷的公园,每1 000人绿化面积要达到0.8公顷。新加坡创新性地将44座20多公顷的大公园和240多个街心公园,以绿道网络、生态天桥等方式相互连接起来,使原本由点状分布的公园绿地形成了一张网,最大限度地开发了有限的城市用地。新加坡一直在推行"打造翠绿都市和空中绿意"项目,鼓励开发商通过容积率补偿、屋顶绿化补贴等方式,在各类建筑项目中采用公共花园、屋顶花园、天空廊道和垂直绿墙等垂直立体绿化,5年将空中绿化面积提高了40公顷左右[85]。

新加坡在世界上也是一个具有较高安全感的城市,它拥有一个比较成熟、健全的城市治安系统(图3-5)。新加坡治安的最大特色,就是"依法治国,以人为本"。新加坡之所以能够取得这样的成就,就是因为它保持了长久的政治稳定和有效的社会治理。人民行动党自执政之后,一直致力于社会治理服务,主要体现在社会管理各个领域制订严格规定,并且按照法律的标准来进行。此外,新加坡还通过人性化的城市基础设施,为广大市民及前来新加坡的旅游者提供无微不至的优质服务,提高市民及旅游者对新加坡的满意度,塑造一个更安全、更有保障的城市形象。新加坡的《内部安全法》以法律形式保证了新加坡的安全,同时,新加坡还拥有强大的警力,多样化的警种,以保证新加坡及公民的安全。

新加坡不断完善和更新本地的法律体系以适应日新月异的发展形势。新加坡政府以先进的管理理念,实现各部门互相监督,保证公开透明的服务运行。社会组织在新加坡城市建设过程中也起到了重要作用,社会组织参与了众多的公共服务项目。新加坡通过先进的信息化制度,实现了视频网络全市覆盖、智能交通体系建设全市覆盖,通过公共安全体系信息化、电子化政府平台建设,提高了智慧城市安全治理水平[91]。

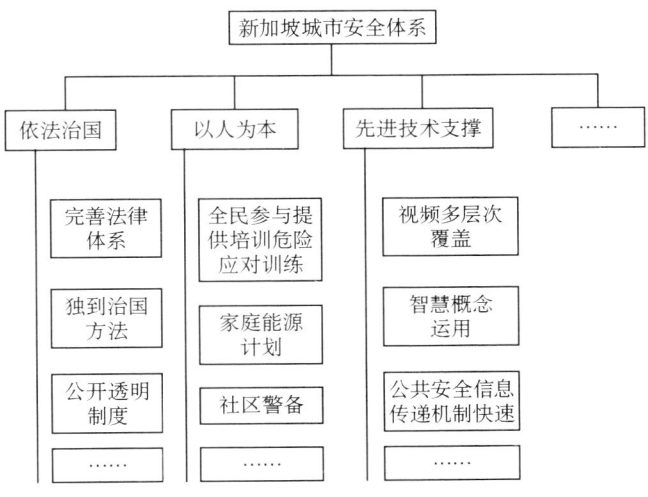

图3-5 新加坡城市安全体系[91]

第4章 城市精细化治理的内涵

4.1 当代城市治理面临的主要问题

4.1.1 基层治理的主要问题

十八大以来党中央持续关注社区治理与市域治理。十八届五中全会明确指出要"构建全面共建共享的社会治理格局",这一新模式的提出为我国城市治理提供了新思路。把城乡社区建成和谐有序、绿色文明、创新包容、共建共享的幸福家园,是中共中央、国务院在全国范围内提出的新要求。继2017年党的十九大进一步提出了"打造共享共建共治的社会治理格局"之后,党的十九届四中全会结合新形势,提出"要坚持和完善共建共治共享的社会治理制度,确保人民安居乐业、社会安定有序。"2019年12月,全国市域社会治理现代化大会上,明确提出以市域社会治理为核心,探索中国特色、地方特色、时代特征的新型社会治理模式。在新的形势下,十九届五中全会提出在今后五年内实现"社会治理特别是基层治理水平明显提高"的要求,并在"十四五"规划中也有"加强和创新市域社会治理,推进市域社会治理现代化。"目前,我国的社会治理已经进入一个新的历史时期,市域治理这一新的理念已经被纳入国家治理体系,并成为推进国家治理体系和治理能力现代化的重要组成部分。而城市社区治理是创新市域治理的最后一道防线,它既是一个切入点,又是一个新问题、新挑战。

如何更好地推进社区治理,以更好地适应新时代城市治理的新需求,已成为亟待解决的重大课题。以下试就课题要解决的主要问题简析如下。

社区条块矛盾十分突出,导致治理主体的功能不能充分发挥。虽然按照现有的法律法规,社区并不是一级政府,但是,由于"条块体制"的存在,它又是城市治理最基本的单元,因此,社区的条块问题也就变得更加突出。在实际治理过程中,社区被要求守土有责,也就是对辖区内的各类事务治理负有无限责任。但是上级职能部门又利用属地责任,将职能类事务层层转包出去,并强调要压紧压实属地责任,这就造成基层社区治理事务繁杂、不堪重负。再加上当前的财务分配体制是通过各职能部门对社区需求进行统筹,使得社区对上级部门存在严重的依赖性,从而造成了社区治理资源匮乏、管理事项繁多、管理效率低下等问题。在基层治理中,社区很难真正发挥自身治理主体作用,更多的时候是上级职能部门命令的执行者。社区治理制度的构建需要进一步加强。社区治理的特点是事务繁多,事无巨细,并发处理。因此,要结合实际,设立一个高效、灵活的内部组织,将具体的事务按优先级进行归类,合理地运用和协调各类资源,使人力、物力、财力的最大限度地发挥作用。目前,我国基层社区的"红白理事会""民间调解委员会""卫生保健站""社区治安联防"等工作还远远不能满足社区治理的需要。我国目前面临着专业人才短缺、信息化水平不高、参与机制不完善、市场化程度不高等问题。这就造成了很多社区居民的需求没有得到回应,社区建设资源被浪费,各种治理主体各自为政,整体功能失调,这给基层社区的治理造成了一种固有的压力[92]。

社区治理不同主体之间存在显性博弈,尤其是在居委会、业委会和物业公司三方之间。居委会、业委会和物业公司构成了一个复杂而又明显的博弈关系。居委会和业委会分别代表着不同群体的利益,因此,两委关系应该是并行的。但是在现实生活中,大部分居民认为居委会属于政府机构,选举只不过是走个过场,人选都是内定的,导致居民对居委会选举不关心,工作不了解。业委会和物业公司是以契约形式存在的委托代理关系,在业委会的授权下,物业公司只具有有限的执行权力。但是在实际工作中,由于物业公司所提供的服务及有限的执业权往往带有一定管理性,当其没有得到有效的监管时,极易出现"反客为主"的现象。在社区治理的各个主体之间,有一种隐藏的竞争关系。居民委员会、业主委员会、物业公司、社会团体等社区治理主体都是以组织的形式存在,其内部还存在个体与组织的隐性博弈。比如说,居委会的权力来自居民选举,它的职责是解决居民问题、满足居民需求、维护居民合法权益,这就需要居委会成员积极联系居民、倾听居民意见、自觉为居民发声。在现实生活中,一些居委会成员把自己看作是政府部门派来的管理者,很少主动了解居民的需要,这就背离了居委会的组织宗旨。此外,物业服务企业是业主委员会选定的,在维护公共生活秩序,维护公共设施,改善业主居住条件的同时,也要履行自己的职责。然而,由于物业企业以获取经济利益为终极目标,因此,其工作人员往往会从自身利益出发,出现了对公共设施的被动维护,公共服务质量不高,不能满足业主的合理需要等问题[92]。

社区治理中社会参与度低,民众自治组织运转不良。我国数千年来封建统治者为了维护自己的统治地位,禁锢公众的民主参与意识。整个社会形成了官本位思想,已经渗透到社会生活中的方方面面,对社会的文明发展产生了消极影响。一方面,政府机构和官员认为自己是社会事务的管理者和决策者,管理社会事务、作出各项决策是自己的工作,公民不应该也不必参与其中。因此,政府大包大揽、事无巨细地对社会各项事务进行管理,公民无法真正地参与社区事务的管理中,作为政府来讲当然有避免权力被压缩的顾虑。另一方面,市民也认为社会的管理权是属于政府的。因此,他们对参与社区事务的积极性不高,普遍消极走过场,起不到实质的作用。市民参与城市管理的深度与广度不够,这主要是因为各方面都缺少了政府的支持。首先,政府信息公开性还不够强,公开的范围、内容等都是由政府说了算,而一般民众对这些信息的知情权是有限的,这就影响了公众对政府的监督。政府没有对市民提出的问题作出有效、及时的反应,导致二者之间的交流不畅,从而影响市民对社区事务的参与。其次,政府对市民参与社区事务的经费投入不够,市民仅限于参加政府举办的听证等活动,不能广泛地参与,市民参与也就是停留在表面[93]。

同时,治理资源与治理任务之间的"时空错配"一直是超大城市追求治理效能提升的"拦路虎"。"看得见的管不着,管得着的看不见"的执行难题困扰着各级政府。作为基层的街镇、社区最容易发现问题与隐患,却没有权限解决;而条线部门有权力管理并有能力堵住治理漏洞,却无法及时掌握问题信息。超大城市中兼具不确定性、模糊性与复杂性的跨界问题层出不穷,更需要高效掌握信息协调整合资源以支撑有效执行。为此,地方政府积极尝试以治理重心下沉的方式,推动治理合力形成,提升治理绩效。虽然近年来中央与地方政府不断推动社会治理重心向基层下移,但改革实践的推行并非自然顺畅。常规性的公共管理改革模式未能改变职责同构的纵向关系,也难以突破条块分割、行政区划间隔等体制性壁垒,反而遭遇权力下放受阻、资源非均衡配置、基层超负荷运转等问题,导致重心下沉的改革收效大打折扣。如何在既有治理体制与资源条件不变的条件下提高城市管理与服务效能,就成为超大城市治理创新的关键[94]。

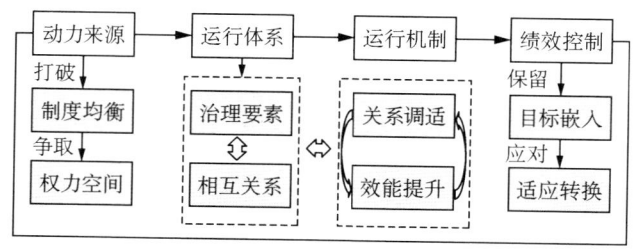

图 4-1 超大城市治理重心下沉创新的分析框架[94]

4.1.2 交通治理的主要问题

在经济和社会高速发展的背景下,城市道路交通问题日益突出,交通拥堵问题日益突出。目前,我国城市交通拥堵治理研究中,普遍认为其根源在于交通供给与需求的匹配之间严重失衡[95],借鉴该思想,应从增加供给、降低需求、提升效率三个方面寻求解决方案,以达到交通供需动态平衡。然而,现实中的治理效应看起来只具有时间效应,而不具有持续性,城市交通拥挤现象依然存在。毛寿龙指出,人类在城市发展过程中的行为秩序,是隐藏在城市管理和政策冰山之下的一块无形之地[96]。这种思维方式再次强调了人在交通行为中的作用。但是,人们的行为与他们所生活的社会文化有着密切的联系。社会文化的生成并非一朝一夕之功,而是特定群体和民族在特定的劳动实践中所形成的一种固定的生存模式。它产生于实践,并对实践加以规范。除此之外,在社会文化转型的过程中,文化系统内部各组成部分的变革速率并不统一,造成了社会文化内部各部分之间的失衡、差距甚至错位[97],从而引发了一系列的社会问题。

改革开放以来,我国经历了世界历史上规模最大、速度最快的城镇化进程,常住人口的城镇化率从1978年的18%上升到目前的60%以上。与此同时,机动车保有量也迅速增长。截至2021年年底,全国机动车保有量已达3.95亿辆,其中汽车达3.02亿辆[98],是1978年的222倍。机动车的快速普及近乎同步地引发了城市的交通拥堵问题。20世纪80年代起,我国部分大城市开始出现以自行车为主体的交通拥堵现象;随着我国经济社会的快速发展,拥堵的主体从自行车更迭为以摩托车、汽车为主的机动车。近年来的交通大数据监测结果显示,虽然我国的一、二线城市以及省会城市依旧是交通拥堵的重灾区,但不断加重的拥堵也已经出现在其他各种规模的城市和地区,也即,交通拥堵正在向中小城市蔓延。总体来看,我国城市已经进入一个整体性交通拥堵的时代[99]。

"一小时交通圈"是目前很多城市规划或交通发展策略中的一种量化指标。然而,此类指标考量的主要是小汽车的通达时间,而忽视利用公共交通的通达时间,即使有的城市在规划中提出了在一定年限内公共交通要达到一定的出行比例,却没有考虑到小汽车出行对城市公共交通出行的影响,因此,在公共交通优先发展战略的实施上,存在一定程度的不系统、不连贯的问题[100]。在道路空间和城市公共出行需求方面,过分强调小汽车出行需求，也常常用小汽车运行指标来衡量道路整体通行能力，缺乏对城市公共交通、慢行交通等城市交通出行方式发展的整体考虑。事实上，小汽车在公路上行驶的时间远远少于其在车位上停放的时间，这一现象引起了人们的思考。在城市里，有没有必要买一辆汽车？还是需要更大的尺度、更大的范围、更方便的城市交通出行服务？车辆长期停驻在路边，不但占用本来就不多的道路资源，还存在着交通安全问题，严重降低了城市居民的出行质量。

新型城镇化所产生的高密度、高频次、高时效性的交通需求，对城市交通体系提出了新的挑战。构建多层次、多方式、高可靠性的一体化城市交通运输网络是一条行之有效的方法[101]。然而，当前许多城市的交通仍然存在着如下问题：一是城市新旧两个区域间的互联互通交通服务比较缺乏，人们的出行方式以小汽车为主；二是缺少立体化、互通有无的综合性交通网络，由于缺少有效的信息共享机制，造成了城市公交之间不能有效衔接；三是一味发展城市交通规模，忽视城市交通体系的整体协调性。近年来，我国多个城市规划建设了地铁、城铁等轨道交通，但其与其他运输方式的交互作用机理尚不明确，制约了其集约高效发展。公私合营（PPP模式）是我国城市交通基础设施领域最为流行的一种投资与融资模式，但是由于政府金融风险防范等外在刚性约束的增强，在某种程度上限制了城市交通的建设与发展。城市交通作为一个庞大而又复杂的系统，需要各个子系统之间的相互配合，以实现总体最优。在城市交通规划层面，各种交通工具的规划分散在不同的部门之间，不利于相互间的协调；而且，城市在不断扩张的过程中，一些高等级公路其实已经向转城市道路功能转变。但是因为养护资金来源和管理主体的差异，城市内部分为公路与城市道路实行二元化管理，这也不利于发挥运输资源最大效益。

当前，我国城市交通治理仍以"自上而下"为主，缺少市场化、多主体参与的决策机制，政府与市场之间的界限不清。互联网技术给网约车和共享单车等交通服务模式带来了变化，在某种程度上提高了闲置资源的利用效率。然而，在新业态、新技术、新理念不断推陈出新的同时，政府对企业的管理手段单一、管理策略滞后已成为一种比较普遍的现象。由于政府对企业上市公司的认识、管理方法的落后，再加上资本市场追求利润的本质，使得企业上市公司在某种程度上处于一种野蛮发展的状态，使得其在发展过程中出现了诸多问题。所以，政府包办建设和保障的交通管理方式，不仅不能解决老的矛盾,也不能处理新的问题[102]。

4.1.3 环境治理的主要问题

伴随着社会经济的飞速发展,城市环境问题的严重性也在日趋加重,已经对人们日常工作生活带来严重的影响,阻碍城市经济实现可持续发展,因此我们需要深刻研究与分析当前在城市环境治理中依然存在的一些问题,并提出一些针对性的解决措施,这对于改善城市环境,提高市民城市生活质量有着非常重要的意义。研究者对城市环境治理的探讨主要聚焦于城市环境治理的内涵、城市环境治理涉及的关系和因素、城市环境治理的路径三个方面[103]。

首先,城市环境治理政策不完善,是环境治理中的最突出问题。目前,我国仍缺少一些正向激励的环境治理政策,不能激发企业主动降低排污的积极性,从而在一定程度上制约了环境治理效果的提升。其次,人们对城市环境保护的力度不够,没有深刻认识到环境治理的重要性,没有付出实际行动来积极开展城市环境保护,也没有对城市环境保护措施的认识,在城市环境治理中无法做到身体力行。再次,城市环境管理制度不健全。城市环境治理是一件比较系统、比较复杂的事情,而且从环境治理到城市环境恢复,还需要一个比较漫长的过程。最后,城市环境治理基础设施在环境治理中起着十分关键的作用。比如,可以利用生活垃圾无害化处理设施,将可以及时对后续的生活垃圾进行处理,从而对城市环境的恢复起到更大的帮助,不然就会出现城市环境"边治理,边污染"的现象,很难发挥出城市环境治理措施的长效性[104]。

(1) 水环境治理问题

第一,城区河流的水环境质量较差。随着城市的不断发展,市区内的河流出现了较多的缓流、淤积,甚至还有人将垃圾随意倒在河面上,造成了许多排污口被漂浮的垃圾所遮盖,造成了严重的堵塞,这种情况不但影响城市河道的美观,而且还大量产生异味,严重地威胁着城市的生态环境和人体的健康。当前,对城市水环境的调查发现,城市地表水的质量比较差,很多都没有被列入水环境管理和保护的范围之内,仅凭河道自身的净化能力,无法有效地改善水环境的污染状况,并且,这些河流大多位于平原地带,地形比较平坦,流速慢,很多河流长期处于死水状态。

第二,废水处理不够完善,水环境污染很难得到控制。伴随着城市化建设的进程,城市在规划和发展中,加强了对工业企业的管理,越来越多的工业企业迁出了市区。然而，在现实的发展过程中，因为多种因素的影响，仍然有许多企业分散在城市中心，从而导致了工业生产中的水环境污染。此外，由于现有的污水收集系统还不够健全，大量的工业企业都会出现污水直排的情况，这严重影响水环境的控制，加之城镇污水处理厂建设具有很大的滞后性，不能满足集中处理的需求，进一步加剧了水环境的污染和破坏。

第三，河道景观标准低，城市水文化特色难以体现。在城市化过程中，许多城市的水体都被破坏，而工作人员对破坏现象缺乏深入分析，已有的管理体系也没有发挥出应有的作用。大部分城市内部体系存在着水质差、盲沟或者排水不当等问题，这些问题不仅会影响到城市河道的美感，还会限制城市水环境治理的效果。当前，为满足城市发展需求，城镇用地持续扩张，导致城镇水系空间被压缩，河道被截断的情况时有发生，这不但对水系景观造成了严重的破坏，也造成了大量的水环境污染。城市的河道是城市绿化的基础，但由于缺少相应的景观体系建设，因此不能有效地体现出城市的精神面貌，还会限制城市的发展，造成城市景观和文化氛围营造得不如人意。

第四，水资源严重浪费。在城市的建设和发展过程中，有些用水单位和居民缺乏节约用水的意识，在生活和生产过程中存在着大量的浪费，并且有些企业在生产中没有配备节水型设备，只注重眼前的利益，漠视城市的可持续发展。例如，某些企业在生产过程中，管理人员的节水意识比较薄弱，甚至认为应用节水设备意义不大，所使用的节水设备只会增加企业的运营成本，并且认为要购买这些设备，就必须要花费大量的资金，于是使用过去传统的设备生产。这不仅造成大量水资源的浪费，而且造成生产过程中排放不达标废水，对城市生态系统产生威胁。

第五，水环境治理监管力度不够。在现实的城市水环境治理过程中，所构建的监管机制无法对水环境进行有效的监管，导致许多监管措施流于形式，无法真正发挥出水环境保护的功能，不仅导致城市水环境治理的局限性，还对城市的建设和发展产生不利的影响。在城市水环境治理中，监督治理效能低下，是治理中待解决的重要问题，导致这种现象的最根本的原因在于，制定的监督机制和评价体系不健全，不能对水环境治理工作的考核，导致许多关键指标的准确性和合理性不足。此外，在水环境治理过程中，由于监管力度不够，导致了城市规划和管理人员的懈怠，使得许多城市治理措施得不到有效实施，同时要付出巨大的代价，这不但损害原有的水环境管理体系，也严重影响了城市的发展[105]。

(2) 噪声治理问题

我国城市噪声的主要来源有交通运输运行产生的噪声、城市工业生产产生的噪声、城市建筑施工产生的噪声、居民社会生活产生的噪声。噪声会影响人们的正常睡眠和休息,降低人们的睡眠质量,影响人们的工作和学习。当噪声达到一定程度时,会形成噪声污染,从而损害听力,引起耳蜗性耳鸣,或者伴随有其他耳蜗病变。相关研究表明,噪声不但会对人的听力造成直接影响,而且还会对人的神经系统、心血管系统造成影响。而且,对于某些声音高敏感的人群,如果长时间暴露在噪声中,还会引发焦虑,导致更严重的结果,比如导致孕妇的早产、流产。

在各级城市中,处理这类问题的部门一般是环境保护、城管和警察。环境保护部门有专门的人员和装备,城管和警察部门有足够的权力和执行能力。由于三个部门之间缺乏沟通与长效合作,导致地方机构噪声污染管理体制不健全,具有监测与改善问题情况职责的环保部门不是执法主体,具有执行能力与威信的城管与公安部门缺乏专业性,权限与能力之间的矛盾比较突出,治理效果不理想。

在噪声污染防治的实践中,由于各种难点的存在,致使相关的政策和规定不能有效地执行。举个例子来说,人们对噪声这一概念的界定有很多分歧,而且在法律规定上,很难对其进行界定。在日常执法工作中,对噪声污染的界定标准是"单一、超标、扰民",也就是,只有一个声源,其声音太大,超出了国家所规定的正常标准,并对他人正常的生活和生产造成影响,才能将其定义为噪声污染。在现实生活中,噪声并不一定是由一个声源产生的,一个声源的音量可以达到一定的标准,当它与多个声源重叠时,可能就会对人产生干扰。在这样的情形下,很明显,要将全部的单个声源都处罚是不可能的。又比如,在收集噪声证据方面,存在一定难度,由于很多噪声都是暂时的,或者是可以在任何时候被终止的,所以就需要使用专门的仪器来对音量进行监控,看有没有超出国家规定的标准。如果噪声制造者在执法者登门之前就关掉了产生噪声的装置,并且拒绝接受执法者的指控,执法者就很难按照法律来惩罚他们。尽管我国已经出台了噪声污染防治的有关条例,但具体的实施细则还没有明确规定,这就导致了一些恶意制造噪声的行为不能被强制查处,执法人员基本都是选择对噪声制造者进行批评教育,因此,执法力度不强,威慑作用不强,也就无法彻底根治噪声污染。

城市建设需要动用大量的资源,许多城市在多年前完成了规划,以经济建设为重心,而没有考虑到噪声污染的防治问题,没有进行相关科学的规划,使得城市居住区与商业区混杂在一起,或是娱乐场所、餐饮店与商品房混杂,在客观上造成了低层场所噪声影响高层居民正常生活的现实。城市如果要进行重新规划分区,要付出的经济代价非常大,因此,在社会噪声治理方面存在着诸多困难[106]。

4.2 城市精细化治理的功能需求

4.2.1 基层精细化治理的功能需求

从传统的粗放型思维到精细化思维转变。在长期的发展过程中,我们养成了一种粗放型的思维,这种思维在新时期仍然没有得到很好的转变。这种粗放型的思维模式根深蒂固,具有惯性,不利于社区治理的转变和社区治理的精细化发展。传统的粗放型管理思维,强调的是结果导向和目标完成,注重的是情感和氛围等柔性管理的手段,习惯于用笼统的办法来应对各种事情,这会导致工作不够细致、命令传达模糊程度高、标准模糊等问题。而忽略所关注的过程、技术、流程等硬性指标。"重软性轻硬性""重结果轻流程""重情感轻技术"的传统思想,在理念上导致了治理效果的先天缺陷,也导致了治理工作流于形式,"最后一公里"问题没有得到真正的解决。而且,这种粗放型的思维具有传染性,也会妨碍了人们对精细化思维的接受和认可,影响到新治理模式的转型。

要把各部门的职能搞清楚,不要太过于精细化。随着上级行政层层加码,对基层社区的精细化管理的推动也越来越强,这种精益求精的模式,在某种程度上,对经济的迅速发展起到了推动作用,同时也提升了政府的治理水平,确保了社会的和谐稳定。但是,不可避免地会有一些部门和人员对精细化的理解片面,他们将精细化与细微化画上了等号,并通过不断增设组织机构、设置繁多的工作环节及更加专业化的分工等方式,来体现精细化的效果。这一方法常常会落入过分细化的误区,导致过分细化的结果,从而造成内卷化的风险积累,经济成本增大,社会资源浪费,同时也会降低民众的参与积极性,引发民众不满。最近几年,政府一直在对自己的治理条线进行重塑,加强科层化的组织结构,并希望能够通过更细致的部门划分和功能分工,来实现它们的归属责任。然而,盲目扩大机构,使其在同一层次上不断重复与繁殖,却不利于精细治理。当前,上海城区许多基层政府都面临着类似的问题,有些部门的数量甚至达到了数十个,出现了条块分割、管理支离破碎的情况。一方面,从部门内部来说,过于繁复的机构设置,给精细管理增添了制度上的障碍。组织结构过细,会使得纵向的执行链条过长,这对信息的传递和任务的执行造成不利影响,经常会造成信息失真和执行不力等现象。另一方面,对于部门之间来说,如果部门职责分工过于细化,就会造成部门之间各自为政,都或多或少地受到本部门的利益驱动,忽视集体利益,追求局部利益,很难实现利益之间的协调,时间一长,就会形成本位主义。由于各部门间的利益分散,使得组织的灵活性大幅降低,对于复杂的要求很难做出反应,同时也容易产生互相推诿的问题。比如,单就城镇垃圾的处置而言,在同一个层次上,由城镇建设部门负责处置建筑垃圾;环卫部门负责对垃圾进行清扫和运输;负责处理废品的材料回收;市发展和改革委对回收后的收益进行了进一步的监管。但是,在具体的执行过程中,很难对具体的管理部分进行定义,有时,会牵扯到多个部门,不能明确地划分管辖权限[107]。

在社区治理中,要加强对社会力量的引导,使其更好地参与社区治理。自治、法治、德治相结合的新基层治理模式,其核心是多元参与下的协同共治。然而,因为当前社区自治组织依然承担着大量的行政工作,没有充分地发挥出引导多方力量参与协同共治、推动社区居民自治的作用。在部分区域,由于缺乏社区自治的内在动力,导致社区居民对社区治理的积极性和主动性缺失。通过对社区进行调查,发现知道自己所在社区有"居民议事会"这种民主参与形式的居民并不多,曾经参加过所在社区"民主议事会"的党员群众也很少。这与"社会协同、公众参与"的多元治理目标仍有距离。

加强基层社会治理的法律保障。近几年来,我国基层社会治理的法治水平得到了显著提高。但面对错综复杂的基层现实,还需要进一步加强法治保障力度。一是建立健全社会治理的法律制度。目前,我国各地在推动基层社会治理方面所采取的政策措施,大多以规范性文件的形式出台,缺少相应的制度支持。尤其是对群众反映最多的基层治理突出问题,例如居民物业纠纷和养犬纠纷等,不少地方还缺乏具体明确、操作性强的法律法规。这造成了社区工作人员和相关部门在处理相关投诉和纠纷时,没有法律依据,无法保证居民的合法权益,影响了居民的获得感。二是加强对社会组织的规制和社会力量的动员,加强对社会组织的管理;在新的历史条件下,法律思维与法律方法的地位与作用越来越重要。法治是社会治理的核心。《社会团体登记管理条例》对社会组织的性质、权利、责任、目的、程序等方面仍没有明确的规定,其登记的便捷性亟待加强,对其有效参与基层治理的角色也亟待规范和提升[108]。目前,我国缺少专门的社会组织参与治理的法律体系,只有地方政府的规章制度、规范性文件和一些行政管理领域的法律法规。此外,其中一些条款太过抽象,没有针对性和可操作性,或者存在着一定的滞后,很难适应现代社会的要求。三是警察队伍的整体素质需要提高。基层法治力量对促进我国社会治理的法治化起着举足轻重的作用。但是,当前我国司法行政机关在解决争议方面缺乏全面的训练,从而制约了司法行政机关的实效性。例如噪声扰民、宠物伤人等纠纷因未达法律规定,无法依据《治安管理处罚法》处理,只能通过调解、劝导等方式解决。这要求基层执法者要掌握新的技巧[109]。

4.2.2　交通精细化治理的功能需求

在快速城市化和机动化发展的背景下,交通拥堵逐渐成为制约我国大城市可持续发展的重要因素之一。目前我国大规模的城市化进程仍在持续,这导致大城市人口密度和空间范围不断增加。在空间扩张的背景下,为达到相应的机动性需求,使得小汽车拥有量和使用率不断增加,加剧了城市交通拥堵。城市交通拥堵带来了严重的出行延误,经济效率和环境质量降低。目前,我国经历城市交通拥堵的城市不断增加,拥堵程度不断加剧。尤其是我国部分大城市的平均交通延误指数超过了2(图4-2),这意味着对于大部分出行者而言,需要多付出1倍的出行时间,而在某些路段所花费的时间则更多。对于城市通勤交通而言,交通拥堵也意味着较大的经济损失,在北京,交通拥堵导致19元/小时的经济损失,通勤者每月需额外支付1 000多元的交通成本[110]。

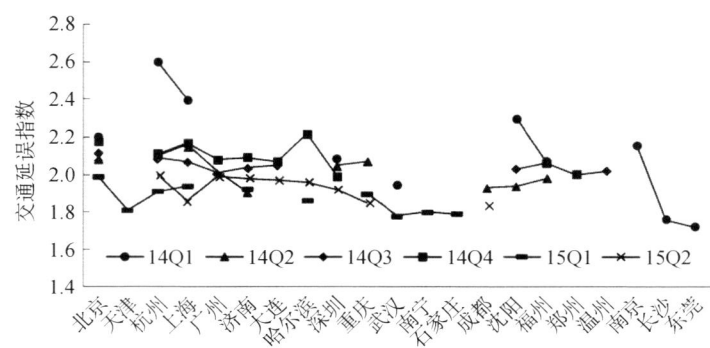

图4-2　我国大城市各季度交通拥堵指数[110]

建立体制机制,明确分工协作。针对不同情形下的交通拥挤问题,不仅需要多个部门参与,而且各个部门之间的职责也不尽相同。如果没有明确的职责和分工,工作效率就会大打折扣,各部门之间也会发生冲突。通过对各个岗位的职责进行细化、明晰,可以使责任得到有效的履行,强化监督。各级政府部门和各市要根据各自的职责,在市政府的统一领导下,认真开展整治工作。当前,从市政府到各部门、市辖区,到所属部门下面的处室、辖区内的各单位,最终到执行人员,在治理的每一个环节,其责任都不是很清楚,一些步骤甚至还有争论,所以,工作的安排比较混乱。有些职责没有落实到人,有些工作岗位缺乏专业人才。在城市公共停车场和相关场地道路建设中,需要涉及交通局、交警大队、城管局、国土局等部门。公路与交通密不可分,是相互影响的。但是,在交通秩序维持方面,又以交通局和公安交警大队为主,因此,很容易造成各个管理部门之间的职能重叠、多头管理、职责不清的现象。在不同的政府部门之间,存在着很大的交流障碍,这些问题在施工管理、轨道交通衔接配套、公交运作和道路交通管理等方面都存在着问题,各个部门之间的交通信息无法实现共享,从而影响了整个交通系统的整体运作效率和服务水平。城市交通拥挤问题的解决需要各方共同努力的。现在,每个部门都是以单打独斗为主,他们只会在自己的岗位上完成自己的工作,但各部门之间缺少有效的交流和协作,在工作中也缺少配合,信息不畅通,衔接不够紧密,造成各自任务的完成受到影响,整体治理效果不佳。例如,城市道路加宽工程,在开工前,由设计单位编制一份建设计划书,然后上报建设,规划和国土部门负责审核。建设单位应组织设计图纸审查会议,邀请交通运输部门参加,听取他们的意见。由于该项目的扩建涉及路口的红绿灯、电子警察等交通设施,因此,施工单位与交警部门意见不一,方案也不统一。在实际运营过程中,存在着冲突点,这对道路交通安全产生影响,引发新的交通拥堵。

充分运用现代高科技手段。科学技术是第一生产力。现代科技对城市交通堵塞的控制起到了很大的作用,如果没有科技的支持,城市交通堵塞治理很难取得有效的效果。当前,我国各大城市的交通需求都有了很大的增长,此外,原来的智能化管理系统没有持续投入,也没有技术更新,导致系统覆盖率降低,设备老化,数据收集不足,系统功能滞后,难以适应城市交通治理需求。随着现代智能技术的快速发展,基于大数据的城市交通管理系统的智能化、智能化程度不断提高。但目前部分城市在构建与实际应用上尚未取得明显突破,在资源整合、数据收集、人才培养等方面仍存在诸多问题。在资源整合方面,各个业务应用系统分别建立在公安专网、互联网和其他专网中,系统之间存在着很大的分裂,迫切需要对它们进行集成,信息数据不能共享,很难推动管理应用的创新。在数据收集方面,由于不同政府部门和企业之间的壁垒,导致数据共享困难,无法形成一个具有高度融合的大数据"资源池",也就无法在城市交通拥堵治理中综合运用大数据。在人才队伍的建设方面,目前有关部门缺乏专业的技术团队,以交警为例,从事大数据分析和应用的人员数量非常有限,并且他们的职能也比较分散,所以技术人员分散在不同的小队中,很难形成一个整体,单凭"单打独斗"是很难完成任务的[111]。

随着城市化发展进程推进,城市交通问题依靠增加传统交通设施"供给侧"补充的方法效用已经逐渐降低,而与此同时城市治理开始逐渐发挥着作用,将成为未来解决城市问题的主要策略,交通研究的"理工性"需要"人文性"的理论、方法的介入,更好地适应时代特征和治理目标。政策与空间的耦合程度,即精准化、差异化将是未来政策设计时的关键考察标准,城市交通结构的优化进程将会有新的进展:随着都市圈、通勤圈等层级化的空间结构逐渐成长定型并发挥作用,城市交通治理的"单元"也会突破行政边界,新的"分区"治理的依据将会是交通强度、交通需求变化指数等新的"规则"[112]。

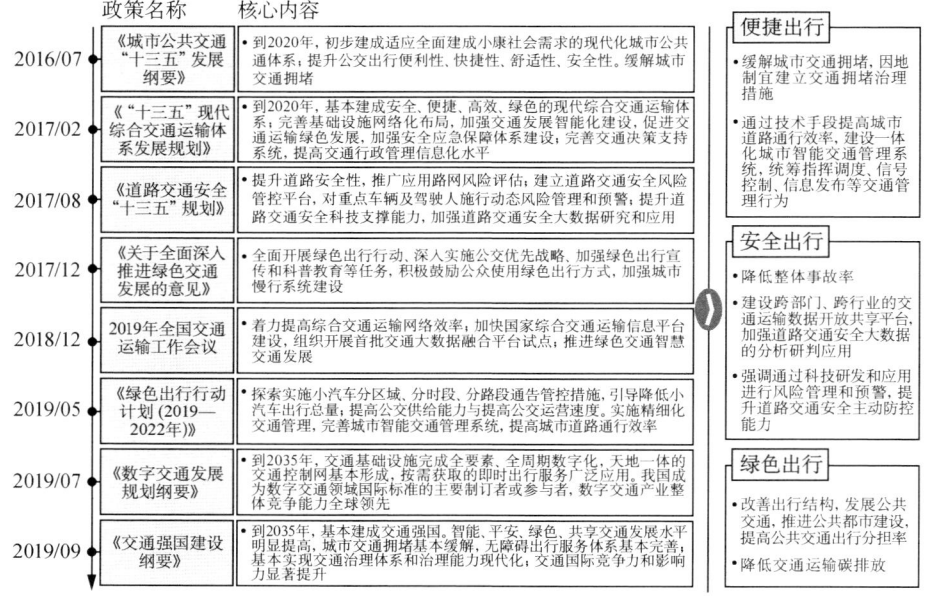

图 4-3 近年来国家颁布的重要的交通政策[112]

4.2.3 环境精细化治理的功能需求

近年来,在环境治理的政治要求越来越严与中央环保督察力度持续加大的背景下,地方政府工作重心已从追求经济发展的"政治锦标赛"转向追求卓越治理。各地政府日益重视本区域的环境治理,先后实施了生态环境综合执法重心下移、生态环境准入清单、健全"河湖长制""湾长制""林长制""路长制""街巷长制"、搭建生态环境大数据管理平台、生态环境监管网格、生态环境大部制改革等一系列环境精细治理创新,部分地区更是力图打造全域感知、全局洞察、系统决策、精准调控的"超强环境大脑"。这一系列的环境精细治理措施,效果明显。但是,大部分的城市还没有严格进行环境精细治理。2021年8月至9月,中央环保督察组在一些入海河道进行了检查,结果表明,入海河道中存在着大量的非法洗砂洗泥现象,而有关部门的工作分工不明确,各自为政,没有形成合力;在一些河段,尽管已经建立了区级和街道级的河长,但在一些河段,河长制并没有真正发挥作用,有的地方只是采取了河道清淤、临时截污、生态补水等措施,治标不治本,导致了黑臭水体返黑返臭的问题;一些地区打着恢复土地的旗号,随意倾倒垃圾,并且将生活垃圾与建筑垃圾、工业废弃物、工业污泥混合倾倒。这类"棘手问题"具有认识不确定性、制度复杂性、认知差异性,问题的本质是经济发展与环境保护之间存在着深层次的差异,不是单凭技术手段就能解决,必须通过制度与行为体的双重驱动来求解。受精细治理治理体制"短缺""部分有效、整体失灵"和细小单位"活力"不足等制约,各种"棘手问题"正在成为城市精细化治理的常态[113]。

第一,治理区域碎片化。生态环境是一种与生俱来的系统或整体。生态系统的"独特性"是指生态系统中各种因素之间存在着相互依赖、相互联系和相互制约的关系。正如高层领导指出的,"山林田湖水是一个生命共同体,人的命脉在田,田的命脉在水,水的命脉在山,山的命脉在土,土的命脉在树",生态系统是一个完整的、巨大的复杂巨系统。局部的生态环境与作为整体的生态系统之间存在着密切的关系,它们之间具有牵一发而动全身的相互影响、相互制约的关系。在同一地区,各地区闭门造车进行精细的环境治理,难以做到"独善其身"。换句话说,基于区域生态体系的整体性特征,区域政府在区域内"不计代价"式的环境精细化治理,必然会遭遇区域外部其他区域政府的"不合作"等瓶颈约束,极易使局部生态问题演变为超越区域政府管理意愿与能力的"脱域化"生态危机。"脱域"现象是由于其内部存在着一种内在的紧张关系,这种紧张关系是指生态环境的整体性和行政区划的硬性约束。具体而言,我国目前的环境精细化治理仍坚持"属地化"的原则,以辖区为主导,具有相对封闭和自我系统的特点。当政府对区域的动员能力有限、对资源的掌控力有限时,在推动区域精细治理时,极易遇到"辖区陷阱"。在各类跨境问题不断涌现的背景下,以管辖区为基础的精细化环境治理显得僵化、被动,难以持续。

第二,治理条块碎片化。"条块"之间的管理逻辑不一致,导致管理资源的严重浪费,制约着精细化治理效率的提高。要破解"条块"关系难题,关键是要促进"条"吸纳力与"块"融合力的转化与协调。因此,我国在"条块"式的矛盾中,积极地尝试"条块分割",例如,开发了环境质量量化评价指标的"数字管理"技术,以及环境监测和监测的电子化网络技术,试图突破"条块分割"的层次障碍;探讨"省以下环保机构监测监察执法垂直管理制度改革",是打破"条条"体制再集中的一次尝试;推动中央环保督察组深入各级党委政府,深入了解相关部门工作中出现的问题,做到"高位推动"并向"块块"体系施压;实行"河湖长制""湾长制""林长制""路长制""街巷长制"等制度,消除各部门之间的职能分工障碍。根据生态环境的系统性、完整性,推进环境大部门的改革等。这无疑是一种积极的变革,并在实践中产生了效果。在此背景下,环境精细治理系统既要理顺并整合"条块"间错综复杂的责任关系,使组织的官方权力相对集中化、资源相对自治,又要通过信息非对称、资源依赖性等因素的作用,来实现组织权力的重新配置。若因此而造成系统集成形式与实体权力的脱节,则会造成环境精细化治理的"能力赤字"。

第三,治理主体碎片化。从权力主体间的关系来看,环境精细化治理涉及政府、企业、公众等多个利益相关者,因此形成了一个错综复杂的利益网络,包括地方政府间、生态环境部门与经济发展部门的利益取向差异,以及地方政府与公众的利益关系。从治权的主客体关系出发,在特定的场域与治理情境下,政府与企业、环保非政府组织、社区与社会公众等多个主体之间的交互耦合,形成了"政府—企业—环保非政府组织—社区—社会公众"的环境精细化治理。但长期以来,我国固有的权力构架,限制了城市环境精细化治理的发展。一是中央与地方在垂直关系上存在"责任推诿"现象。作为一种垂直的事权划分,有关的环境政策由中央制定,而环境精细化治理是由地方政府具体实施。但是,由于实施成本高,以及难以分摊治理成本等问题,中央政府与地方之间的信息不对称,造成了中央政府对地方的"控制不足",造成地方政府实施得不彻底。中央环保督察纠正"偏离失控"的一种垂直管控方式,它不仅重塑了中央政府的环境政策权威,而且也是一种尝试,是一种对中央与地方权力动态均衡的尝试。但受内生外生等因素影响,其领导、组织与运行机制仍难以在短期内摆脱运动式的路径依赖。此外,由于我国地域广袤,自然条件差别较大,中央政府无法"事必躬亲"、面面俱到,因此,中央与地方间的信息不对称随之扩大,加大了中央政府对地方的管控难度,导致地方政府常常采取议价、上下级串通等手段,以应付检查,实际削弱了环境精细治理的效果。二是各部门在水平互动上存在"目标偏移"现象。目前,环境精细化治理的研究主要集中在能够被政府职能部门所调控的污染源上。中国当前主要采用的是"统一集中"的治理模式,也就是由相关的多个部门(如:发改委、经信委、自然资源、交通、水利、农业、林草等)配合生态环境主管部门进行管理,但其管理模式尚不完善。目前,各职能部门大多"守土有责",比如,基本确定了"有什么特定的污染物""有没有必要对特定的污染物进行优先控制""以目前的技术、经济状况来看,对目标的管制应该达到什么水平"等。在城市环境治理中,各职能部门的精细化治理无疑是发挥其重要作用的关键。但是,目前负责我国的"精细化"还只是一个职能部门,还没有发展成为一个"政府"。功能细分会造成不守承诺,也就是各个功能部门各自为政、不合作。三是"见管脱节",这是政府与社会之间的关系。环境精细化治理是关系到每个人、每个家庭、每个社区(村庄)的行为与环境利益的日常"小事",需要更多的公众参与,以确保其可持续发展。将环保领域的社会需求和环境公共产品供给结合到"细微处",形成多元主体的行动网络,将是从根本上解决生态问题的"良药"。因此,以个体、家庭、社区等作为细小治理单位,对环境精细治理起到重要作用。但是,由于政治上对环境治理的层层加码、追究责任,地方政府为求迅速完成环境治理工作,通过对各类环保督察考评,使基层群众性自治组织逐渐走向"行政化",相应地,城市社区和乡村"两委组织"作为基层群众性自治的民主职能也随之减弱。这也就意味着,以改善基层环境治理为目标的各类督查考评,正在逐步成为"制度中的形式主义""痕迹主义""数字形式主义"和"智能官僚主义"等现象正在不断地滋生和扩散。越来越多的行政性质的基层组织对微型事务的管理能力已明显下降,难以真正有效地调动民众[114]。

4.3 城市精细化治理的"绣花"理论

城市精细化管理,指的是运用智能化的治理手段和标准化的治理标准,通过党委、政府、社会组织、公众等多元主体,对其进行协同治理,以实现为人们提供精准公共服务的目标的一种管理方式。管理学家汪中求建议,要学习精益求精的经营方法,重视细枝末节,并引入全新的人生观念,提倡新的经营思想,主张少一份急躁,多一份执着、细致。

2017年3月5日,习近平总书记在参加全国两会上海代表团审议时强调,城市管理应该像绣花一样精细,要持续用力、不断深化,提升社会治理能力,增强社会发展活力。绣花,又名"针绣",指按照设计好的花样,以绣针引彩线在织物上刺缀运针,以绣迹构成纹样或文字的民族传统工艺。绣花是一门需要定力和耐力的技术活、精细活,要有耐心、细心以及匠心、巧心,需要精心雕琢、细致刻画。

城市管理的每一针、每一线都要对准问题和需求。追溯绣花的起源,有这样一种说法:传说古代苏州有一个聪颖漂亮的姑娘,在出嫁前赶制嫁妆时不小心衣襟被戳了一个洞,她急中生智,用彩绒绣了一朵小花,不仅将破洞掩盖住,而且还显得格外漂亮,起到锦上添花的效果,绣花这一工艺也因此流传至今。这个传说揭示了绣花是因需求而诞生的,其目的也是为了解决问题。"城市管理应该像绣花一样精细"就是在告诉我们,在城市管理过程中,应该像绣花一样,面对"疑难杂症"不推诿、不回避,要以问题为导向探索科学化解决方案。在城市管理中,"讳疾忌医"从来不是制胜之道,要始终把解决问题放在首位,以更高标准检视工作,在细微处发力,决不放过任何一个"破洞"。

城市管理需要提升精细化水平。"打铁还需自身硬,绣花要得手绵巧"。绣花既是一项细致活,更是一项技术活。唯有绣工到位、绣技精湛,才能保证绣出的作品是精品。同样,要管理好城市这样一个复杂的生态巨系统,"眉毛胡子一把抓"式的治理模式决不可取。全面提升城市管理精细化水平,首先要加强顶层设计,绘好城市管理"图样"。图样是绣花的前提和基础,有了图样才能按图施针,避免杂乱无章。城市管理应秉持"按图行进"理念,制定清晰明确的"路线图""时间表""任务书",一张蓝图干到底;其次要锤炼"绣花"功夫、增强"绣花"本领,积极探索精细化管理的有效方法,扎实掌握城市管理的"微操技术";再次要从细节处着眼,持续聚焦城市管理的重点领域和难点、堵点问题,"一题一策"解决城市顽疾;最后要坚持"精治、共治、法治"多措并举,"众管、智管、细管"一体推进,真正将"针法"落实到城市管理的每一个环节,以更科学、更规范的管理方式推动城市建设再上新台阶。

城市管理成于细、贵在精、重在恒。手工绣花的制作过程复杂、漫长,绣出一件成品往往需要耗费很长时间和很多精力,非常考验绣花人的毅力和耐力。城市管理亦是如此。一劳永逸、一蹴而就的做法,在复杂的城市管理中完全行不通。古人云:"慢工出细活。"推进城市精细化管理是一场"持久战",不可能立竿见影、吹糠见米,需要反复打磨、持续发力,更需要绵绵用力、久久为功。必须拿出滴水穿石的韧劲、驰而不息的毅力和攻坚克难的决心;必须一丝一毫都不能放松、一时一刻也不能停顿,在抓常、抓细、抓长上狠下功夫,以"不跳针、不断线"的精神,一个问题接着一个问题解决好、一件事情接着一件事情落实好,从点滴处入手、由细微处着眼,更好优化城市空间,加强基础设施建设,推动城市管理持续向好[115]。

在我国,城市建设已进入了一个新的阶段。城市治理与人们的工作生活有着密切的关系,城市治理的好坏将对人们的生活满意度、获得感、幸福感产生重要的影响。面对日益复杂化的城市治理问题,推进城市精细化治理势在必行。随着城市建设的不断深入,城市经营的内容也越来越多,经营问题也越来越多。"一带一路"区域间人口流动日益频繁,尤其是农村富余劳动力的跨区域流动。这既为我国城市流动人口管理提供了新的机遇,也对我国城市的综合承载力带来了新的挑战。机动车和非机动车数量巨大,街道已不能满足交通发展需求,由轨道交通大规模建设次生出来的道路围堵、占道经营、占道停车等问题,是当前城市交通管理面临的重要问题。城市所具备的文化软实力、生态环境适宜、人口素质高、城市管理水平高等都是衡量城市素质与魅力的重要指标。比如,在城市的绿化维护工作中,就能创造出更加美丽、整洁的绿化空间,让绿化的建设来提高人们的生活质量。加强环境卫生设施的配套,加速城市设施的提档升级,加速便民设施的建设,让人们的生活变得更方便。只有进一步加强城市的精细化治理,不断提升城市的品位,不断提升城市的魅力,才能更好地吸引各方投资者来此投资,才能更好地留住优秀的人才。推进城市精细化治理,可以为社会各界安居乐业创造有利的环境,可以在提升城市软实力和吸引力的同时,促进城市经济实现新一轮高质量发展[116]。

(1)大连市的"绣花"治理

环境卫生整治让城市更干净。大连市城管局按照《2022年大连市市容环境综合整治专项行动实施方案》及相关工作安排,将全市资源进行整合,按照"干净、整洁、有序、安全"的要求,制定了"十四五"环卫专项计划,全面开展市容环境治理工作,加强对城市环境的规范管理,加强对城市环境的监督检查,对工作标准与规范进行细化,目前,全市路街的机械清扫率已达92.58%,路街的清洁清扫率已达100%,实现了全市路街的清洁清扫。围绕"提品质、强管理",加大对公共厕所的管理力度,对城市公共厕所进行了全面的自我检查,对问题进行了排查和整改,公共厕所的标志、指示牌等进行了更新和改造。严格执行一天两清、24小时清运以及"海上环卫"等工作,努力做到城区、沿海、地下水道入海口等区域没有垃圾,潮滩清淤工作实现"四不四净"。大连市生活垃圾焚烧厂二期项目建设、生活垃圾处理设施渗滤积存处理等工作有序进行,并全面打好近岸海域海洋垃圾等污染防治攻坚战。

城市绿化治理让绿化唾手可得。为了扩大城市色彩空间,做到"三季有花、四季有绿",持续提高城市绿化水平,改善城市生态环境,大连市城管局在市区主要道路、街道、桥梁等地点开展了"立体花海"项目,并对过去的花海布置工作认真总结,以更大的力度推动了"立体花海"的建设,为城市增添了一份亮丽的色彩,让绿意弥漫在整个城市。在2022年,在中山路等30条主干道,西环路等8座桥梁,港口广场等9座广场,以及其他城市的主要节点上,布置各种花箱、吊篮9 777套,场地布置4个,面积为1万平方米,40套立体花束,50多种不同的花种。与此同时,还对城市绿地大力建设和提升改造,在2022年,增加25公顷绿地,8公里绿道,100个口袋公园,新建成40公里长的延长立体绿化,10个市政桥梁桥下都实现了绿化,城市的绿色已经遍布到了城市的每个街道,让市民徜徉其间,伸手可及。

户外广告整治让城市更具品质。大连市组织制定了"两规范—规划—制度",编制《大连市户外广告设置规划(详细规划)》,制订《大连市中心城区户外广告(占道设施)规范整治工作实施方案》,以"干净、整洁、有序、安全"为主要目标,以"突出重点、先易后难、以点带面、循序渐进、属地为主"的原则,清理拆除一批、规范提升一批、引领带动一批。共拆除5 000余个违反规定的户外广告(标牌)设施和占道设施和260余个有安全隐患的广告设施。

拆违治乱让城市更有序、更通透。按照"五必拆"原则,对108条主干道、19个广场和机场、火车站周边的违章建筑进行清理和整治。本着"应拆尽拆"的原则,不该设立或"遮丑、遮羞"的围墙坚决拆除;小区、楼宇、学校、停车场周围设置透空围挡;在建筑装饰工地上建有模拟绿化的围挡;在政府储备土地以及长期闲置的土地上,原则上不应设置板式或硬质围栏,而应使用透光式围栏。如果需要的话,规定也应使用模拟绿植围栏。在108条主干道、19个广场和机场、火车站周边无违规设置广告、无沿街"八乱"、无流动摊点、无占道经营、无占道岗亭、无占道经营、无占道岗亭,主次干道及道路两旁50米以内无私建;交通工具符合标准,外观整洁,操作规范;围墙的设置要与周边的环境和谐、整齐、美观、安全。

景观灯照亮整个城市。编制《大连市城市景观照明技术规范》和《大连市景观照明设置规划(2023—2035年)》,启动制订《大连市城市景观照明管理办法》,大力实施"一轴三核N节点"景观照明项目,在商业街、旅游景点、公园、机场、车站、码头等重要节点进行景观照明项目,为大连的夜晚增添更多的亮色、美丽[117]。

(2)日照市的"绣花"治理

坚持管理属地化,改革城市管理体制。着眼于解决管理体制不顺、职责边界不明确等问题,夯实管理职责,把管理责任传递到基层。日照市充分发挥城管的职能,成立城管工作联席会议,对城管工作中的重要问题进行统筹和协调。按照"三个一"的工作理念,按照"解决一个问题,完善一项制度,建立一套机制"的原则,建立制度化的长效工作机制。遵循"两级政府、三级管理、四级网络"的体制要求,进一步明确市、区(县)、街道乡镇、社区各级在城市管理中的职责,构建起市区共建、权责清晰、上下联动的推进机制,确保城市管理工作能够规范、顺畅、高效地开展。市级主管部门主要承担着对全市城市管理工作进行中长期规划、业务指导、考核监督等方面的责任,在制定标准、树标杆、出样板、抓典型、重督导、促落实等方面下了功夫。各地要严格按照规定,认真履行好各自的职责,以保证对这些问题的妥善处理。各镇街道主要负责本区域的城市管理工作,并对社区的城市管理工作进行指导和监督,形成市级督导考核、区县属地管理、街道乡镇和社区共同参与的管理体制。

坚持管理网格化,实行问责制。围绕"看得见的管不了、管得了的看不见"和"互相推诿"等问题,把管理责任压到基层,大力推行"街长制""楼长制""网格化"等新型管理模式,做到重心下移、权限下放、执法下沉。按照网格管理的需要,科学地划分了城市管理的网格单元,确定了各分区的责任单位、责任人,并在责任区内张贴公告。然后,按照"街道—片区—小区—网格—建筑"的五个层级,对主要道路、背街小巷、市场、住宅小区等实行网格化管理,实现"全覆盖",破解"最后一米"难题。在社区中,要遵循"任务对等、便于管理、界限清楚、覆盖全面"的原则,合理设置网格,配备网格长。小区内部要强化社区对小区的直管,并探索实行"网格长＋楼长＋居民"的社区网格化管理模式,充分发挥楼长的引领作用和居民的自治作用,彻底解决服务群众"最后一公里"问题。网格长由社区工作人员担任,主要对自己管辖范围内的住户所遇到的困难进行协调和处理;楼长由各栋楼的住户们通过投票选举出来,它的职责是将住户们对环境卫生、基础设施、停车秩序等问题的意见和建议进行汇总,并将这些意见和建议提交给网格长。此外,还成立了楼长微信群和各楼栋睦邻群,为楼长和居民之间的交流提供了便利,还可以组织动员居民参加公益活动,让他们参与社区自治。小区之外强化街巷监督,以"创建国家级文明城市"为目标,指导各城市社区结合自身实际,探索实施"街长＋"的工作方式,规定维护秩序、监督市容市貌的6大责任,实现"街长＋物业＋业户"的"三位一体""门前三包"。在落实"门前三包"的基础上,充分发挥物业企业的主体和业主的直接责任。"四长制度"为日照城市的社区治理编织了一张"大网",共同"绣"出了一个小区内环境优美,小区外街道干净整洁的治理新局面。

坚持治理法治化,改革城市治理方式。针对城市管理法律制度的不完善,创新建设城市管理的法律制度,制定城市管理"规矩",使管理有法可依,依法善治。日照市于2017年在地级市中率先出台《城市管理条例》和《物业管理条例》,从"一阵风"的"突击式"治理,变成了一种常态化的治理。2018年,山东省第十三届人民代表大会常务委员会第七次会议审议通过了《日照市文明行为促进条例》,于2019年1月1日开始实施。通过上述法律法规的陆续出台,进一步巩固了创建全国文明城市的成效,建立了长期、正常的工作制度,为建设"人民满意"的城市提供了强有力的法律保证。要抓住这次改革的契机,继续加大城市管理执法力度,建立城市管理执法联动机制,提高城市管理执法效率。对违反《日照市文明行为促进条例》的,要按照法律规定,严肃查处,并通过典型案例予以曝光,使《日照市文明行为促进条例》的约束、威慑效果得到最大程度的发挥,真正做到有法必依,执法必严。把重点放在发生时间段上,对"三头班"进行了改进,在不同的违法时间段上,实行"定时、错时、延时"的执法机制,做到了执法时间的全覆盖,没有死角,没有空白。要把重点区域盯住,在重点园区、项目落地、村庄拆迁评估、重点企业等区域,通过网格化的方式,加强巡逻,把巡逻工作细化到街巷,对于为了牟取不正当利益而顶风建设的行为,要坚决刹住。加强对执法人员的管理,定期进行执法培训,加强廉政教育,不断提升执法人员的业务水平和整体素质,推进廉洁执法、文明执法。

坚持运作社会化,构建共建共享机制。着眼解决市场参与度低,社会氛围差等问题,推动管理协作和联动机制的创新,达到共同治理和共享的目的。一是引进市场机制,强化企业的经营管理;增强市场观念,积极推动城市经营模式的创新;结合我国各大城市的实际情况,采用政府采购的模式,清理乱贴乱画和小广告,从而提高治理的效果。探讨改变管理方式,强化标准规范的制定和执行,采用购买服务的方式,让专业化的公司来承担城市设施的维护和管理工作,从而有效地提升城市管理的市场化、专业化和社会化水平。同时,引进山东海洋律师事务所和山东外语职业技术学院作为独立的第三方评估机构,以保证评估的公开、公平和公正。二是城市基层社会管理体制进行创新。加强街道和社区党组织的领导,指导街道党组织围绕"主业",将工作重点放在党建、治理和服务三个方面,共同推进"协同共管"。比如,东港区石臼街道成立了"城市管理中心",整合了城市管理的方方面面,设置了城建管理、执法巡查、环卫、案件处理、交通秩序等5个工作单位,并实施联办联处,形成了以党建为引领,以社区网格管理为总抓手,打牢了城市管理的根基,打通了群众服务的"最后一公里"。三是要建立"人人参与、人人尽责、人人共享"的运行机制;为了进一步深化"礼让斑马线"和"文明交通",2018年4月19日全省文明城市工作会议在日照召开,会议对日照市的创建工作给予了高度的肯定。构建并完善城管志愿者制度,推进城管信息公开,鼓励社会各界以各种形式参与城管,共同谋划、共同建设、共同评估,提高城管工作效率,提升城管工作水平,使日照真正成为"有温度"的现代沿海城市[118]。

4.4 城市精细化治理的典型模式

4.4.1 数字化模式

数字化是指在企业的经营管理、产品设计与制造、物料采购与产品销售等各方面全面采用信息技术,实现信息技术与企业业务的融合,使企业能够采用数字化的手段对其生产经营管理中的所有活动进行管理和控制。而数字化转型又是另外一个意思,这是一种商业上或者说宏观方向上的一种趋势,随着时代的发展,各种数据不断需要记录或者改变,有的时候计算机只是计算了其中一组的数据,但是整体的各种信息还是需要汇总或者说合计,那么各种数据能否融洽地生存,甚至各种数据能否被合理、完好地记录,都还是一个问题。数字化转型就是针对这些问题而产生的一种趋势。

进入21世纪,随着数字化城市管理、数字化政务等的发展,叠加上区块链、5G、云计算、大数据、物联网等技术,中国城市管理正迎来新一轮的变革,城市精准化治理已成为当前的发展趋势之一。一些智慧化水平排名前列的城市已经表现出一些城市精准化治理特征,驱动着国内城市治理水平进一步向前发展。实现城市精细化治理,需要运用标准化、智慧化的管理手段,通过细化和全面的制度设计,实现管理单元的协同运行,治理目标的精准高效,数据驱动下的城市精细化治理,对于大数据的治理提出更高的要求[119]。

其中,融媒体作为城市治理数字化转型的终端应用工具之一,具有"资源通融、内容相融、宣传互融、利益共融"的新特点,不少地方政府在实践中借助于融媒体轻应用、广覆盖的优势,通过融媒体赋能城市治理各主体功能发挥,并在此基础之上推动主体互嵌互动与治理共同体重构。本书主要聚焦于城市治理中的数字化融媒体这一工具应用,重点分析融媒体在城市精细化治理中的作用。

从理论上看,数字融媒体对城市精细治理的赋能机制是治理信息的有效流动,以及治理主体间互嵌交互的整体治理系统构建。现有研究表明,由于政府治理结构与手段的局限性,传统社会不能真正实现"数字治理",进而影响了政府效能的发挥。自从秦始皇开始实行郡县制以来,由于各种体制、技术等原因,中央政府似乎能够对每个人进行有效的管理,但是,由于各种原因,基层治理实际上是一种自发的、"乡绅做主"的状态,整个国家不再是一个以伦理学、道德观为纽带的松散的文化共同体,而是一种以"人治"为核心的、以"人治"为基本特征的、以人为基本单位的人与人之间的关系。这也就意味着,在实现我国现代化的过程中,存在着两个关键的问题:第一个问题是要重新构建一个强有力的政府机构,其中既包括制度健全的中央政府,也包括运作高效的地方政府。这两个问题都需要通过有效的治理信息流动来保证从中央到地方的政令通畅,并以此为基础来提高地方政府的合法性。第二个问题是,地方政府和社会主体之间的制度联系,二者通过整合治理信息,使地方政府可以定位精准的政策目标,预测精准的服务规模,预测精准的治理效果,从而从"粗略"向"精细"转化。以城市治理为例,以构建新型的城市治理社区为目标,以有效的治理信息流动为核心,以数字融媒体技术为支撑,以提升城市治理效率为目的,以实现精准施政。

从实践上看,融媒体的应用是实现数字转型的一种主要手段,也是实现政民互动、实现国家治理现代化的一种有效途径。近几年来,"融媒体"的兴起为城市精细化管理提供了新的契机。融媒体是对传统政府职能的一种拓展,它的运用不仅可以促进公众对公共事务的参与,还可以促进新型协作网络的构建,而且将其运用到治理领域,还可以使媒体从"投入—产出"的监督角度,在公众参与中探寻新的协同治理方式。在国外,融媒体已被普遍运用于城市管理中,例如,欧洲各国利用融媒体促进公共服务的多元化传播;旧金山警署通过整合媒体平台,让市民可以即时反映周围的危险与服务洼地,并以此为基点,成立多个部门协作的网络。随着融媒体的出现,我国正在对城市管理中的运用进行积极探索。通过对融媒体的分析,得出融媒体对政府危机处理的正向效应;石力月、戴冉从上海的案例出发,提出了区级融媒中心是一种新的基层公共服务提供模式。目前,我国融合媒体的应用多集中于网格化管理与智慧社区,例如北京西城区"O2O"智慧社区、舟山"网格化组团服务"、杭州上城区"民情E点通"等,取得了良好的效果。如图4-4所示,在将理论上的作用机制具象化之后,可以看到融媒体的信息发布、民意收集以及互动治理的功能,可以帮助政府和社会个体通过对治理信息的集散将其重新构建起来,从而在推进城市治理从粗略走向精细,满足人民群众的需要的过程中,实现了共建共治共享的城市精细化治理。

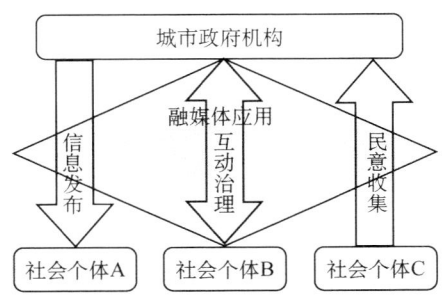

图4-4 数字化融媒体赋能城市精细化治理的作用机理[120]

将数字融媒体技术运用于城市精细化管理,有利于建立新的政府—社会主体关系,并有效缓解政府功能不适配的状况。在数字时代,政府利用融媒体进行信息发布,至少有两个方面的好处:一是在传统报纸和电视媒体日渐衰落,而移动自媒体等新媒体影响力不断增强的背景下,政府可以通过融媒体多渠道、全媒体的方式,及时、广泛地向公众传达政府的信息,建立起一个开放的、无差别的政府。例如,上海市人民政府办公厅通过微信公众号和"上海发布"的官方微博,不仅能将上海市委、市政府的最新情况,还能将有关的法律、法规、政策等信息及时传达给广大群众;此外,该平台还经常发布交通拥堵、节假日出游、极端天气防范等便民服务信息,因此,在城市精细化管理中,其发挥着政府权威的信息发布和公共服务的信息提供商的作用,缩短了政府和社会个人的心理距离。二是政府应对公共危机事件,要做到及时准确,有效控制舆论,防范舆论蔓延,杜绝"二次危机"的发生。而作为一个融合了各种信息渠道的官方融媒体信息平台,它不仅能够向社会及时、准确地发布信息,还能够利用媒体交互的方式,实现政社交流模式的转型,并以此来化解公共危机,树立起责任政府的良好形象。在 2018 年,上海警察面对挑衅严格遵守执法流程,视频在各大社交平台上都得到转载和好评。同时,政府部门也会利用这一机会,进行法律知识的科普,对树立警察执法形象有很好的作用。

  融媒体是一种数字化工具,它在城市精细化治理中的运用,也体现在它在治理中发挥着民意收集的作用,从而优化公共服务供给,破解城市精细化治理能力不足的困境。随着社会各方面利益的不断分化,融媒体应用呈现出越来越强的地域性、群众性。在城市精细化治理中,这也就意味着政府要首先了解网络对面是一个个现实的个体,他们有不同的诉求。因此,从粗略到精准的转变,是精细化治理的根本,也是解决城市精细化治理能力缺乏困境的关键突破口。城市精细化治理的本质是在重建政府和社会的联系的同时,通过高效的治理信息流,实现高水平的制度、资源与能力的精准匹配,在治理主体与治理客体的双向互动中,不断发掘和释放城市精细化治理的潜能。融媒体是一种以"精准"为导向的数字手段,对城市经营起到了"精细治理"的作用。一方面,融媒体既是一个正式的组织平台,另一方面是一个以实名制为基础的大众信息传播平台。通过该平台,政府既能发布官方信息,也能让社会大众发布自己的诉求,这样就能实现公共服务的供应和需求之间的对接,使政府的公共服务提供质量得到了很大的提升[120]。

  同时,根据城市规模定义的标准,中国有 7 个超大城市,人口数量位居全球城市前列。城市不仅是人口聚集的地理区域,也是各种生产要素集聚的社会空间,特别是数字时代下人员往来、物流集散、资金流动、信息交互形成的海量数据,在极大提升市场资源配置效率的同时也产生诸多安全隐患和治理困境。要确保城市健康、顺畅、高效运转,并保持适宜温度和适度弹性,需以数字化转型驱动生产方式、生活方式和治理方式整体变革,积极构建城市各单元各司其职、各尽其责、协同联动的有机生命体,努力实现从物理空间城市向"有机生命体"城市转变。

一方面,数字化转型有助于提升超大城市内外数据的关联互通。数字时代下,城市逐渐成为由各种即时数据流所构建的网络空间与实体物理空间相互融合的复杂形态。在城市运行过程中,需要采集人、物、信息、时间高效运转产生的海量数据,提取有效信息并以深度加工计算结果对城市进行动态感知。高质量大数据资源的利用和云计算、区块链、人工智能等技术为实现精准高效治理提供了有力支撑,是建立在数据安全可信前提下的跨部门、跨行业数据融合。嵌入城市"有机生命体"基本单元,能够不断提高超大城市管理的精细化水平。例如,北京"数字孪生城市"、杭州"城市大脑"、深圳"城市数字大脑"等技术已在城市管理和服务中得到广泛应用。另一方面,数字化转型有助于倒逼超大城市治理理念和模式创新。数字工具对提高城市治理精准度发挥了重要作用。它不仅是数据集合体,背后还有其治理边界和适用范围。需要发挥多元社会力量,采取管理部件、管理事件和管理制度标准化方式精准刻画城市图像,通过完善的基础设施、先进的信息网络以及人性化的机制设计,做到对管理对象和要素"心中有数""状态受控"。对于超大城市精细化管理而言,要形成经济、生活、治理"三位一体"的城市数体,基于数字化构建调适性公共政策新框架,以实现政策内容的稳健调适、执行过程的连贯衔接、决策体系的配套协同、反馈系统的及时准确[121]。

4.4.2 多元主体共治模式

社区是人们生活的地方,是社会治理的基本单元。社区治理关乎党和国家的重大决策,关系到广大人民群众的切身利益,关系到城乡基层社会的和谐与稳定。《关于加强和完善城乡社区治理的意见》(以下简称"《意见》")于2017年6月由中共中央、国务院发布。《意见》为进一步健全社区治理制度提供了基本框架,并从基层组织、基层政府、基层群众自治组织、社会力量四个方面对社区治理职能进行了界定。党的十九大报告指出,加强社区治理体系建设,推动社会治理重心向基层下移,发挥社会组织作用,实现政府治理和社会调节、居民自治良性互动。在这种背景下,如何健全和完善多元主体参与的社会治理体系,是当前我国社会治理面临的一个重要课题。在由传统社区治理转向现代社区治理的过程中,成都市通过"还权""增能""归位"的社区治理模式,形成了

"一核多元、多元共治"的治理模式,实现党委、政府、社会组织、市场等各方主体各司其职与协同治理。

2017年,中共成都市委城乡社区发展治理委员会成立并提出了社区治理改革思路。在市政府成立了一个专门负责城乡社区建设和管理改革的职能部门,这是对城乡社区建设和管理体制机制的一次改革和创新。成都市委社治委整合了多个部门的功能,调动了人力、财力、物力等资源,制定了更为科学的规划方案,促进了社区发展和管理的精细化。与此同时,为了加强顶层设计,相继发布了一系列支持城乡社区建设的文件,成都市的"1+6+N"城乡社区建设的政策体系不断充实和完善。锦官驿、西北路、枣子巷三个社区的居民议事制度,就是在一定的权重下,由居民代表组成的层层递进式的居民代表大会。一是将协商管理的主体从草根层面上制度化。居民们根据一定的比例,选举出组长、楼栋长、单元长等,成立小区委员会、院委会等小型自治机构,并分别召开议事会议,层层进行,听取意见。二是将把脉居民需求纳入咨询式的治理过程。村民议事有一个严谨的程序:收集问题、提出问题、社区调查、讨论问题、公开讨论、执行。这一过程是由下至上的,使居委会对居民的需求有了全面的认识。

发挥社区的活力,实现社区的共同治理,都离不开社会力量的参与。推动社区—社会组织—社会工作的"三社联动",积极培育社区社会组织及其他从事纠纷调解、公益慈善等社会组织,通过项目运作的方式,动员居民参与,整合社会资源,培育社区社会资本,为社区多元主体共同建设协同治理奠定扎实的社会基础与文化支撑。近几年来,水井坊街道紧紧围绕"红色领航,催生发展"这一主题,按照"政治引领,组织联盟,项目驱动,兜底管理,人才保障"的工作方针,动员50余家当地社会组织,为辖区居民提供精准服务,引导各类社会组织积极参与社区发展和管理,打造了最有"幸福感"的社区。一是对社团组织给予全面的支持,既要给予其办公场所和项目经费等物质上的支持,又要给予其更多的政策支持和自主权。二是成立了"水井坊邻里公益协会",使居民对自己的邻里事务有了自己的决策权,并为其提供了一个议事的平台。三是以社会团体为依托,积极培育社区社会资本,建立多层次协同的社区治理基础[122]。

新桥社区提案机制也颇有成效。第一,基层组织结构的优化,提高了社区的自治空间;参与式治理是一种"政府—市民"双向互动的过程,单纯依赖于"自下而上"的市民参与模式,很难形成市民参与的常态。为此,应自觉地赋予社区居民充分的权力,并赋予他们自治空间。新桥社区建议机制的建立,一是明确了层次界限,明确了社区、街道、区级政府的关系,明确了社区建设应遵循"三事分流"、逐级解决的原则。"行政权力"和"自治权力"界限的厘清、政府和自治功能的分立,促使村委重新回到村委的位置,保证了村委的自治空间。二是居民的参与积极性被激发,社区治理的能力被提高。新桥社区"议政"机制的建立,使社区居民在公共事务上有了一个表达意见和参与协商的平台。同时,它也改变了传统的以"委托—代理"为主的间接民主模式,使个体居民可以直接作为提案人,将建议提交给社区建议公共议事小组,并在整个过程中参与社区公共议题的发现、实施、评价和反馈。建立了制度化的协商平台,通过全程的参与式治理,使居民充分认识到,他们所提的意见可以对他们所处的社区建设产生重大的影响,提高了基层干部的积极性和主动性。同时,还将"解决问题"栏目加入"社区建议"中,以激励居民主动参与社区公共事务的治理,以提升"共议共治"的水平。三是实现了公民的决策权利,使其有秩序地参与社会生活。在我国的社区治理实践中,居民的决策权利并不多,其观点的表达很难对政府的政策制定、执行和决策起到实质性的作用,更不容易通过合理合法的途径表达自己的诉求。但是,新桥社区的建议机制,却将社区居民的具体利益诉求,转化为理性的建议,并通过制度化的议事规则和流程,将其转化为切实可行的决定。而在这个从居民诉求表达到政府政策落地的过程中,社区居民不仅能够实现决策权,更重要的是,他们还学会了用一种合理的、合法的方式来表达自己的诉求,让社区的参与式治理有序进行[123]。

第 5 章　城市精细化治理的可持续发展

城市作为国家发展的重要构成单元,在社会经济发展中起着重要作用。在全球一体化的城市系统中,城市经受着跨大洲、跨国家和跨区域的更大尺度的风险传递,从金融危机到生态危机乃至疫情,城市无时无刻不经历着各种冲击。保持城市的可持续发展关系到全人类的未来,也是近半个世纪以来全球城市发展中不变的核心议题。近些年,随着我国社会经济不断发展,国民收入水平不断增加,人民群众对于生活水平质量的要求也越来越高,对于城市高水平、高质量发展的要求越来越高。2019 年末,我国的人口城镇化率已超过 60%,逐步进入人口城镇化发展的中后期阶段。我国的城镇化进程在人口规模、发展效益及对全球经济的驱动上都是无可比拟的,为保障城镇化进程的稳定性和持续性,逐渐形成了具有中国特色的城市治理模式,人口城镇化和经济发展从数量型增长为主转向质量型提升为主,城市治理所面对的城镇化问题将更为复杂,也更为困难。中国特色社会主义进入新时代,进一步完善城市治理体系,提高城市治理能力,是满足人民日益增长的美好生活需要的重要一环,城市治理是国家治理体系和治理能力现代化的重要内容。

5.1　城市与城市群可持续发展的治理需求

5.1.1　城市与城市群可持续发展的基本情况

相对于传统的生态管理,城市生态管理具有更高的要求和更高的难度,这是因为在城市尺度上,既要保证建筑的质量,又要保证建筑的美学效果,从而创造出更好的城市文化环境。城市的生态建筑形式要与整个城市的环境和谐统一。近几年来,我国已成为世界上最大的基建国家,这固然在一定程度上为国家的经济发展打下了良好的基础,但也造成了严重的环境污染。所以,要对城市生态环境的治理措施展开更深层次的研究,要顺应自然,将可持续发展的科学发展观贯彻到实践中去,保护好城市的生态系统,让人与自然和谐共生。

以碳中和为例,1992 年 6 月,在里约联合国环境与发展大会上开放签署了《联合国气候变化框架公约》。该公约规定要控制大气中温室气体的浓度。1996 年 6 月,欧盟委员会卢森堡会议基于一个世纪内全球平均温度已上升1.5℃的严峻现实,首次提出控制全球温升不超过2℃作为应对气候变化的长期目标。2015年12月,巴黎气候大会达成《巴黎协定》,确立了全球长期目标,即将全球一个世纪内平均气温上升幅度控制在工业革命之前的上升幅度,即不超过2℃,努力实现不超过1.5℃,并在第4.1条提出"在本世纪下半叶实现温室气体人为排放源与吸收汇之间的平衡"。这是气候大会法律文件中首次提出类似于碳中和的"温室气体平衡"理念。2021年11月,格拉斯哥气候大会达成《格拉斯哥协议》,重申《巴黎协定》目标并力推1.5℃,同时引用IPCC《全球温升1.5℃特别报告》的结论,"控制全球温升1.5℃,需要快速、深入和持续地减少温室气体排放,包括到2030年相比2010年水平全球二氧化碳减排45%,在21世纪中叶达到净零排放,同时深度减排其他温室气体",正式将净零二氧化碳排放(即碳中和)目标写入国际法律文件[124](图5-1)。

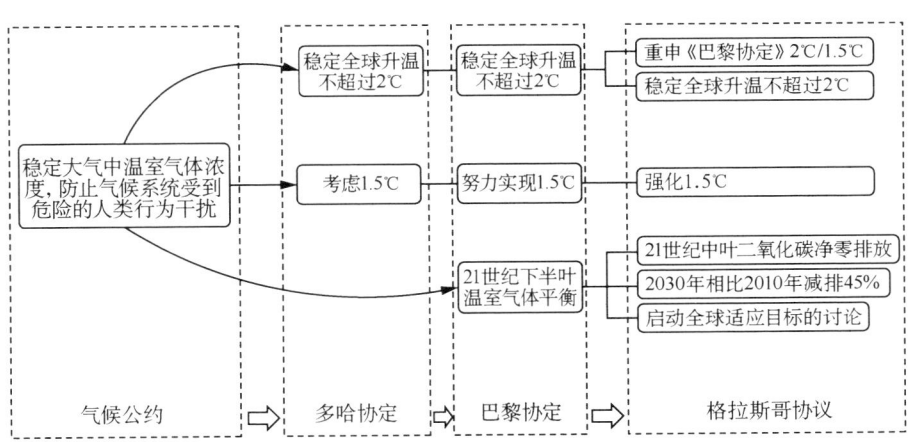

图5-1 国际应对气候变化目标的演化[124]

2020年9月22日,国家主席习近平在第七十五届联合国大会一般性辩论上宣布:"中国将提高国家自主贡献力度,采取更加有力的政策和措施,二氧化碳排放力争于2030年前达到峰值,努力争取2060年前实现碳中和。"碳达峰指二氧化碳排放量在某一年达到了最大值,之后进入下降阶段;碳中和则指一段时间内,特定组织或整个社会活动产生的二氧化碳,通过植树造林、海洋吸收、工程封存等自然、人为手段被吸收和抵消掉,实现人类活动二氧化碳相对"零排放"。国内更多使用"碳中和"概念,而国际上更多使用"净零"(net zero)概念。中国碳达峰、碳中和目标的提出,在国内国际社会引发关注。我国争取在2030年之前碳达峰、2060年之前实现碳中和,这是建设现代化国家、实现高质量发展的需要,也是推进人类命运共同体建设的需要。城市是我国近60%的常住人口的聚集地,其碳排放的总量超过70%。在"碳中和"的大背景下,对城市管理和可持续发展问题进行深入的研究和探讨,对其进行科学的理论和实践探索,是非常必要的。全球公认,二氧化碳的过量排放是导致全球变暖的首要原因。随着二氧化碳等温室气体的大量排放,一些地区出现了干旱、台风、高温热浪、寒潮和沙尘暴等极端天气,并逐渐增强。碳排放量与能源的类型和处理方法有很大的关系。当前,在世界范围内,能源与产业发展的低碳化已成为一种大趋势,各国都相继出台了碳中和时间表。近几年来,我国的减排工作取得了明显的进展,2019年的碳排放强度较2005年降低了48.4%。"双碳"是我国率先提出的一项重大战略任务,是推动我国能源和相关产业转型升级、实现国民经济长远健康可持续发展的重要举措。"双碳"并不意味着完全禁绝二氧化碳,而是要通过增加二氧化碳的吸收量来减少二氧化碳的排放,并通过吸收量来补偿二氧化碳的排放,从而推动能源结构从高碳逐渐转向低碳乃至零碳。"双碳"目标的实现,需要进行一次广度、深度、全局性的系统改革,其中以能源革命最为突出。

以广州为例。环境是城市应对自然灾害和人为污染的安全底线屏障,城市生态环境质量、公众的环境感受以及城市安全环境的打造,能够反映城市的基本环境韧性。数据显示,近五年广州空气质量持续好转,PM2.5年均值不断下降,2020年广州PM2.5超标天数为0。比如绿色公交项目,从2013年开始,广州把全市所有的高尾气排放公交车逐步更新为LNG等新能源公交车,2018年又更新推广了一万多辆纯电动公交车,现在,广州已经基本实现了全市纯电动公交覆盖。广州的做法也获得了世界的认可,2019年,在C40城市气候领导联盟市长峰会上,广州市获得"绿色技术奖"。这是广州为城市可持续发展贡献的一个有借鉴意义的案例。

全球每年大约有510亿吨的温室气体被释放到大气层。在2021年举行的CF40年会上,许多专家认为,向低碳经济转型,意味着我国从城市到农村,对生产、生活方式进行了一次全方位的重新塑造。因此,一定要站在人类命运共同体的高度,对新的发展格局进行整体规划,对人们的思想认识以及生产、生活方式得到彻底的改变。第一,当前的政府管理型减排方式亟待向一种更具有内生特征的新型自主减排方式转换,使"有为政府"和"有效市场"更好地融合。第二,政府、企业、行业协会、社会等相关部门的碳中和政策的协调以及区域间工业发展的平衡性需要进一步加强,并积极调动公私领域的资本,以促进其对低碳投资的积极参与。第三,因数据的匮乏,我国绿色发展的信息披露与评估指标体系尚未形成统一,"碳定价"评估的准则与准则有待进一步明晰。第四,绿色金融的发展还需由数量扩大向结构优化的转变,与之相适应的"碳交易"市场在地区间还存在着一定程度的分散性。虽然当前,绿色贷款、绿色债券等绿色融资类产品在我国发展迅速,特别是绿色债券存量已居世界第二。但是,绿色基金、绿色保险、绿色指数、碳交易产品等绿色投资和交易类产品的发展速度却比较缓慢,无论是在广度、深度还是规模上,都落后于我国金融市场的发达程度,这就制约了更多市场主体的参与。第五,城市治理是一项极其复杂的工作,需要统筹好城市规划建设中的所有要素,才能够开展高质量的城市治理工作。政府作为城市治理的主体,需结合城市发展实际情况制定相应的策略和管理规定,使城市整体碳排放得到有效控制。第六,"碳中和"不能只停留在口头上,还必须付之以行动。只有将碳中和理念与城市管理、法规规划等深度融合,才能确保碳中和相关规定的有效实施。目前,一些城市虽已从"碳中和"的角度制定了经营模式与发展规划,但在实践方面仍有较大欠缺。一方面,这是由于没有足够的实践经验指导,造成了城市治理工作的水平低下。另一方面,则是对碳中和理念的具体应用方法没有把握好,没有把碳中和理念当作城市治理的一个重要因素,这就造成了碳中和理念在实际应用中的效果不够好,城市的治理工作质量也受到了很大的影响,很难实现可持续发展的建设目标[125]。

5.1.2 城市与城市群可持续发展的需求策略

目前我国对于城市精细化治理的可持续建设越来越重视,为了促进城市治理和可持续发展的战略,需要采用相应的优化措施,制定有针对性的发展策略,全面推动碳中和理念的各项要求落实,为城市治理和发展注入新的力量、提供新的思路、规划新的方向,同时能够为其他城市积累实践经验。

首先,城市精细化治理要建立以可再生能源为主导、多能互补的能源体系。对于我国来说,目前的碳排放源主要是来自对化石能源的使用。《中华人民共和国气候变化第二次两年更新报告》表明,在全球二氧化碳排放量中,以能源为主导的二氧化碳排放量占86.8%左右。在所有的能源中,矿物能源也占有很大的比重。太阳能、风能、水电和地热能是一种新型的可再生能源,在使用过程中没有二氧化碳的释放,是一种绿色环保的新能源。近几年,国家对可再生能源行业进行了积极的发展。有关数字表明,在"十三五"时期,我国的水力发电、风力发电、光伏发电和在建核电装机容量仍居全球首位;到2020年年底,新能源发电的装机容量达到了10.83亿千瓦,约占装机容量的50%。尽管可再生能源的开发已经取得了一些成就,但是要完全取代化石能源,并在未来的能源消费中占据主导地位,仍需时日。当前,可再生能源的能量密度低,时空分布不均,不稳定,成本高,已成为限制其大规模推广应用的瓶颈。在相当长的一段时期里,化石能源仍然是我国能源结构的主体。清洁、高效地利用矿物能源和可再生能源是我国"双碳"的必然选择。目前,中国主要以煤、油、气、可再生能源和核电为主。打破各种能量间的隔阂,推动多种能量互补,相互补充,以达到全面提升能量利用效率的目的,是实现能源转型的必然选择。

其次,要在科技创新的基础上,形成新的低碳发展模式。开发大容量的储能技术,提高新能源的使用率。大型储能系统是实现可再生能源高效利用的重要技术支持,可为电网安全运行、电量平衡和新能源消纳提供重要保障。要实现可再生能源的大容量存储和利用,必须在储能技术上取得重大突破。开发清洁、高效的矿物能源技术。一方面,跟钢铁、水泥、化工等排碳大户一样,它们的碳排放大部分都是跟工业生产工艺有关的,所以,要想实现这些行业的碳减排,就必须要在工业流程再造的关键瓶颈和核心技术上取得突破。在此基础上,探索一条新的高值、高效、清洁的石化能源转化新途径。目前,我国的能源应用情况比较复杂,因此可以选择典型的地区,并根据其地域特点,有针对性地推动跨领域的集成示范工作,探索以技术创新来引导能源革命的路径和模式,从而以点带面,构建出低碳发展的新格局[126]。

5.2 构建以人为本的城市精细化治理体系

5.2.1 以人为本的城市精细化治理体系的基本情况

城市精细化治理是坚持以人为本的理念,在社会经济迅速发展,城市治理工作越来越细致,群众对城市治理的要求越来越高的背景下提出的,是社会分工精细化和服务精细化条件下对城市治理提出的要求。以人为本中的"人"应理解为全体在城市中居住的市民。城市规划的工作最终都是为了市民,把市民的实际需求作为出发点和落脚点,与"以物为本""以经济发展为本"等相对立。人的需求及其现实满足程度是城市规划及精细化治理的基本出发点和价值尺度,主要包括物质需求和精神需求这两个层面(表5-1)。其中,物质需求是人生存的前提,精神需求是物质需要的导向,是人全面发展的主要标志。[127]

表5-1 人的具体需求解析[127]

	具体层面(部分)	说明
物质需求	经济发展	市民更加富裕,可负担生活所需的各项开支等
	服务便利	服务设施是否为公众提供便利的出行、生活等条件,从交通便利、公共设施配套齐全及生活便利等方面进行评估
	生态宜居	评估是否为公众提供宜居的生活环境,如生态、公园绿地和空气质量等
	居有其屋	实现人人皆有其房,住房价格的可承受性
精神需求	历史人文	评估城市是否在保护和发展历史人文方面采取有效措施,保留城市历史,打造城市特色,满足公众的认知需要;历史文化保护、城市特色建设等
	文化层面	评估城市是否为公众提供文化场所,满足公众多样化的文化需求;博物馆、文化馆等是否可满足市民的文化需求
	娱乐休闲层面	评估城市是否为公众提供便利、丰富多样的休闲娱乐场所,商业设施、娱乐休闲设施等的覆盖率

精细化治理也是一种高效利用社会资源,最大限度减少管理成本的一种治理方法,实际上是一种对战略目标分解细化、执行实施、落到实处的一种治理过程,也是一种把战略目标融入每个环节落到实处的过程。在中国特色社会主义的新时代,加强城市精细化治理意识、完善城市精细化治理体系、提高城市精细化治理能力,已成为必然选择。在进行城市精细化治理建设过程中,要充分发挥人民群众的主体作用,充分调动他们的积极性、主动性和创造性,充分尊重城市居民对城市发展决策的知情权、参与权、表达权、监督权,鼓励市民以多种方式参与城市的建设和管理,真正做到共治共管、共建共享。很多城市在开展精细化治理工作时,既向民问需,又向民问计,重视协商,充分发挥市民参与的积极性和主动性,把市民的"幸福清单"变成了"责任清单",收到了很好的成

效。提高人民群众的获得感、幸福感和安全感。一座城市的发展，最终还是要靠民众的支持和参与。

目前我国城市管理中存在的问题是公众参与度不够。公众参与城市精细化治理是社会治理重要体现、提高城市竞争力必然要求，也是提高智慧城市建设科学性与精准性的有效途径。党的十九届四中全会指出要完善社会治理共同体，其中，公众参与是重要组成之一。尤其是在数字时代，海量信息、即时传播、突发事件层出不穷，这些都对政府传统线性的、机械的应对模式提出挑战，政府治理难度也大为增加，公众参与可以有效实现共建、共治、共享的社会治理制度，有效降低政府城市治理的难度。因此，政府需要更有效地吸引公众参与，通过广泛推行可进行学习和调整的政策试验，最终提高决策有效性。而提高智慧城市建设的公众参与度是政府治理模式创新的有益尝试。同时，城市精细化治理需要以人为本，以城市发展需求为导向，这就决定了城市治理要以人民群众为中心，城市治理必须具备较高的科学性与精准性才能满足公众的需求，进而实现城市精细化治理，推动城市的可持续发展。而唯有将公众参与融合到城市精细化治理的建设中，由公众根据自身体验提出需求及治理方案，政府通过整理群众提出的方案尽可能掌握城市不同居民的现实需求，方可有助于城市精细化治理项目更加贴近人们的生活，真正做到以人为本的城市治理。但是由于长期以来，政府为主导的城市治理模式广泛实施，使得其被固定化为唯一模式。虽然近些年，中央多次提出要注重公众参与，但是"公众是城市建设被动接受者"的认知根深蒂固，广泛存在于许多政府管理部门人员和普通群众的心中。目前我国绝大多数城市都存在城市管理社会公众参与不够的问题，城市管理工作仍然依赖于体制内的工作人员，人民群众参与基层治理不够，志愿者服务队伍的常态管理需要进一步加强。

5.2.2 以人为本的城市精细化治理体系构建策略

以人民为中心推进城市精细化治理建设，必须坚持党的领导，贯彻落实新发展理念，聚焦人民群众的需求，完善城市治理体系，提高城市治理能力，把以人民为中心贯穿于城市精细化治理建设全过程和各方面，让城市精细化治理建设成果为人民所共享，让城市精细化治理效能体现在人民群众获得感、幸福感、安全感的增强上[128]。

以上海市新冠肺炎疫情期间的实践经验为例。如何筑牢防疫底线，同时保障市民正常的生活和工作,上海在"好"字上做文章、在"精"字上下功夫,全方位、全链条、全覆盖抓好疫情防控,高水平、高标准、高质量地做好服务保障。上海以最精准、最有针对性、最小限度的方式对民众生活进行最低程度的约束和干预,充分体现了"以人为本"的社会管理理念。在疫情的高中低风险地区的划分标准上,上海市新冠肺炎疫情防控工作领导小组办公室研究决定,为了响应新冠肺炎疫情联防联控机制科学划分、精准管控等工作要求,上海以新冠肺炎疫情的变化为依据,以一个街道或者社区在14天内是否有新冠肺炎确诊病例、疑似病例和无症状感染者为依据,划分出高中低三个风险等级,不盲目扩大,尽量减少对公众生活的影响。上海对高风险地区采取"内防扩散,外防输出,严格管控"的策略,在疫情期间继续尽最大努力做好全市的交通管控工作。在城市解封之后,中风险区域的相关行业和企业,将会在防止外来入侵,防止内部传播的前提下,重新开始工作,恢复正常的生产和生活。首先,组织人员有序地返岗复工,同时要对重点人群进行好健康管理,并将上岗前的个人防护措施落实到位,指导企业做好疫情防护防控工作,共同推进疫情防控工作和企业复工。在低风险地区,可以采取"严防输入、统筹兼顾"的策略,取消对来自疫情严重地区人员的通行限制,确保其正常出行和生产生活物资供应。同时,来沪人员健康动态监测系统在信息传递过程中,不可避免地会出现一些错误和隐匿的现象。针对上述问题,上海市卫生部门利用大数据、人工智能等技术,将"健康云"应用于"一网统管"系统中,之相结合,实现了对上述问题的识别。"一网统管"充分发挥数据赋能、信息调度和趋势分析的功能,按照职责组织、指导、协调和赋能政府各有关部门,为实现跨部门、跨系统的联勤协同增效赋能。

5.3 构建安全韧性的城市精细化治理体系

5.3.1 安全韧性的城市精细化治理的基本概念

从语源角度上看,韧性(resilience)一词源于拉丁语中的"resilio",它的原意为"回到最初的状态"。"韧性"这一概念也在各个学科中得到了广泛的应用。19世纪中期,随着西方工业革命的发展,"韧性"一词在机械学领域得到了广泛的使用,它是指在受到外部压力时,金属变形后能够恢复原状的一种性能。加拿大生态学家霍林在20世纪80年代首先提出了将韧性这一概念运用到系统生态学领域,以此用来定义生态系统的稳定状态。从20世纪90年代开始,人们对韧性的研究逐步由自然生态扩展到人类生态。

根据韧性理论,可以把系统安全韧性定义为系统在一定时空内面对风险冲击与扰动时,维持、吸收、适应、恢复和优化系统安全状态的能力。维持能力是系统面对风险冲击和扰动时维持原有状态的能力。吸收能力是系统吸收风险冲击和扰动以及用最小的投入使事故后果最小化的能力;适应能力是在冲击和扰动已经超出系统吸收能力情况下,系统适应风险冲击和扰动的能力;恢复能力是系统从灾难事故中恢复到正常状态的能力;优化能力是系统从灾难事故中总结预防与应对经验的学习能力,以便在下一次面对风险冲击和扰动时能更好地抵御风险。系统安全韧性应具备减少灾难事故发生概率的能力,减少灾难事故损失的能力,减少系统从灾难事故中恢复到正常状态时间的能力,以及向灾难事故学习的能力。随着韧性概念的广泛普及,它被广泛地运用于安全领域,系统的安全性是维护系统正常运行的重要保障,韧性理念与此高度契合,系统的安全韧性即系统为维持其功能而在安全方面具备的韧性水平。安全韧性的城市精细化治理具有良好的安全韧性特性并注重城市学习和适应能力的提升,可以有效应对公共安全事件,减少公众的损失,维护社会的安全稳定。

安全韧性的城市精细化治理应该具备如下特征:一是在组织层面具备自组织力,也就是市民个体、居民社区和社会组织都具备自我行动力,它们可以对城市遭受灾害的部分展开主动的修复,从而增强自力更生的能力。二是在社会层次上具有协同性,即在突发事件处理中,城市各职能部门要打破隔阂,加强联系,建立"政府—市场—社会""三元共治"的协作机制。三是在技术上实现"智慧型",即通过互联网、云计算、大数据等技术手段,构建城市综合防灾减灾的智慧信息体系,提升风险预警、信息共享、趋势研判、应急决策等方面的智能程度。四是在环境层次上具有适应性,也就是说,城市可以根据外界环境的变化,进行自我调整和灵活应变。五是在经济层次上具有学习能力,即从城市重大事件的发展变化中吸取有益的教训,剖析其产生的根源,进而进行经济制度与发展方式的创新。六是在基础设施方面,包括水、电、气等的运维上,都要有一定的安全系数和韧性,即使遭受巨大的冲击,也要保证其能快速恢复正常有效运行,提供不缺位的公共服务。

5.3.2 安全韧性的城市精细化治理体系的构建需求

构建安全韧性的城市精细化治理要构建安全韧性评价体系。安全韧性评价体系是将城市视作一个有机生命体进行建设和治理,通过建设安全韧性城市,能够提高城市的自适应性,使其具备能够分散风险并且重新恢复稳定的能力。通过构建目标可量化、风险可评估、措施可操作、结果可考核的安全韧性的城市精细化治理评价指标体系,评估城市精细化治理的安全韧性水平,发现薄弱环节,便于有针对性地提出城市精细化治理的安全韧性提升措施。

以上海市基层公共卫生韧性的精细化治理评价指标体系构建为例,国家治理的基础单元为基层社区,基层社区既是灾害承受的前沿阵地,同时也是国家应急管理体系的末梢组织。在此次新冠肺炎疫情的防控过程中,基层社区在公共卫生事件的应急治理中发挥着阻击和堡垒的作用。韧性社区治理是近年来应急管理领域的新兴理论,在公共卫生事件的应用场景中,是指当面对突发公共卫生事件时,能够针对突发事件作出快速反应,保证社区医疗设施等各项基础设施免受重大冲击,在最短的时间内做好患病人员的初期治疗和隔离工作,同时保持社区组织与成员的稳定,并能够在事件结束之后快速恢复社区原有秩序的一种社区形态。

韧性社区治理的建设是一项高度复杂的系统工程,可借鉴国内外韧性社区治理评价指标体系的方法,综合考虑我国基层社区的实际情况,从制度韧性、技术韧性、基础设施韧性、主体韧性和社会资本韧性五个维度,构建起上海基层社区公共卫生韧性评价指标体系。(1)精细化治理的制度韧性。社区精细化治理制度韧性越强,在应对突发事件时就越有体制机制保障。社区精细化治理制度韧性主要包括社区应急管理体制完善、社区应急管理机制顺畅、社区应急管理预案完备等。根据可量化原则,选取应急队伍建设情况和应急演练开展情况作为二级衡量指标,来审视社区应急管理体制和预案的筹备情况。(2)精细化治理的技术韧性。随着智慧社区治理与韧性社区治理的融合建设已经成为大势所趋,利用一系列信息技术手段能够提升社区识别风险因子、阻断疫情传播的效率。社区精细化治理技术韧性就是运用物联网、大数据等信息科学技术来实现社区应急治理的精准化和效益化。上海根据目前基层社区在突发公共卫生事件中使用到的一系列技术手段,设计了智能监测和智慧沟通两个二级指标,智能监测起到了筛查和防范风险因子的作用,而智慧沟通有利于提升整个社区居民对突发传染性疾病的感知和认知能力。(3)精细化治理的基础设施韧性。社区在面对冲击时必然需要外部硬件条件的支持,这一支持的关键在于有可靠的基础设施。社区公共卫生事件防控工作是一项复杂的系统工程,涉及卫生医疗系统、居住系统、物流配送系统等各个方面,只有在社区与城市共同体之间拥有充沛的医疗卫生资源、便捷的交通条件、清洁的居住环境、可及的生活物资供给点等,才能充分提升社区精细化治理的安全韧性,将风险控制于社区之内。(4)精细化治理的居民主体韧性。居民是基层社区的构成主体,唯有居民自身具备应对灾害的感知力和抵御力,整个社区系统才可能具备韧性。社区主体韧性评估指标包括以下几点。①社区居民基本情况:通过了解居民的年龄结构、受教育程度和职业构成,评估社区居民对于公共卫生事件的认知水平和对相关防控政策的配合程度;②居民流动情况:传染性疾病具有传播性和扩散力,人员流动度高的区域风险尤甚,摸排社区流动人口、掌握社区租户情况是外防输入的重要举措,通过衡量租户以及外来人口占常住人口的比重有助于了解社区人员的稳定情况;③居民健康状况:患有慢疾或重疾的人群,在突发公共卫生事件面前表现更为脆弱,在传染性疾病面前的感染率更高。因此社区居民的健康水平与社区应对突发公共卫生事件的抵抗能力具有密不可分的联系,通过提取社区卫生服务中心对辖区居民总体健康水平的年度统计(其中包括社区慢性疾病、重疾人口占总人口的比重),能够有效测度本辖区内社区居民的总体健康水平。(5)精细化治理的社会资本韧性。社区精细化治理的安全韧性很大的一个组成部分便是社会资本韧性。在基层社区,社会资本主要源于以邻里关系为主要表现形式的正式或非正式组织,越是具备丰厚社会资本的社区,其居民越是能够进行快速、充分的互助。因此,通过审视社区志愿者、业委会以及楼组群这类社区正式与非正式组织的运作情况,能够评估社区的社会资本存量。通过居民志愿者占居民人数的比重、居民人均参与社区活动的频次能够有效测度居民参与程度;通过业委会人员数量和楼组群比例能够衡量社区社会网络的密度。

5.4 构建智能化智慧化的城市精细化治理体系

5.4.1 智能化智慧化城市精细化治理的驱动力

当前,随着信息化的深入,人们的生产生活方式发生了巨大的变化,人们的思维方式也发生了巨大的变革。同时,在快速城镇化的背景下,一些城市因经济增长、人口集聚与城镇扩张步伐不协调而引发的矛盾日益凸显,城市管理的内涵日趋复杂化。

在这种情况下,传统的城市管理体制已经不能很好地解决城市的问题,不能很好地适应人民群众对于城市的功能和环境的需求。虽然整个社会对于智慧治理的有关概念还没有形成一致的认识,但基本认同,城市治理的智慧化,是一种对传统城市治理方式的创新,这种创新立足于民众的需要,基于智慧城市的构建,以信息技术为手段,以智慧人才为支撑,化被动为主动,从而达到整体、协调、可持续的可持续发展。习近平总书记在杭州考察时指出,要实现城市从"数"向"智"的转变,才能实现城市的现代化。因此,让城市"大脑"变得更加"聪明",不断提升城市的"数智化"程度,对于提升城市的精细化治理和治理效率具有重要意义。自新冠肺炎疫情暴发,数字化技术被广泛运用于防疫、生产、生活和学习等各个领域,为科学防控、精准施策、企业复工复产和民生保障等提供了强有力的支持,成为了经济发展的"韧带"和政府治理的"助推器"。在数字化技术的支持下,城市"大脑"的构建既体现了技术创新,也体现了管理理念的创新和治理能力的提升。在这场数字化的战"疫"中,"智慧城市"的优势在一些地区尤为明显。在此之前,一些地方的信息公开、舆情监控、数据孤岛、材料调配等问题都会在一些特定的事件中暴露出来,这是对城市管理能力的巨大的考验。与此同时,近年来在城市管理和社会服务中不断涌现的城市病,如交通拥堵、环境污染和公共服务供给不足,折射出部分城市的治理"短板",需要城市"聪明"的"大脑"对其进行有效的管理。

城市治理向智慧化方向发展既源于我国城市已部分具备了"能"智慧化的现实基础,也在于"要"智慧化来解决诸多治理问题和满足多元需求,形成了城市扩大化、社会数字化、问题复杂化、需求多样化的驱动力结构,彼此之间相互影响、相互融合,共同推动城市治理的智慧化发展(图 5-2)[129]。

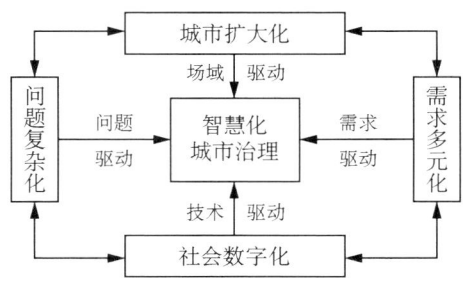

图 5-2 智慧化城市治理驱动力[129]

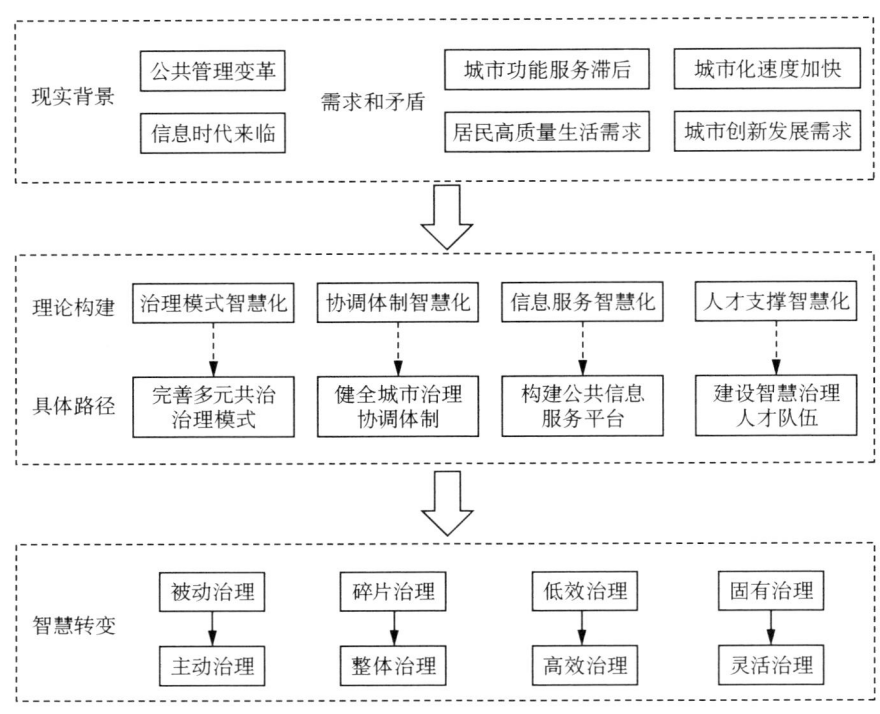

图 5-3 城市治理智慧化逻辑分析[130]

5.4.2 智能化智慧化城市精细化治理的问题

目前我国城市精细化治理智慧化面临的问题首先是技术水平还比较低。随着城市化进程不断加快,社会经济不断发展,人民对城市生活品质要求越来越高,但是城市用地越来越紧张,优质的公共空间减少,人们的需求与城市管理之间的矛盾突出。因此,当前社会急需先进的城市管理模式。第一,我国城市管理体制中,各部门之间职能重叠,权责不明,行政与执法之间缺乏有效的联系,缺乏有效的监督与协调机制。第二,因为城市治理具有强烈的公共性,政府、企业、社会组织在实施合作过程中,往往在治理理念、治理目标等方面表现出很大的不同,相互间缺乏互信,共享意识不强。现阶段绝大多数城市管理过程中都存在智慧化技术水平比较低的问题,但是因为技术水平有限,导致全市在管理过程中各个部门收集和获得的信息分散,不能做到及时准确地获取和交流有效信息,各部门不能衔接配合,不能做到数据融合、信息共享和业务协同合作。智慧化技术的实践应用水平不够,很难在各部门间实现信息互通、互享,制约了信息的流动、共享、开放。第三，智慧城市是城市治理的重要组成部分,以往的研究侧重于智能技术的应用,如解决城市发展中的特定问题、技术风险防范等,并已取得一些结果。但是,从整体上来说,既有研究在城市治理和科技运用交互融合方面还比较欠缺,同时,对于智慧城市治理的路径研究也比较匮乏。无法实现信息一体化设计,没有良好的规划,导致很多资源浪费。而且信息的应用效益较低,目前我国部分城市还在沿用传统的管理模式与技术,没有有效地利用智慧化技术[131]。第四,由于智慧化城市管理需要较多的技术支持,比如数据采集技术、数据统计以及分析技术等,其中,数字化管理系统涉及与需要的数据量较大,分析内容也较为烦琐,导致智慧化技术较难融入城市治理中,且智慧化城市管理体制缺乏创新,城市管理手段也比较的粗放,过于简单化,对于基层民生效应的关注不够,城市治理中服务的水平也不够。技术与管理复合型人才短缺,导致多层次专业化的治理人才队伍建设缓慢,比如现在很多城市市民的一体化信息管理服务平台并没有建立,而且城市基层管理的水平比较低,城市居民能够享受到的公共服务便利性不够。这也体现了智慧化专业人才对于城市精细化治理信息技术应用的重要性,和目前人才的缺乏性。另外,公众的参与热情不高;但是,目前我国公共行政管理体制存在着一些问题,如行政分权实施不力,信息服务平台缺乏,民众参与公共管理的动力和意识还不够强。但是,目前我国的社会组织还没有建立起相对独立的管理能力,绝大多数的管理工作还是由政府来完成。

5.4.3 智能化智慧化城市精细化治理的策略和发展方向

目前,我们需要以新型智慧城市的建设为载体,构建"城市大脑",提升"数智化"与精细化程度,促进技术创新与管理水平的提升。智慧城市以信息化为基础,又高于信息化,它并不是过去信息化系统的简单叠加,而是对技术、运营以及管理理念的重塑。构建智慧城市精细化治理体系,必须进行深层次的制度和机制变革,打破信息和利益壁垒,实现"数据大"的分散性向"大数据"的集中性转变。与此同时,以新一代的信息技术,推动城市的经营方式和经营理念的革新,进而推动城市的公共服务和产业布局的优化。特别是要进一步加强对政务、医疗、教育、交通、治安、环保、市场监管、社区管理等公共功能的协调支持,形成一个全覆盖、网格化、安全、共享、灵活的数字化治理体系。在城市精细化治理中,不应采取"一哄而上"的做法,在投资上也不应遵循传统的信息化、基础设施建设模式。各部门应根据实际情况,采取适当的措施,并加强整体规划和政策支持,成为一个多元化的、可持续的发展模式。从客观的角度看,我国的新型城市化还有很大的发展空间,而传统的基建还存在着"短板",必须和新的基建相结合,统筹规划,协调发展。政府要做好顶层设计、规则制定,对公共性强、带动效应强的核心数字化硬件设施进行投资,比如涉及公共利益的数据中心、智慧医疗等新兴领域。同时,要发挥市场在资金、技术、经营、管理和人才等方面的优势,切实发挥民间资本的作用,促进政府与企业的深度合作。要把智慧化的城市精细化治理作为一个切入点,健全多个主体的协同管理系统,使城市精细化治理的效率得到最大程度的提高。要利用新一代信息技术,对市场和社会进行简政放权,提高媒体、公益性组织、社会自组织等多种主体的自治力和协作力。与此同时,在智慧化的城市精细化治理中,有效地提高管理效能,为基层赋能、减轻负担,为人民提供更加便捷、精准、人性化的服务。在这一进程中,还需要发扬"新时代枫桥经验""朝阳群众""石景山老街"等基层治理模式,逐步实现大数据支持下的群防群治。通过健全新型的智慧城市精细化管理建设、协同管理机制,更好地培养出城市的"超强大脑",使城市的管理变得更"聪明",做到随心所欲,进退有度,促进城市的包容、安全、韧性、可持续发展[132]。在当前国际局势日趋复杂,国内社会发展不断加快的情况下,城市管理将面临越来越多的挑战。而要实现城市管理的智能化,不仅要依靠高科技,还要依靠更多的智力、更全面的人才来支撑。一方面,管理者的专业素质、工作能力、合作热情等都会直接影响到管理者的工作绩效;另一方面,在大数据环境下,无论是构建公共信息化平台,还是构建智慧城市,都对科研工作者的技术提出了更高的要求。持续的技术创新和智能人才的持续输出,将会给城市管理智慧化的实施和应用带来无穷无尽的动力,为此,必须建立一个完善的人才培训制度,强化合作型、创新型和智慧型的人才的培养。人才培养必须跟上时代和社会发展的需要,而管理者们必须在利用数据技术和人工智能方面有所造诣,以提高生产力并使之更适合于智慧治理[130]。

当前,我国许多城市的智慧管理并没有显著提高其治理效率。伴随着治理观念的改变和互联网行业的发展势头的释放,我国已经初步形成了一个多元主体共同参与的治理模式,"以人民为中心"的治理理念不断深化。基于此,现阶段亟须关注的问题是如何借助信息化手段,持续增强公众参与治理的力度与效度,也就是,如何提升公众参与的积极性,并整合更多治理资源。因此,我们必须坚持以人民群众的需要为切入点,不断完善社会治理体系,使社会治理达到"供需平衡",形成一个良性循环,从而使社会治理主体由消极管理转向积极管理。应充分利用城市发展中所产生的海量数据和信息,以解决城市治理问题、民众民生问题、提供公共服务,从而改善民生,提升城市治理效能,实现城市精细化治理的智能化。首先,政府要不断拓展公共信息交流渠道,如微信公众号、微博、公共服务 App 等,与公众紧密接触,利用互联网信息平台,主动征求公众的意见,并将进展情况向社会公布,关注公众反馈,提升公众对公共管理的参与度,提升公众对城市的归属感。其次,可以在平台上设置专题,宣传智慧城市的相关理念和先进试点经验。同时,可以将城市建设过程中遇到的问题和问题的解决方案进行公开。通过这种方式,不仅可以深化各方对智慧治理与城市发展的理解,有效地协调政府、社会、市场三方治理主体之间的治理目标和理念,还可以激发各方交流的热情,推动多元共治治理的发展。在此基础上,实现"从上层到底层""从政府到市场"的适度下放,实现多主体协同的城市治理。把治理成本高、治理资源少的项目交给有能力、有资源的人来做,可以更好地发挥政府强有力的监管与有效的市场治理。以北京市东城区为例,建议将相关事项交由各级政府直接处理,将经费、权利和人员下放给街道,实现"民有所呼,我有所应;民有所求,我有所为。"传统的"线性"管理思维,造成了"智慧"与"城市治理"之间的"冲突",即"基层"对"智慧"的接受程度不一,这极大地限制了"智慧"的发展。要真正实现"以人为本"的柔性治理,就必须加强对管理者和技术人员的培养,从而建立起一支能够为城市治理提供全方位、强有力的支撑的智力人才团队。

　　首先,要健全科技人才培养与激励体系,提高科技成果转化效率;高校、科研院所和企业可以共同组建科研院所,增加科研经费,改善科研人员福利。在网络平台上,政府可以对社会中的多个主体提出的意见和创意进行收集,然后在此基础上,对治理方面的技术需求进行汇总,再将这些需求传递到科研机构和高校,同时,可以构建一个政企之间的平台,来强化智能技术与城市治理之间的供需关系。其次,要加强对政府机构和其他机构中原来的政府工作人员的培训。定期组织工作人员参加专业培训或学习,使他们能够熟练地运用信息系统,做好数据采集和分析,为公众提供智能服务。同时,为了使管理决策人员能更好地跨部门、跨组织协作治理,还必须具备相关知识。最后,管理者在实施经营管理过程中,应采取积极、正确的经营方式。要想达到有效的治理效果,就必须依靠科学技术,在具体工作中,要结合实际,灵活运用技术,以人为本,进行智慧治理。同时,需建立一个良好的创新创业环境,从社会上吸收一些优秀的志愿者,来充实和更新管理人才队伍。

5.5 持续完善精细化治理,构建卓越的全球城市

党的二十大报告中特别阐述"中国式现代化是物质文明和精神文明相协调的现代化",这对完善中国城市治理体系,健全城市治理制度,提升城市治理效能,实现城市治理能力现代化提出了更高、更新、更迫切的要求。快速的城镇化进程,带来诸如环境污染、交通拥堵、能源紧缺等"城市病"问题,传统经验型、粗放式、一刀切的城市治理模式难以为继,倒逼城市治理改革与创新。中国城市精细化治理的实践主要从技术驱动、网格治理、机制创新等维度探索精细治理模式,总体看,经过一段时间的探索实践,城市精细化治理取得较大进展,但依然面临先进治理理念缺乏、治理机制不完善、治理手段亟待创新等问题。高等院校在破解城市治理困境方面具有先天的人才、智力、科技等资源优势,如同济大学专门成立超大城市精细化治理研究院,全力支撑上海市的精细化治理便是典型案例。通过提升高校参与城市治理的深度和广度,既可以拓展校城融合领域,又可以促进城市可持续发展,对实现社会治理体系与治理能力现代化大有裨益。

以上海为例,2017年12月《上海市城市总体规划(2017—2035年)》(以下简称"规划")获得国务院批复。在规划2035年上海城市发展的愿景时,以创新、协调、绿色、开放、共享的新发展理念为引领,全面贯彻国家和上海"十三五"规划纲要,高起点谋划未来城市发展的"新蓝图",提出了2035年要努力建设成为具有全球资源配置能力、较强国际竞争力和影响力的卓越的全球城市。

(1) 规划指出要积极参与长三角地区的协调发展,建设上海大都市圈,建设世界一流的、有国际影响的城市群;建立"主城区—新城—新市镇—乡村""一主、两轴、四翼"的城市群结构;"多廊、多核、多圈"的空间格局;健全城市中心、副中心、地区中心、社区中心的公共活动中心体系。城市中心,即小陆家嘴、外滩、人民广场、徐家汇;16个副中心,即"9个老城副中心、5个新城以及金山滨海、崇明城桥核心镇。建成"三个1000公里"的城际线、市区线和局域线,在人口超过十万的新市镇中基本实现了地铁站点全覆盖;建设15分钟的生活圈,覆盖率达到99%。

(2) 规划中明确指出,上海是中国的直辖市之一,是长江三角洲世界级城市群的中心城市,是国际经济、金融、贸易、航运、科技创新中心,是一座文化大都市,是一座具有

国际影响力的城市,是一座社会主义现代化国际城市。上海将坚定不移地贯彻落实新时代改革开放排头兵、创新发展先行者的总要求,积极融入"一带一路"和长江经济带发展战略,以人民为中心,坚持可持续发展,坚持人与自然和谐发展,以发展中的保障和改善民生为己任,不断发挥职能优势,扩大先行优势,不断塑造品牌,增强人才,使上海成为一个举世瞩目的社会主义现代化国际大都市。

(3) 必须改变城市的发展方式。以"底线约束、内涵发展、弹性适应"为主线,探讨高密度超大型城市的可持续发展模式。必须坚持四条基本原则,即人口规模、建设用地、生态环境和城市安全。为缓解人口过快增长和资源环境紧张的矛盾,对常住人口进行严格控制,到2035年,将常住人口控制在2500万以内。根据"减少规划用地总量"的原则,坚持以生态需求为底线、红线,锚定城市生态基底,使生态用地只增,不减。坚决维护城市的生产、运营安全,增强城市的应急反应和复原能力。强化历史文化风貌的保护,坚持"整体保护、积极保护、严格保护"的原则,中心城区从拆改留向留改拆转变,以保护保留为主,不断扩大保护对象体系。在城市更新中,注重城市功能和空间质量,注重区域协作和社区活化,注重历史遗产和文化风貌的塑造,以实现空间的集约紧凑、功能的复合和低碳。为应对未来经济发展和人口变化带来的不确定性留出足够的空间。

(4) 规划提出,要对城镇空间结构进行优化。将积极服务于"一带一路"和"长江经济带"等国家战略,积极参与长三角一体化发展,促进上海与周边城市协调发展,建设上海大都市圈,建设国际一流城市群。着力推进城乡融合,优化城市空间结构,形成"主城区—新城—新市镇—乡村""一主、两轴、四翼"的城市与农村空间结构,"多廊、多核、多圈"的空间格局。

(5) 规划提出,要把城市建设得更具有弹性和可持续发展能力。把重点放在城市生态安全与运营安全上,增强人们的安全感,使人们的生活更加舒心。以"双环、九廊、十区"多层次、成网、功能复合的城市生态空间结构,把崇明打造成世界生态岛。到2035年,使城市森林覆盖率提高到23%,使城市人均绿化面积提高到13平方米以上。全面推进绿色低碳发展,减少碳排放,加强对海洋、大气、水和土壤环境的保护,使环境质量得到明显提高,到2035年,PM2.5的平均浓度保持在25 $\mu g/m^3$左右。建立城市防灾减灾体系,加强对灾害的预警、控制和应急救援空间保障,提高城市抵御洪涝、地面沉降、资源能源供给、突发公共事件等自然灾害的能力。

（6）规划中提出了要进行城市治理创新。以提升城市治理能力为重点,健全规划实施保障制度,以确保整体规划更具可操作性和实用性。在主体功能区规划的基础上,以城市总体规划和土地利用总体规划为主要内容,对各类与空间安排有关的规划进行统筹,对"两规融合、多规合一"的空间规划体系进行优化,力争达到"一本规划,一张蓝图"。对政策法规体系进行完善,强化差别化、综合性的政策支持,研究制订出对重点领域和重点地区有利的具体政策,强调政策措施的针对性,强化各部门、各地区的政策措施在空间上的统筹协调。对空间管理制度进行创新,将生态、永久基本农田、城市发展、文化遗产保护等区域划分为三大空间、四条红线,以保证城市空间不受破坏,农业、生态空间不受侵犯。健全社会参与制度,遵循"政府引导、市场运作、社会参与"的原则,持续完善政府、社会、市民广泛、深度参与的社会参与制度,创造出对城市总体规划实施有利的社会氛围。构建规划维护体系,以大数据、信息化平台建设为基础,构建动态监测、定期评估和维护机制,依法完善规划,动态维护规划[133]。

要注重把现代科技应用到城市治理中,信息化、智慧化的城市精细化治理。科技创新是未来依傍的"主动力"。加强基础研究、增强源头供给能力。城市精细化治理要保证城市的可持续性发展,要推进绿色发展,共建生态宜居家园。严格按照主体功能定位强化生态空间保护,实行能源和水资源消耗等总量和强度双控,下大力气整治生态环境,形成绿色空间布局和绿色生产生活方式。城市精细化治理需要各级、各部门以人为本、协同合作,要推进共享发展,增进市民福祉。加快完善社会养老服务体系,全面提升教育质量,提升健康和医疗服务水平,优化完善基本公共服务制度。[134]

实践篇

第 6 章 超大规模城市精细化治理的策略与实践

根据第七次全国人口普查数据(按城区人口数),我国现有超大城市共 7 座:上海、北京、深圳、重庆、广州、成都、天津,特大城市共 14 座,分别为武汉、东莞、西安、杭州、佛山、南京、沈阳、青岛、济南、长沙、哈尔滨、郑州、昆明、大连。这标志着在人口维度,最新的城市"塔尖"格局正式形成。这些"塔尖城市"已成为国家经济社会运转的核心引擎。中华人民共和国成立以来,城市发展方针的核心要义基本都涉及规模的调控,改革开放前是计划型管控,改革开放后,慢慢意识到市场经济环境下城市规模不是靠行政力量就能够控制的。再者,从大中小城市协调发展,到现在开始关注城市群、都市圈,反映出决策层对城市的态度和认知是在动态变化的,核心的主线便是"规模"。从顶层设计来看,一直有很多美好的理想蓝图,但是往底层看,却是流动性不断增强的现实挑战。在城市自然形成的过程中,会自发形成不同的产业分工、人口集聚、空间扩张的特征,这里面会有第一产业为主的农业型城市,第二产业为主的工业城市,第三产业为主的服务型城市,乃至慢慢地产生中心城市和国际大都市。数千年以来,虽然从国土面积上来讲,中国一直都是一个超大规模的国家,有着深厚的传统文化,但中国社会还是很难称作一个超大规模的复杂社会。根据德国社会学者尼克拉斯·卢曼的理论,复杂性由三个方面构成,即要素的数量,要素的异质性,要素间联系与交流的频度和可能性。就这三个复杂度而言,中国在过去的数千年里,虽然也是幅员辽阔,但由于受交通、通讯、户口制度等种种设施技术和体制的阻碍,各地区间的交往十分有限。因此,虽然各个地区的要素数量和异质程度都很高,但它们之间的交往和相互作用还不够活跃。伴随着改革开放的深入,尤其是中国正式加入世贸组织后,我国东南部等发达地区对劳动力存在巨大需求,以及交通、通信等基础设施的建设和完善,使得中国内部人员、信息和材料出现大量流动和转移,使得复杂性的三方面开始在中国发挥活力。

当前,中国这个超大规模的复杂社会体现在超大规模城市的崛起,这是其新特征。它对中国国家的管理和社会的发展产生了一系列深刻而长远的影响,至少包含如下方面的内容。

第一，中国超大规模城市的兴起是中国城镇化发展的缩影。1949年，中国城镇人口比例为10.64％。1979年，中国城镇人口比例也仅为19.96％，当时有一个说法是"中国80％的人口居住在乡村"。到2019年年底，中国城镇人口比例达到了60.6％，第一次实现了城市化率超过60％。2021年，国家统计局公布了第七次全国人口普查数据，城市人口占比63.89％，市区、城镇人口比重继续上升。人口从乡村向城镇转移的现象，不仅出现在中国，在全世界都是一种普遍的现象。以日本为例，随着人口向东京都地区转移，很多乡村已经出现了"空心"现象。这是因为，与乡村地区相比，城镇地区在基础教育、医疗保健、基础设施等方面更有优势，人们的生活也更为方便。特别是城镇地区的就业岗位也要比乡村地区多得多，收入也要高得多，青年人在城镇中有更好的发展机遇和发展前景。除此之外，一个城市的人口从四面八方聚集而来，它拥有更大的平台可以跟全国，甚至是全世界的年轻人进行文化交流，经常可以引起多种文化的融合和碰撞，从而产生创意创新，并引导潮流，所以它对年轻人的吸引力更大。

第二，超大规模城市崛起标志着中国城镇化进程进入了一个新的时期，反映出中国城镇化进程的新特点。这一新时期的新特点是，中国城镇呈现出"二元结构"倾向。这种趋势是在中国在2001年加入世界贸易组织前后才出现的。在这一时期以前（1978—2001年左右），"严格控制大城市规模，合理发展中小城市，积极发展小城镇"是中国城市开发的基本方针。所以，尽管我国城镇化速度有所提高，但其发展仍以中小城市、小城镇为主。若将时间回溯至更早，1949年中华人民共和国成立至1978年改革开放之前，中国呈现出较低的城镇化水平，且与同期较高的工业化水平有较大差距。举例来说，在1952年到1978年间，工业在国内生产总值中所占的比例由17.6％增至44.4％，提高了27％，而在同一时期内，城市化程度只提高了5％。中国在"入世"后，迅速、深入地与世界贸易体系接轨，并凭借中国自身的规模优势，逐步成为"世界工厂"。在此期间，中国从以中小城镇建设为重点的城市发展战略转向为"支持大城市"，中国城市发展的重心逐步转变。随着中国成为世界产业链上重要的一环，一场大规模的人口大迁移也随之展开，大批的人口涌入经济发展区域的中心城市，由此产生了一大批超大规模城市。除了"乡"和"城"的"二元"划分，"超大规模城市"和"中小城市"的新"二元"又已经悄然形成。所以，中国超大规模城市的崛起，不仅是一个世界范围内的人口由乡村向城镇转移现象，而且也有中国自己的国情基础。一方面，纵观中国的城市发展史，有别于欧洲从中世纪开始就以工商为主,并以"特许权"和"市民自治"为特点的城市,中国的城市主要是以中央和各级政府驻所为基础,建立在"军政""交通"和"经济"等多因素之上的。较高的行政等级和较大的行政规模,一般都具有较优势的地理位置和政治经济资源,因而具有较好的发展机遇。另一方面,在中国,平级地方政府间的相互竞争,也是国家与社会管理的主要特点之一。其核心是中央集权式的人事任命与业绩评价体系。在这样一种以地方政府为主导的"政治锦标赛"制度下,各个地区都采取了"强省会"制度,把资源集中起来,扶持像省会这样的大型城市,以超大规模城市的发展来抢占国家的政策资源,使省会城市成为当地经济发展的"发动机",从而带动整个地区的发展。这些因素的综合作用,不仅导致了中国城乡差别,而且还导致了超大规模城市和中小城市的差别。简单来说,就是那些占据着地缘、政治、经济等有利条件,并且把握住了历史性机遇,在招商引资以及经济发展上胜出的城市,将会被国家层面甚至世界层面的产业链与价值链吸收,不断壮大自身的力量,进而带动更多的人口涌入,最终形成一座超大规模的大都市。另外,还有那些在地缘、政治和经济资源方面没有优势,错过了很多历史性机遇,在地方发展的政治角逐中落于下风的城市,逐渐变成了一个人口外流的城市,或逐渐萎缩,或保持在中小城市的规模。众多介于二者中间的大城市,因其在全国社会经济发展中所处的客观位置而分别向两个方向移动,有的城市被压缩成了中小城市,有的城市变成了超大型城市[135]。

6.1 超大规模城市治理的需求与难点、痛点

第一,中国传统城市主要是行政中心型城市,因而未形成能够互相连通协作的现代化城市治理,城市治理的社会功能分散。传统中国的城市管理经验主要是以组织、威慑等方式来规范人们的活动、交流,以保证城市的稳定、安全。近代以来,尽管资本主义国际秩序对中国社会的冲击很大,但是,在长期的历史发展过程中,中国社会依然保持着其传统的组织结构。尽管上海、广州等沿海开放城市已经建立起了较为先进的城市体系,但是这些沿海城市相对于全国广袤的疆域而言,还处于"飞地""孤岛"的状态——与很多城市之间还没有实现有效的协调合作。这也与我国的历史和传统文化有关。中华人民共和国成立后,因当时国际政治、经济形势的特殊性,没有实行对外开放,而是走上了苏联式的城市化、工业化之路。那时,中国的城市管理,基本是苏联的"计划经济"与本地的"传统"相结合的产物。比如,在新中国成立后至改革开放前,随着工业化进程的

推进,一批新型的工业城市迅速崛起。中国在工业化和计划经济时期,实行的是以户籍为中心的城乡二元管理方式,并以城镇为单位进行管理,这就构成了一种独特的城市管理方式。中国的城市管理,因其单位制度的存在,曾有过与农村小型社区管理相似或接近的特点。改革开放后,随着市场经济的不断发展,传统城镇单位制度逐步瓦解。然而,许多中国的城市在实质上依然只是一个行政中心。与此同时,在这两个城市中,大部分的精英阶层依然集中在政府机关、大型国有企业等各类体制内机构中。这种情况在2001年中国加入世贸组织后逐渐发生了改变。中国已快速、更深层次地融入了全球贸易体系,并借助自身经济规模的巨大优势,逐渐与世界各国建立起了一系列的经济联系。这也是中国整个城市发展战略发生显著变化的时期,发展重心由原来的着力发展中小城镇,转变为发展大城市。中国在全球的产业链上占据重要地位之后,越来越多的人口为了寻求发展机遇和更好的工作学习机会从全国各地流入大城市。这使得一批超大规模城市相继产生,也使得两种二元区分出现:农村和城市,超大规模城市和中小城市。大城市和中小城市这两类城市之间存在着诸多本质上的不同,进而导致了城市管治层次上的进一步分化。比如,在中小城市中,政府机关、大型国有企业等依然是吸引精英人才的主要方式。而那些大型的金融机构、私人企业、跨国公司,以及那些最有成长潜力的网络和高科技企业,通常都会集中在那些超大规模的城市里,它们享受到超大规模城市的政治、经济、金融、文化等的各种好处,只会在那些中型城市里建立自己的分支机构。从2020年新冠肺炎疫情的防控过程来看,大城市和中小城市在防控策略上存在着明显的差异。相对于许多中小城市,北上广深和杭州、南京、重庆、武汉等超大城市、特大城市,都在试图找到一个最佳的平衡点,既要把疫情影响面降到最小,又要把社会经济的正常生活破坏降到最低。这也是超大型都市所展现出来的社会功能分化的一种体现。

第二,在传统的单位制度下,很多资源都被集中到了体制内,不能进入体制,就不能享受到各种各样的稀有资源。但是,在当今的大都市里,很多资源都集中在体制之外,而且体制之外的资源更加吸引人才。与之相比,系统中的居民具有高度的同质性,对于资源的获得,更多的是依靠单位系统,所以,对于体制内的人员的管理,仍然可以沿着传统的单元系统的治理逻辑与模式进行。然而,在体制外,由于其高度的异质性使得个人的独立性和自主性也较高,更依赖于市场手段获得其所需的生存资源,并在日常生活中实现自立。区别于农村的面对面直接交流,在城市里,人们通过货币、契约(法律)、艺术和宗教等多种媒介实现了"间接"的交流。这使得管理模式发生了翻天覆地的变化,对超大规模城市的管理提出了新的挑战。在法国经济学家、政治家阿兰·利比茨的影响下,哈森普鲁格把现代化分为三个时期:(1)扩展工业化(Extensive Industrialization),其生产形态以制造业为主,主要通过增加劳动时间来获得剩余生产价值,与之相适应的是工业城市;(2)集约工业化(Intensive Industrialization),以规模密集的工业化为特点,其主要通过提高生产力获得剩余生产价值,与之相适应的是福利城市;(3)弹性工业化(Flexible Industrialization),其生产形式以小规模、灵活度高的创新性生产为特点,其主要通过创新与人工智能的融合来获得剩余生产价值,与之相适应的是创意城市。相对于西方城市发展三阶段的历时性特征,中国当代的城市发展呈现出了共时性的特征:"一种粗放工业化、精细工业化和灵活工业化三合一的共时发展模型。"尽管如此,哈森普鲁格也承认粗放工业化和精细工业化的比重和重要性正在逐渐消退,而灵活工业化对中国未来的重要性日益凸显。而超大规模城市的涌现,正是此种趋势的重要体现[136]。

第三,不管是城市规划、市政管理、户籍人口管理、民政管理、商业税务管理、社会治安、文化教育,政府官员都喜欢通过行政法规来规范,很多法规的制定与修订,都带有中国传统的官僚主义的烙印。在过去的数十年里,随着社会的不断进步,我们看到了城市管理的法治化进程。但在城市治理过程中出台的各种地方性法规、行政法规和命令,仍有许多不符合法治精神的地方。例如,一些特大城市发布的地方性法规、行政法规和法令,其主要目的并非保护公民的个人权益,也不为公共权力的行使设定各种资格、条件和程序性的限制,相反,为了管理的需求和考量,对城镇居民作出了各种各样的禁令,这反映了政府对个人和私营部门的各种管制和控制。这一种城市治理的思路以治安为中心,其主要的方法就是减少城市人群生活的活跃程度,减少他们彼此之间接触往来的频繁程度,尽可能地把他们安置在一定程度上比较封闭的空间中,对他们进行隔离和控制,最终达到城市治理的安全与稳定的目的。再比如,一种传统城市治理思路是以户口为基础,在教育、医疗、保险等方面设置制度上的门槛和壁垒,尽可能地把外来人口排斥在城市生活之外,最大程度地解除城市管理者对这一群体的管理职责,以减少其管理的复杂度和挑战性。这种思路对城市的规模和流动性进行控制,并尽可能地减少城市人口的多样性，这样就可以减少城市管理的复杂性，以更低的成本、更原始的方式，达到城市管理的稳定。诚然，这种传统的城市管理思想与措施，在实现城市安全方面具有更高的效率。从改革开放到中国在 2001 年加入世贸组织后，中国对超大规模的城市进行了严格的限制，并大力发展中小城市也和这样的城市经营政策有关。然而，中国加入世贸组织后，这种城市管理理念与中国城市发展的情况及发展趋势并不一致。在这一时期，中国因与国际经济的深度融合而成为"世界工厂"，与此同时，随着产业链的转移，一批大城市演变为特大城市，再继续发展为超大城市。一座城市是否人口"净流入"以及其人口规模的大小，已经成为衡量一座城市是否具有较强的经济活力和未来发展潜力的主要标准。如何在较短的时间内，加快人口扩张的步伐和幅度，已是许多城市管理者必须认真考虑的问题。

6.2　超大规模城市精细化治理的典型策略

第一，从"管理"到"治理"的战略优化的跳跃性。面对海量的、以几何倍数增长的数据和各种行业的数据，城市管理者的核心问题就是如何将这些数据的信息化转化为现实的应用，从而帮助他们制定相应的措施。很明显，依靠人工来收集和处理这些大量的数据是不可能的。应该利用现代机器智能，如数据人工智能技术，把海量无规律的数据转换成有价值的信息，并给出最优的选择，最终形成最优的管理方案，从而达到最优的管理效果。策略优化是智慧城市管理的重要手段。以增强的深度学习为理论基础，如何保证数据的有效性是目前的重要问题。可以通过构建混合模拟器对要进行治理的内容开展模拟练习，对具有较强序列性、行动空间相对单一的情景（如智慧交通、智慧社区等）进行建模，并在此基础上给出最优决策方案。从而更进一步研究虚拟现实、数字孪生以及教育、行政等场景下的决策问题。在政策优化方面，要充分发挥政府的协调、激励、监督等职能，确保数据要素的顺畅、有序地流通。形成权责分明，优势互补，优化分工的新的公司治理模式。也就是说，在策略的优化上，要弥补短板，辐射联动，实现价值均衡，构建政府主导、市场运作、社会支持三位一体的治理体系，突出人人有才、人人有责。以构建数字政府为基础，提出了城市智慧化建设的发展方向。城市管治工作的核心是要始终对城市实践的发展需求作出反应，把解决问题作为根本目的，这要求我们更好地将"有为政府""有效市场"和"有益社会"有机地结合起来，并对管治问题进行更明确、更有针对性的界定。"有为政府"，是指在超大城市治理现代化过程中，以人工智能算法为基础,对"不该做、不能做的事情"进行决策,并将其交给市场和社会来处理。政府应更多地采用鼓励和扶持的措施,以增强市场的自愿和自发,创造一种自愿合作、优势互助、相辅相成、井然有序的城市管理气氛。例如,上海市的数字政府通过公开政府信息,打破部门间的私利,扩大了政府和人民的交流。"从第一阶段的政府网站建设,到第四阶段着力建设政务服务中心,上海市数字政府建设一直注重夯实发展基础,回应居民搜寻政府信息的便捷程度,提升行政审批事项的办事效率,完善基层社会治理矛盾的处置水平。""有效市场"是指"技术赋能",以战略最优的方式,在超大城市的精细化治理中起到决定性的作用。从某种意义上说,科技的持续发展与运用已成为一种超过公共权力的手段,它能够消除传统政府管理程序中的不足,改变以往城市发展中所呈现的"大政府、小社会"的模式,将政府高度集中的权力分散,向"小政府、强政府、强社会"的新模式转变。一方面,通过对传统城市经营模式的深刻思考,能够有效地约束"无限制"的政府行政权力,同时也能使政府承担"无限制"的义务;另一方面,在对"无限制"的城市管理中,可以对"市场主导"和"公众参与"作出积极的响应,并对"社会治理"进行多样化的治理。引入社会资本,将有助于构建"多中心"型的城市治理体系,通过政府和社会资本的协同作用,可以调动全社会的热情,促进城市的创新发展。"有效市场",即超大城市的治理模式具有更丰富的多样性和更多的社会效应。现代城市对知识、信息、技术的依赖性越来越强,在"技术+治理"融合的同时,要注重提高市民对城市治理的参与意识和主动性,以更好地激发城市的经济发展动力,增强其竞争力。从国际上对超大城市的治理经验的对比中,我们发现:"用行政力量来控制特大城市的人口增长,影响的不仅是城市,也会波及整个国家。""有益社会",即在大型城市治理的复杂性、脆弱性、敏感度等方面,通过"绣花针"般的功夫,推动人工智能在城市各个产业、各个社区中的应用,为城市的各个领域提供服务。信息切割、碎片化主要是指在城市治理过程中,条条之间、条块之间、各主体之间,虽然都建立起了各自领域内的信息系统,但各信息系统之间都有很强的封闭性,难以实现开放共享,因此造成了信息系统之间不联通、不兼容的情况。超大城市以人工智能技术为支撑,把"有为政府"和"有效市场"作为双重驱动,实现超大城市社会精细化治理,体现策略优化中的"以人为本"精神,解决超大城市各主体之间的信息割裂、碎片化等难题。

第二,建立一种新的智慧决策的治理方式。在提升超大城市智慧管理水平的过程中,要牢牢把握"城市因人而建,城市为人服务"的理念,构建中国"以人为本"的管理思想。技术因素的每一次变化,都将极大地影响组织的形态、结构和功能的行使,而政府是技术的规划者、协调者、激励者和参与者。政府机构的改革和功能的实施,可以促进科技的运用。构建以科技为导向的、以智慧为导向的超大型城市综合治理系统,使技术创新和政府组织变革相互促进。不难看出,基于大规模信息处理技术的科技化、智能化技术的发展,将对超大型城市的治理方式产生革命性的改变,并对其造成前所未有的影响,从而形成新型的超大城市治理体制。最后,超大城市将实现整体与精细的一体化,使信息传递、交通服务、公共服务与治理模式更加统一与透明。在超大城市治理系统中,海量的城市数据和算法可以将众多城市要素的行为糅合在一起,并产生协同作用。在对超大城市的治理进行顶层设计时,要对多个要素进行综合考虑,对信息和数据进行智能化的分析,并将其与环境深度互动和协同,也就是利用人工智能对超大城市治理体系有更好的理解、探索、建模和控制,从而满足对城市治理现代化的要求。将智慧的管理应用于超大城市的经济发展方面,能够有效地改善城市的营商环境,提高政府为市场主体服务的效率,增强城市发展的活力,从而达到就业和消费双丰收的目的。另外,超大城市的智慧管理也可以在疫情防控中发挥重要的作用,例如,健康码可以在全国范围内互通,是"数字化防疫"的典范[137]。

第三,继续推进户口制度的改革,扩大对人才的投资。在当今社会,"以城兴人,以人兴业,以业兴城"的发展逻辑越来越清晰。近几年来,国家一直在推进户口制度的改革,对城镇居民的落户条件进行了全面地放开和放宽,消除了阻碍劳动力和人才社会流动的体制和机制上的缺陷。各个地方都开始了"抢人大战",开出了各种各样的优厚待遇,为了吸引人才、留住人才,"零门槛"地落户已经成了大多数城市的标准。例如,武汉作为一个即将成为超级大都市的城市,最近又推出了一系列的政策,使进入城市的门槛进一步地降低。城市规模持续扩大,不仅体现了城市化与经济聚集的趋势,更是对城市管理与协调发展的新要求。一方面,在经济发展过程中,工业、人口不断向有利地区聚集,这是一种客观的经济规律。当前,我国特大城市普遍存在着人口密度过高的现象。要对经济、生活、生态、安全等多种需求进行统筹考虑,转变特大城市的开发建设模式,用产业、交通、公共服务等方面的一体化来推动人们在大都市圈和城市群之间的有序、便捷地流动。而对城市而言,"吸引人,留住人,成就人"是其根本。越是大的城市,越是要对其进行精细化管理,越是要在推动经济高质量发展、完善公共服务体系、优化营商环境上下更大的功夫,持续提高社会的治理水平。切实解决人们关注的就业、住房、教育、医疗、通勤等痛点难点,努力创造宜业、宜居、宜乐、宜游的良好环境,让人民群众有更多获得感、幸福感和安全感[138]。

6.3 上海"一网统管、一网通办"的实践经验

6.3.1 上海市"一网统管、一网通办"的实践

上海于2005年即开始对城市管理工作进行"网格化"的尝试。从2017年起,上海启动了"两张网"体系的顶层设计,并将其与智慧城市建设相结合,利用先进技术,推进城市管理手段、模式和理念的创新。2019年上海市提出"一屏看天下,一网管全城"的城市管理理念,并在此基础上进行了系统研究。同一年,习近平总书记在上海视察时就指出,要抓好"政务服务一网通办"及"城市运行一网统管"。在2020年上半年,上海市全面推开了"一网统管"的数字政府建设。上海构建"一网统管"平台,也是将大应急工作做实、做细、做精的过程,通过线上线下协同、高效地处理同一事件,以最低层次、最早的时间、最少的代价、最好的效果实现上海面对突发事件的大应急,为城市精细化管理提供了新的思路和方法。上海的"一网统管"系统已经整合了50多个部门、185个系统、1000多个应用,从市区到街镇,涵盖了经济、社会、城市三个层面。"一网统管"的含义就是要消除城市管理中的"盲区",打通不同部门间的数据壁垒,高效地整合治理资源,推动城市治理向智慧化、精细化方向发展。在此基础上,整合了各个部门之间的信息,以达到对城市运行状况的实时监控。一网统管的目标是:(1)实现"观、管、防同步",以数字化方式展现城市全景,依靠技术手段进行智能管理,充分发挥数据赋能、趋势研判、应急处置等作用;(2)夯实"云数网端"基础,推动"一网统管"业务数据、物联数据及地图数据的集中统一管理;(3)培育智慧应用"黑土地",包括在应急管理、生态环境、城市日常管理、智能化应用场景开发和社会面管控等方面的具体应用场景;(4)聚焦精准治理体系建设。

上海市构建的一网统管的架构为坚持分层处置和分级处置,采用"三级平台,五级应用"的架构:(1)"三级平台",即市、区、街镇三级城市运行管理中心统筹管理本级城运事项。市级平台建立完善全市重大事项的现场指挥处置功能。区级平台应该发挥枢纽、支撑功能。街镇平台抓实战,对城市治理具体问题及时妥善处置。(2)"五级应用",

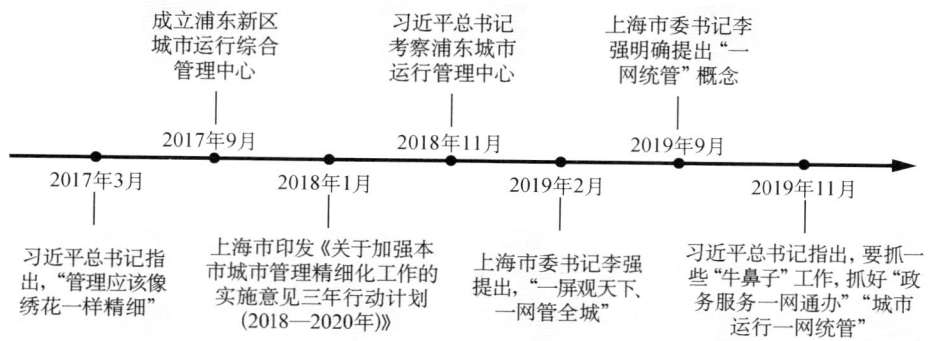

图 6-1 上海市"一网统管"发展历程[139]

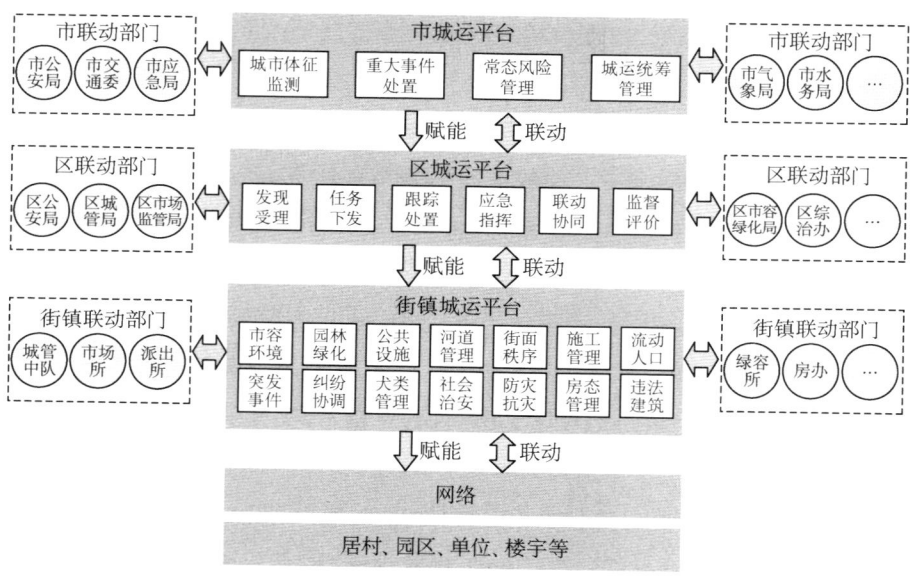

图 6-2 上海市"一网统管"三级城运平台体系架构图[139]

市、区、街镇、网格、社区(楼宇)五级要应用城运系统履行各自管理职能,共同保障城市安全。

上海市构建的一网统管的建设规划为:(1)基础设施建设,实现线上线下联动;(2)新建、提升、完善、整合业务系统,开发智能化的应用场景;(3)业务流程再造,不断加强提升数据汇聚的质量,进一步强化数据汇聚的效率;(4)注重汇聚社会力量,实现社会治理的公众参与。

上海市构建的一网统管的路径为基于"人民城市人民建,人民城市为人民"的城市建设理念,广泛动员社会力量积极参与"一网统管"工作,形成多元协同共治的格局。目前,上海的"一网统管"范围已经扩展到各市直机关、各相关部门以及部分区、街道、乡镇。这一体系是上海"城市大脑"的一个重要组成部分,从"城市动态""城市环境""城市交通""城市保障供应""城市基础设施"等5个维度,共86项一级指标,能够直观反映城市的宏观状况。

6.3.2 上海市"一网统管、一网通办"的问题

上海市城运中心"一网统管"的精细化城市管理创新"前无古人",没有可以直接借鉴的成熟模式,必须摸索出发展的有效途径。就城市管理来讲,要求如绣花般精细管理,同时也是"中国之治"的上海模式样板,但在快速发展的过程中,也不可避免面临一些困境。

第一,线上管理的业务边界不明确。在常规形态下,线下行政区划以明确的地理边界为界线,相应地各政府部门在线下也有明确的管理边界,并有明确的部门条块分工。然而,在智慧城市阶段,因为线上流程是扁平化的,所以,如何将线下垂直分割的管理方式联系到线上,这会面临一个重构的问题,即部门功能的调整重构和部门间的深度融合。

第二,还没有实现充分的信息共享与开放。当前,由于顶层设计、权力运作、激励和约束等方面的原因,在政府治理过程中存在着数据不能充分共享和开放的问题。在系统的顶层设计上,没有一个统一标准规范技术、数据和接口,造成了系统初期的互不兼容。此外,由于现有的关于数据共享与开放以及数据产权方面的法律法规尚不健全,数据的共享与开放也可能带来信息安全、社会舆论以及个人隐私等方面的问题。由于缺乏充分的激励机制,且存在环境风险,各部门很容易通过"理性计算"在各个部门之间设置数据保护的"壁垒"。

第三,对信息安全的管控方面存在着不确定性。在信息共享过程中,往往会出现信息安全的隐患,这是一个相辅相成的过程,但是,安全是共享的先决条件,信息安全不仅事关国家的安全,也事关每一个公民的利益,因此,上海市要实施"一网统管",必须在提高效率的同时,也要确保安全。

第四,城运中心机构发展不均衡。虽然"一网通办"和"一网统管"是上海实现城市

精细化管理的途径,但"两张网"只是表象,支撑起这"两张网"的机构改革、平台建设和业务流程优化等工作才是核心。推动"一网通办""一网统管"需要横向联动一体化、纵向贯通一体化、多元力量一体化,不仅要进行网络硬件软件建设,同时也需要线下实体机构的有力支撑。但是,市、区、镇各级城市交通运输中心的实体组织机构发展并不平衡:①当前,上海各个区镇都已建立了城市交通运输中心的实体组织机构,而上海市级城市交通运输中心还只是一个虚拟的组织机构,不能实现垂直整合。②区级城市运输中心是由各地区自行建立的,有些地区发展迅速,已经有了单独的办公室,并且已经有了几十名专业人员,有些地区发展缓慢,城市运输中心没有专用的办公室,而是设在当地公安局内部,同时专职工作人员仅有两三个人,其他人员由公安及其他部门人员兼职,在这样的情况下,城运中心所能发挥的作用有限,甚至会增加公安部门的工作量。

6.3.3　上海市"一网统管、一网通办"的对策

针对这些难点问题,为提升上海市城市治理能力提出对策。第一,强化法律保障,增强制度体系的顶层设计。上海应以全局为中心,加强顶层设计,加快数据公开和信息安全等方面的法律建立和完善,并在此基础上做好整体规划,逐步推进"一网统管"深化工作。探索并加快推动政府数据开放和隐私保护,以及网络安全方面的大数据立法,对于阻碍数据共享和开放利用的法律法规进行清理修订等,促进政务信息资源的共享开放和利用等相关的法律法规的构建和完善,明确政府部门之间数据共享和开放的方式、范围和限度,并对各部门在政务数据的管理及共享、开放方面的责任和权利作出明确的规定,使城市的数据资源能够得到有效的利用。第二,推动体制改革,加强城市协同治理。上海是一个超大型城市,人口结构更加复杂,因此,城市精细化管理需要系统思考,加强系统协调,通过全程管理来提高城市的管理水平。要实现"一网统管",实现"高效处置一件事",就必须进一步加强部门功能的整合,加强城市管理的各个环节之间的密切配合。在现有数据管理体制的基础上,对数据管理职能进行更深层次的整合梳理,按照"大局观""统筹协调""可持续"的思路,把事项标准做好,把责任清单做实,把考核绩效做强,加强深入优化各部门之间的协作机制,进一步把基层减负工作和增加实战效益工作落到实处,强化市、区、镇、居村的紧密联系,形成高效、互联的一体化管理系统,突破层级壁垒,加强互联互通,为自上而下的指挥决策和自下而上的执行上报提供有力支持。

6.4 杭州"城市大脑"的实践经验

6.4.1 杭州"城市大脑"的实践

杭州城市大脑持续迭代扩容,更多新思路不断涌现,刷新了市民对智慧城市的认知,也为治堵、治城、治疫带来了肉眼可见的效益。"亲清在线"平台上线兑付政策共340条,兑付资金94亿元,惠及企业31.6万家、员工84.7万人。2022年春节发放1 000元留杭红包,4天发放8亿元。"民生直达"平台实现民生资金兑付"一个都不少、一天都不差、幸福秒到账"。联手多个部门,推出多项便民举措。"先离场后付费"共接入3 517个停车场库,服务3 800余万人次,泊位指数从1.6提高到1.9,相当于多出23万个车位。杭州有373家停车场库实现无杆停车。"先看病后付费"在全市302家医疗机构实现全覆盖,平均使用率99%,履约金额25.7亿元。"30秒入住"覆盖649家酒店,"20秒入园"覆盖206个景区和场馆。城市大脑为游客们解决了排队、等候等出行痛点,让游客在杭停留时间不变的情况下平均"多游一小时",据测算,这将让城市增收100亿元。在城市大脑支撑下,众多行政窗口实现"撤窗"。全市15个区县(市)共减少窗口1 119个。目前杭州城市大脑已建成市级、部门、区县(市)、街道多层级数字驾驶舱,初步形成"数字驾驶舱产品矩阵",为杭州市委市政府精准决策提供了有力支持。

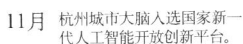

图6-3 杭州"城市大脑"发展历程(部分)[140]

伴随着城市大脑的不断"进化",相关立法建制也在同步谋划推进,以制度固化优势、创造效能。2020年6月,杭州市委通过《关于做强做优城市大脑打造全国新型智慧城市建设"重要窗口"的决定》，提出到 2035 年，城市大脑深度融入市民群众日常生产生活，同数字赋能城市治理相适应的体制机制全面确立，城市大脑成为杭州城市治理体系和治理能力现代化的鲜明标识。同年 10 月，杭州市人大常委会表决通过《杭州城市大脑赋能城市治理促进条例》，这是全国城市大脑领域的首部地方性法规，已于 2021 年 3 月 1 日起正式施行，为杭州全力打造"数字治理第一城"提供立法和规划保障。受到普遍关注的是，作为一部创制性立法，条例中提出了不少鼓励条款，鼓励企业、行业协会、社会团体、科研机构等组织和个人参与城市大脑标准化工作，意味着人人都可参与城市大脑的建设扩容。看得见的效能，激发出各行各业与城市大脑链接的热情与动力。杭州市公交集团就从公交调度入手，借助城市大脑上线了云调度系统，集合杭州数字交通数据和商业地图公司、交通部门等单位数据搭建测算模型，让杭州的公交进站预报精确到了分钟。下城区天水街道则在武林商圈首次打通城市大脑停车系统和商场会员体系，让不同商场的停车优惠券相互通用，周边停车场通停通付。城市大脑让城市治理更加"聪明"、让市民生活更加便利，更以数字赋能众多新业态、新技术、新模式，诸如互联网医疗、线上教学、虚拟产业园和产业集群、"无人经济"等新型数字经济正在急速涌现，催生行业深度变革。2021 年 1 月 8 日，面向普通用户的"杭州城市大脑数字界面"正式亮相，集成应用场景共 38 个、可办事项 383 项，只要下载一个 App，就等于将城市大脑打包装进手机，这无疑是城市大脑进化史上的又一里程碑。从治堵到治城、治疫，再到让市民可用可得，杭州城市大脑这些年迅猛迭代嬗变，其功能逐渐覆盖城市生活的方方面面。城市大脑之所以能在杭州开花结果，是益于各级党委、政府大力推动，部门间开放协同、打破壁垒，企业、民间组织等各方力量通力协作、不断碰撞磨合，从城市治理的痛点、百姓需求的难点出发不断发现问题、解决问题，倒逼政府自我改革、流程再造。

6.4.2 杭州"城市大脑"的经验

城市大脑的构想发端于治堵。2014 年，杭州交通拥堵程度全国排名第 2 位。为了从技术角度解决城市拥堵，杭州城市大脑总架构师、中国工程院院士王坚在 2016 年 9 月提出了建设城市大脑的设想。城市大脑最初的交通模块，基于道路监控、红绿灯等设施每天产生的海量数据计算出实时的交通优化方案，通过智能调节红绿灯时间，提升道路车辆通行速度。两年后，杭州交通拥堵排名下降到全国第 35 位。看到了城市大脑"治堵"的威力，2018 年，杭州尝试将其功能延伸至城管、卫健、旅游、环保等领域，从"治堵"向"治城"转变。当时,杭州城市治理的数据散落在各个政府部门独立的信息系统里,相互不通,有的数据甚至在企业手中。只有打通数据壁垒,才能让城市大脑更"聪明",杭州对此高度重视,于2018年10月29日启动城市大脑百日攻坚行动。时任浙江省委常委、杭州市委书记挂帅,杭州市数据资源管理局、公安局等多部门单位及区县组成的17个专班、100多位常驻人员搬进云栖小镇,力争用100天创造出城市大脑综合版。同时,来自浙数文化、新华三、数梦工厂、华数等企业的近百名技术骨干也加入专班,配合政府部门解决技术痛点。就这样,政府负责业务,企业负责技术,云栖工程院专家负责牵引城市大脑架构,三方合力攻坚。2018年12月29日,杭州城市大脑综合版发布,打通的不仅是数据,还有部门、层级、城乡、理念的隔阂。

杭州城市大脑能够具备"慧心慧眼",一套灵活高效精准的治理机制也是关键。在市级层次上,组建了以市委书记为核心的"杭州城市大脑"建设领导小组,6名市级领导任副组长,1名副市长任总组长,各县区、各部门的主要负责人也都是组长。同时,以各项目为单位,组建云栖小镇的工作小组,进行统一的集中办公。为该团队提供办公场地,后勤服务,设备设施和云计算资源的统一保障。另外,杭州还制定了一套统一的考核推进机制,由市考评办公室、市数据资源局等部门共同向15个区县(市)、101个部门发放了工作清单,并将这些清单纳入年终考核中。按每周一次的频率向市政府汇报"城市大脑"的工作进度。杭州城市大脑建设一开始就考虑市场化运营。杭州城市大脑有限公司是杭州市委市政府主导设立的国有控股混合所有制企业,是国内首家专注于城市大脑建设和运营的科技企业,2019年4月正式成立。公司由杭州资本与浙数文化、银杏谷资本合资成立。下一步将继续提速扩面,助力数字湾区、长三角一体化及更大范围的推广。近年来,参与杭州城市大脑运作的企业、政府各层级、各部门高度协同,针对问题和需求进行精准灵活地进行流程再造,让城市大脑越来越聪明。

2021年1月,杭州市提出了全面提升城市大脑建设水平和实际成效的5个"关键词",除了要有"全域感知、深度思考、快速行动、确保安全"的"硬实力",还要有"知冷知暖"的"软关怀"。杭州城市大脑的建设发展过程,一直是个发现问题、解决问题、反思受益的过程。城市大脑建设,第一步是"返璞归真"抓数据。城市大脑的出现,让过去部门各自为政推进信息化建设的种种弊端显现。比如,真正想要的数据手上没有,已有的数据存在质量问题,外面的数据是加工过的。需要进一步进行数据溯源,在掌握第一手数据的基础上完善算法。第二步是"互通互连"抓协同。城市大脑的场景是需要多个部门协同的复杂应用,必须遵循系统互通、数据协同。第三步是"以用促建"抓实效。城市大脑以便民、利企为目的,能为城市治理和百姓生活提供服务,未来还需要以人民为中心,落地更多实用场景,能提升市民的安全感、幸福感和获得感。用他的话来说,杭州城市大脑还需要不断"思考"、不断"进化"[141]。

6.5 伦敦"一案多治"的实践经验

为更好地应对气候变化,伦敦市在2001年成立了"伦敦气候变化合作小组",该小组由30余家政府、规划、财政、卫生、环境管理、气候研究、媒体等部门组成,并以课题、论坛等方式搭建了一个学术交流、信息交流的网络,吸引了200余家相关部门的广泛参与,为该小组的科学决策提供了有力的支持。2008年,伦敦市政府公布了《伦敦气候变化适应战略—总结报告草案》,并在2011年正式公布的《气候变化适应战略—管理风险和增强韧性》中,对伦敦的气候变化影响进行了系统的评价,并提出了具体的适应措施,旨在改善城市应对极端天气事件的能力,改善居民的生活品质。在此基础上,基于对气候变化的系统分析,从"预防""准备""应对""恢复"四个方面入手,从"经济""环境""健康""基础设施"四个角度出发,提出应对策略。

这一方案包含了"伦敦气候变化企业合作机制"的构建、《英国气候影响计划》的发布等内容,其中包含了以公众利益为目标、不一定由政府主导、多主体合作等内容。而综合整治则是把各种灾害的处理方法集合起来,利用各个部门的技术优势,实现"一案多治",其本质是协同治理。伦敦的韧性建设方案整合了政府、企业、媒体等多方力量,提升了政府决策的科学性与可操作性,并针对洪涝、干旱、高温等灾害,提出了一套综合韧性方案,这是一套以综合治理为基础的韧性建设方案。根据这一战略,过去的十多年间伦敦已经布局了世界一流的多机构应急基础设施,并针对适应气候变化和其他环境问题开展了一系列行动,包括设置世界上第一个24小时超低排放区,将伦敦规划为世界上第一个国家公园城市等。然而,作为一个全球城市,伦敦不仅面临着气候变化造成的自然灾害,还面临着不断变化的外部条件对城市的良好增长愿景带来的挑战。因此,2020年2月伦敦公布了首份完整的韧性战略,提出为实现城市的可持续发展,应系统性地提高城市的韧性。相比之前的行动计划,该战略不仅考虑了突发灾害的应对,也考虑了更加广泛和长期的城市抗风险能力,并思考如何应对这些风险以及如何使城市和市民做好准备。伦敦把适应气候变化行动分为四个层次:预防(Prevent)、准备(Prepare)、响应(Respond)和恢复(Recover),简称为"P2R2框架"。伦敦适应战略强调动态性和灵活性,在适应规划中强调未来气候变化和城市发展过程中的不确定性问题。伦敦适应战略重点关注三类气候风险,即洪水、高温和干旱;在系统评估气候变化影响的基础上,适应战略针对受气候变化影响最大的四个关键领域:经济、环境、健康和基础设施领域,分别提出了具体的行动计划;并制定了政策跟踪与评估机制,及时跟踪监测适应工作的进展和效果。

城市韧性框架(CRF)于2013年由洛克菲勒基金会在所启动的全球100韧性城市项目(100 Resilient City Project)中提出。该项目在全球选择100个城市进行实践探索,通过对世界各地城市经验的广泛研究和评估,总结出城市韧性框架包括健康和福祉(Health & Wellbeing)、经济和社会(Economy & Society)、基础设施和环境(Infrastructure & Environment)、领导力和战略(Leadership & Strategy)4个维度,涵盖提高城市在逆境中的生存、适应和发展能力的12个主要目标:(1)满足基本需求;(2)支持民生和就业;(3)确保公共卫生服务;(4)促进社区凝聚力和参与性;(5)确保社会稳定、安全和公正;(6)促进经济繁荣;(7)加强并提供保护性的自然和人工资产;(8)确保关键服务的连续性;(9)提供可靠的通信和交通服务;(10)提升领导力和有效的管理机制;(11)赋予更广泛的相关者参与管理权;(12)促进长期和综合性的规划。其下还包括52个绩效指标和156个二级指标,用于评估重点专项领域。2020年3月,大伦敦市政府基于城市韧性框架(CRF)对包括大伦敦规划(草案)、环境战略、交通战略、职业技能战略、社会融合战略等9个市级重要战略进行了分析评估,作为对伦敦城市韧性战略编制的支撑。其中,大伦敦规划(草案)覆盖了大部分韧性目标,未覆盖的部分则通过如环境战略、交通战略等市级战略和其他政府工作计划解决,如技能、社会融合和平等、多样性和包容性战略。这些市级战略和政府部门的计划都在相关韧性领域起到了一定的作用。该评估结果表明,目前的城市政策已全面覆盖建设城市韧性框架的健康和福利、经济和社会、基础设施和环境四个维度,伦敦韧性战略的编制可以进一步通过跨部门、跨领域的规划策略来增强城市的韧性。

伦敦韧性战略认为"韧性城市"应包括包容、整合、适应、反思、随机应变、稳健、余量

图 6-4　洛克菲勒基金会和奥雅纳（ARUP）制定的城市韧性框架示意图[142]

7 个方面。其中,"包容"指的是基于利益相关方的广泛咨询和参与;"整合"指的是建立系统、学科和机构之间的联系最大化战略,从而带来更多收益;"适应"指的是灵活的设计和意愿,并提供可应对多场景的替代方案;"反思"指的是吸取过去的经验,为未来的决策提供依据;"随机应变"指的是考虑替代方法以利用现有资源实现目标;"稳健"指的是设计良好、经久耐用,通过建设和管理方式减少失效的风险;"余量"指的是内置余量应对可能的灾害造成的城市崩溃。

伦敦韧性战略认为只有识别城市面临的主要冲击（Majors Hocks）和长期压力（Chronic Stresses）,才能制定相关的行动计划。冲击指的是扰乱城市的突发事件,可能产生广泛的、意想不到的影响,而压力则指的是削弱城市结构的慢性问题,最终可能导致重大冲击。该战略通过征询各方意见、对相关数据进行分析、使用城市韧性框架工具,并结合伦敦风险登记册（London Risk Register, LRR）的内容,识别出伦敦目前面临的冲击和压力。2021 年伦敦韧性论坛发布伦敦风险登记册,采用 2019 年国家安全风险

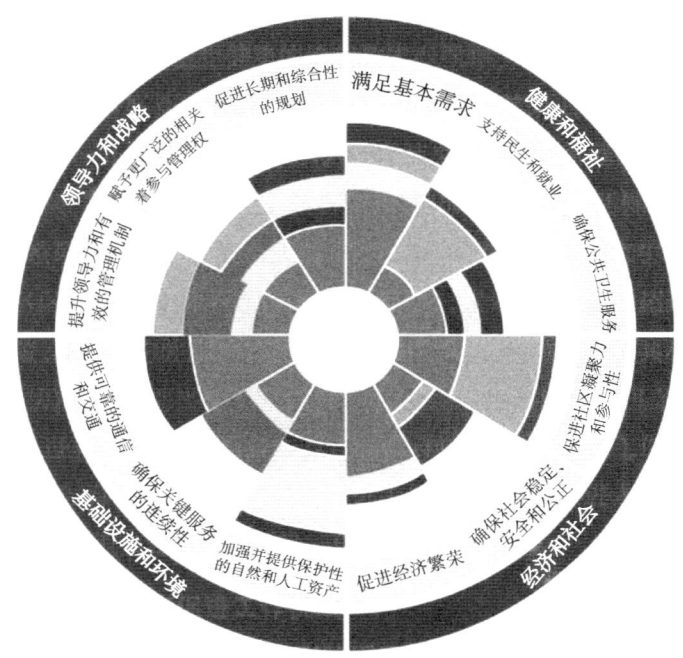

图 6-5　伦敦各类战略和工作对城市韧性的系统性贡献[142]

评估(NSRA)中的安全风险,通过背景分析、灾害识别和定位评估、风险分析、风险应对方法、监测和回顾六个步骤对伦敦的主要风险进行评估和识别。按照风险的相关性对风险等级进行主题分组,包括事故和系统故障、人类和动物疾病、社会风险、自然危害、网络攻击和恐怖主义威胁等主题,并按照风险由高到低的顺序进行排列。风险登记册包含了风险的识别码、风险等级、主题分类、描述、发生可能性、影响等级、缓解和控制的计划、最后下一次回顾的日期、评估后发生的改变等。其中,风险发生的可能性分为低、中等低、中等、中等高、高5个等级,分别对应1—5分;影响等级则通过福利、行动上的影响、经济、关键性服务、环境、安全等指标进行综合打分,由低至高分为1—5分。值得注意的是,目前识别的风险是基于2年的评估周期,在完成当前的评估周期后,伦敦风险咨询小组将根据届时的情况调整伦敦风险登记册的内容。冲击包括干旱、恐怖袭击、洪水、极端天气、网络攻击、基础设施失灵、传染病等。该战略认为伦敦面临的主要冲击是由气候变化带来的。气候变化正在导致越来越频繁的极端天气事件,如热浪和风暴,以及它们导致的洪水和干旱等影响。由于穿越伦敦的泰晤士河是一条潮汐河,对未来海平面上升很敏感,需要一个复杂的屏障系统和其他措施来管理潮汐和防止水灾。而且,降雨量的减少也向伦敦发出更加频繁的干旱预警。近年发生的夏季热浪也给基础设施带来了压力,交通、电力和电信基础设施更有可能停止工作,基础设施的失灵也使得市民更难及时获得帮助[142]。

6.6 超大规模城市精细化治理的未来发展方向

超大规模城市有明显的创新方面的优势。城市的规模和多中心的网络密度,再加上城市人口的高质量和异质性,让人与人之间的交流变得更为方便,这对好点子的产生、传播和推广是非常有益的。从我国城市管理实践中可以看出,创新所需要的条件,正是与传统的以组织划分界线、以压制方式进行管理的城市管理战略相悖的。多中心的网络密度和城市人群的异质性,使得人们有了更大的自由选择余地和相互交往的可能性。创新的实质就是一种背离传统的行为,创新所能获得的利益,也正是背离传统所获得的利益,更确切地说,创新的好处,就在于这种背离在高度密集的网络中,被快速放大后所产生的规模利益。要想实现这一目标,首先必须要给个人提供更多的选择余地与相互交往的可能性,然而这正是传统的"以警为本"的城市治理模式和压制式的法律统治竭尽全力想要避免的。因为,一旦发生偏差,就会挑战现有的秩序,引发新的风险。这也是为何人们常将创新称为"创造性颠覆"。随着城市人口规模的增大,其异质性增强,个性化的选择空间与选择能力增强,各类网络更加紧密,使得其在总体上更有可能聚集更多的创新或偏差,并将其迅速转化为规模效应,进而在国际竞争中形成创新优势。但是,在同一时间,偏差并不一定代表着回报的增加,它可能代表着更多的风险,更多的流动性,更多的不确定性。实际上,在中国超大规模城市的治理实践中,我们也发现了一些"左右为难"的问题:旧的处理方式失去作用,或者旧的处理方式依然有效,但是产生了很多副作用,从而使得城市治理成本增高。像是北上广深这样的大城市,多次采取一些严格的政策来抑制房价,但最终的结果往往是,在很短的一段时间里,房价上涨得更高。从根本上说,这就是对超大型复杂体系的治理问题。"去复杂性"的简单化思想已不能再作为新型城市秩序治理的基本原则与理念。对新型超大城市的治理,应转变为一种"复合型社会"的复合型治理思想。20世纪新出现的复杂科学理论对这一问题的解决具有重大启示意义。尽管把社会看成一个复杂的体系,但是,不管是古希腊的柏拉图,还是近代的笛卡尔、霍布斯等人,都从整体与部分两个体系出发,对自然与社会体系进行了深入的研究。这种社会体系的观点,明显地与传统城市治理的组织化思想高度契合,即把整体的复杂体系治理分解为部分,再对各个部分进行治理。在认识论看来,它是一种还原论的系统观,即:"如果你理解了整体的各个部分,以及把这些部分整合起来的'机制',你就能理解这个整体。"从本质上讲,面对超大城市的各种挑战,最终都可以归结为个性化的秩序建构。

社会个体化倾向是一种具有普遍性的现代性体验,并不只是中国社会特有的一种新现象。霍布斯从 17 世纪就提出了"自然状态"这一概念,指出了社会个体化对社会秩序所产生的潜在影响。19 世纪,梅因提出了"从身份到契约"这一命题,以此来表达整个社会持续地走向个性化的倾向。近代以来,西方政治哲学与社会学的发展,都是基于对个体化社会趋向的认识与把握。20 世纪后半叶,由于福利国家的出现,个体化的趋势更加明显。尽管中西方城市个体化的原因不尽相同,但其结构和治理问题却有着相似之处。因此,借鉴外国城市管理的成功经验,可以为中国的特大城市管理提供有益的启示。

社会个体化是指个人自由选择的可能性增加,也就是个人与他人之间的偏差增加。偏差也是创新之源。因而,将全局拆分为部分,再以部分重组为手段,对个人的选择性进行约束与调控的组织化治理理念已不合时宜。当个人的选择要得到尊重,个人的偏差也要得到最大程度的宽容,并在不同的网络中加以放大、加强时,超大城市的治理必然要另辟蹊径。一个崇尚创造的社会,必然要面对社会个体化这一现实,也必然要面对"复杂行为如何从简单个体的大规模组合中出现"这一问题。也就是说,尽管复杂体系治理不一定会产生创新,但要使创新最大化,就必须尊重个人的自主选择与自由行为,以及由此而产生的巨大的复杂网络,正是这种网络将各类微小的创新(偏差)进行放大与强化,从而产生规模效益。这不仅说明,传统的组织思维已经失效,而且,治理的重心也要从对组织的个人控制,转向对复杂体系运行逻辑的更为抽象和宏观的观察、分析、研究的层面。与传统的城市治理模式相比,法律可以起到加法作用,但也能起到减法作用,因为法律可以发挥更有针对性的功能。之所以说法律可以起到加法作用,这是由于在传统的城市治理模式下,法律的治理本质上是一种压制性的刑事法律治理。但是在一个功能分化的社会里,镇压性刑事法律常常只是一个备用的工具,实际上,最先起到治理效果的是宪法、行政法以及各类民商事法。一方面,因为在一个功能分化的超大城市社会中,社会个体化是其秩序的核心,因此,如何保证个人的自由选择空间与能力,对于其秩序与繁荣至关重要。在这一点上,在超大型城市中,以宪法赋予的各项基本权利来保障个人的各项基本权利,对于实现社会职能的分化尤为重要。另一方面,个人选择,特别是偏差选择的空间和可能性,以及当个人做出某种偏差选择后,如何在密集的网络中快速地将其放大,从而产生规模效应,进而产生效益,是影响创新成功与否的重要因素。在这种情况下,民法、公司法、证券法等各类民法法规所提供的各类法律工具,给每个人带来了更多的选择和可能,与此同时,通过公司制度、股票、证券等制度,使这种选择所带来的创新能力被迅速地放大和加强,从而带来创新的效果。但是另一方面,在一个职能划分的超大城市里,各个功能子系统对经济系统、教育系统、公共卫生系统等的各个运作上是封闭的,认知上是开放的,法律体系也是其存在的环境,因此以法律为基础的社会治理并非万能的,也是有条件的。在一个有组织的环境下,有许多可能的选择,有可能带来收益,也有可能产生危险或意外的结果。

所以,法律制度对于超大城市的治理,其目的并不是为了实现或保护某些特定的利益,而是为了通过合法性的判断,为全社会中的所有个体提供一个稳定的行为预期。从个人行为的角度来看,它实际上是给个人行为提供了一套完整的行为框架,以维持其在动态中的稳定性。这一系列的行动纲领的中心,在于保证个人最基本、最根本的选择自由。在这一系列由法律规定的行为架构下,超大城市的个人经过自身的选择与调教,形成了一系列的自治秩序。这种自我治理秩序之所以具有动态性,在于其给予并保证了个人多种选择的权力和可能,因此也就容许了各种偏离和创新的可能。但同样,它又是有序的,因为,它给不同的选择设定了一定的正当性,因此那些选择与背离,仍然会在一个整体的构架中进行。基于此,超大城市在不同职能下的治理,在秩序和创新之间达到了一种平衡。

第7章　城市基层社区精细化治理的策略与实践

一个国家治理体系和治理能力的现代化水平很大程度上体现在基层。社区作为城市治理的基层单位,在整个社会治理系统中占有举足轻重的地位。在城市行政单元中,社区是最基本的社会组织,它能把社会上的居民有效地聚集起来,把他们的利益捆绑在一起。作为一个行政机构,城市基层社区在最大限度地满足社会各阶层的利益要求方面,具有很强的行政协调功能。与此同时,作为城市治理中最小单位的城市基层社区,在维持城市秩序和促进城市发展中发挥着重要的作用。在我国,实施城市基层社区管理制度,是维持社会稳定与发展的根本途径。作为一个小的社会单位,基层社区的建设不仅能提高民众对社区的认知水平,而且能大大提高社区的管理效能,保障居民的权利。近年来,随着我国城市建设的迅猛发展,我国的基层社区治理方式也得到了进一步的改进和调整,使其更好地适应了城市发展的需要,从而促进了城市的管理水平的提高[143]。2021年4月,《中共中央 国务院关于加强基层治理体系和治理能力现代化建设的意见》指出:"统筹推进乡镇(街道)和城乡社区治理,是实现国家治理体系和治理能力现代化的基础工程。"城乡社区管理关系到党和国家的重大决策部署,关系到广大人民群众的切身利益,关系到城乡基层社会的和谐与稳定。要把基层治理作为一项基本的工作,把重点放在提高城乡社会治理的现代化上,从而推动我国社会治理体系与能力的现代化。基层社区是社会问题集中的场所,也是矛盾积聚的场所。近年来,随着我国经济社会的飞速发展,科学技术的飞速更新,城市基层治理变得更加复杂、困难。唯有以高效能治理为目标,才能真正激活并释放基层活力,提升治理水平的同时推动高质量发展。

自20世纪90年代以来,中国经历了包括住房制度改革在内的一系列社会、经济转型,城市社区的利益关系、权利冲突以及管治模式都经历了深刻的变迁。社区建设的发展,既包括基层政权的建立,也包括基层社会的发展。一方面,伴随着社区建设的持续发展,市场与公民社会的力量获得了更多的制度空间,并且已经开始形成自己的资源获取、机制获取与利益表达的方式与方法;另一方面,通过社区的建设,政府的工作重心也在不断地下移,从而强化了基层政权的建设。在这两种力量的共同作用下,近年来,城市基层社区已经发生了改变,其中最典型的有以下两点:一是作为一个满足市民生活、居住需求的实体,社区的资源供给系统变得越来越复杂。各级政府、市场以及林林总总的社区自组织都成为了社区社会资源的供给方;二是社区层面的公共事务越来越依赖一种由多个相关组织共同参与决策和执行的体系。多组织并存已然成为城市社区建设的新常态。这些变化都意味着政府曾经作为单一主体的集权管理模式正逐渐向一个多元参与的治理模式演进。

当前,我国城市基层管理主要有三个主体,即"三驾马车":基层政府及其代表机构、提供公共服务的物业企业,以及代表居民权益的业主委员会。在社区的基层治理中,存在着两大核心问题,也就是社区公共服务的供给和社区公共参与的提升。在此过程中,侧重于思想工作的居委会、侧重于技术工作的物业以及侧重于独立自治的业主委员会这三个方面,往往因为缺少统筹协调和监督管理机制而难以形成合力。最近几年,经过不断地实践和探索,已经发展出了一系列行之有效的互动协商平台,如居民议事会、社区公益基金会、社区互助会、社区居民议事委员会等,这些都在持续地促进了城市基层治理制度的完善,对社区治理模式进行了创新和改善,并将社区治理中出现的现实问题也一并解决。在城市基层治理系统中,协商平台起到了一种"三方"之间的双向作用,它让不同利益相关者之间能够进行平等的协商和对话,从而在满足自身需求的前提下,形成一定的共识,并形成一种共同的行为准则(图 7-1)。

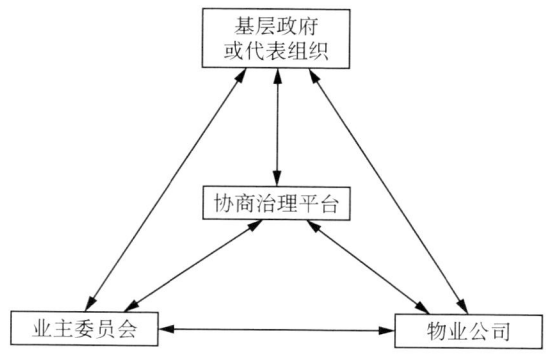

图 7-1 城市社区基层治理主体关系[144]

目前,城市基层社区治理的基本模式主要分为三类:第一类是以政府为主导的方式。这种方式是指基层社区治理以党和政府为中心,在其直接领导下进行。这种社区治理模式最大的特点就是政府具有较强的领导力,但同时还必须要有居民的主动参与,只有达到二者之间的默契合作,才能使社区治理成为可能。在实施社区治理中,除了要得到当地政府的大力支持外,还必须有相应的领导团队,具有一定的思想和能力。当然,这种由政府主导的方式也有其不足之处,其中最重要的一点,就是政府的权力过大,这就很容易造成居民的参与度不高,居民经常会处在比较被动的地位,很难站在居民的立场上来进行社区治理。第二类是以市场为导向的方式。这种方式是近年来兴起的一种新型的社区治理方式。比如,商品房的普及,为物业公司的发展创造了有利条件。在对其进行治理的过程中,单纯依靠物业公司难以实现其整体的和谐,这时就出现了以市场为导向的模式。要实现市场导向模式的成功,还需要其他因素的支持。然而,若物业企业不采取任何行动,仅仅依靠市场引导的方式对社区进行管理,则可能出现"市场失灵"的危险。第三类是"社会自治"。在我国,社会发展相对落后一直是一个客观存在的事实,因此社会自治作为一种新型的城市基层社区治理模式,在实践中也遇到了极大的困难,鲜有成功案例。这是因为,社区自治既需要组织者有良好的组织管理能力,也需要得到多数居民的认可。另外,在城市管理的过程中,也不可避免地存在着各种利益冲突,这些都不利于城市社会的稳定发展。

7.1 城市基层社区治理的需求与难点、痛点

7.1.1 我国城市基层社区治理的需求

近几年来,基层政府的管理方式和方法在不断地创新,政府的管理体制在不断地健全,政府的管理水平在不断地提升,政府的管理水平也在不断地提升,这为我国的经济和社会的发展提供了有力的支持。随之而来的是社会管理的数字化和智能化程度的明显提高。据统计,在2020年,各级政府共发布了22份关于政务数据管理的政策文件,572个与政务数据管理有关的平台与系统,以及与之相关的建设与服务,共投资了近30亿元人民币。但是,如何实现城市基层治理的高质量发展已成为当务之急。

倒逼中国城市基层治理寻求高质量发展的主要问题有两点:第一,中国财政支撑经济社会发展的压力已非常大。财政部数据显示,2021年全国一般公共预算收入20.25万亿元,与2019年相比,财政收入增长6.4%,两年平均增长3.1%,增幅低于GDP增长(两年平均5.2%)。据此,中国城市基层治理探寻低成本、可持续、高效能的发展路径迫在眉睫。第二,看似超稳定的结构其实更脆弱。具有三角形稳定性的"三驾

马车"在日常基层治理工作中,即使主体缺失也能游刃有余,真正发挥主体作用的物业、居委或是业委会,往往主动或被动地承担了其他主体的职责。但面对与日俱增的不确定性,当突发事件或风险到来,各主体之间因职责不清、界线不明以及主动或被动的缺位,会使得整个组织系统因缺乏韧性导致其应激能力不足。

7.1.2 我国城市基层社区治理的难点、痛点

近年来,中国城市基层治理在有效防范化解各类风险挑战,尤其是在统筹推进新冠肺炎疫情常态化防控方面,取得了显著成效的同时,也出现了诸多矛盾与冲突,压缩了居民自治、社区共治的职责空间,引发了基层对国家意志解读的偏差或偏差,制约了中国城市基层治理的效率与韧性。究其原因,主要有以下三点:

第一,高度依赖于政府,造成了事实上的基层管理主体的单一化。当前,除"三驾马车"外,中国城市基层治理中存在着一大批以多元主体为目标的社会组织,然而,在现实生活中,这些组织的资源供给结构相对单一,对政府资源的依赖性较强,并承担了一部分由政府赋予的公共服务功能。在北京和上海两个地方,虽然在资助方面存在着较大的差异,但是资金来源比较相同。《北京蓝皮书:北京社会治理发展报告(2020—2021)》中指出,在所有组织机构中,有将近95%的主要融资来源是政府采购,仅有不到3%的主要融资渠道是以基金会资助、个人捐赠和收取服务费。这些组织机构因对其他社会资源挖掘不充分,致使它们在自主开发供给潜在的社会需求和服务方面缺乏主观能动性,只被看作是基层政府的帮手。对政府资源的过分依赖使得基层治理看似百花齐放,实则主体单一。社区建设的"空转"状态频现,共治难以达成且性价比趋低。在上海市基层治理的快速发展中,"十三五"期间实际财政支出增加了近1.5倍。据《北京蓝皮书:北京社会治理发展报告(2020—2021)》,2020年度北京市社会建设和民政事业资金支出总计171.28亿元,其中财政性资金支出125.26亿元。

第二,过于依赖技术,造成了基层政府的精准程度不足。近年来,精细化管理成为国家治理现代化的主要策略,随着精细化管理的深入,在社会治理特别是基层治理中,对秩序、确定性的渴求,盲目地追求"数据治国""指标治理"等理念,导致人们在"技术决定论"的框架下,越来越倾向于"技术决定论"。中国政府采购网的招投标信息显示,2020年政务数据相关建设和服务项目累计投入金额前三的地区分别为浙江省(55 735.02万元)、天津市(27 116.62万元)、山东省(19 926.00万元),紧随其后的分别

是北京、内蒙古、西藏、广东、上海、广西、重庆。技术可以赋能基层治理,但过度依赖会使得供需错配严重,服务精准度大打折扣。基层工作中事无巨细且内容繁复,信息化、智能化设备的引进是为了解放人力,提高工作效率。但大数据等技术的嵌入让基层工作者愈发关注信息系统内部信息和反馈,忽视甚至无视系统之外鲜活的居民。加之新技术齐齐并发,管治引导工作又相对滞后,使得社区服务者和社区居民之间的"双向奔赴"无法实现。基层工作者根据系统分析结论提供的服务,居民往往并不买账,好心办坏事的局面也时有发生。

第三,对职业认同度较低导致基层治理人才缺乏。基层社区工作者直面社区居民,对于社会稳定发挥着非常关键且持续的作用。他们在基层治理工作中扮演着资源链接中间人、问题协商调停员和活动组织协助员等重要角色。另外,近年来,随着城市化进程的加快,所需处理的事情越来越多,这就给社区工作带来了不同程度的压力。而且社区基层治理的对象范围不断加大,使得社区工作量严重增加。但是,从目前的社区工作状况来看,工作人员的职业定位不明确,工资水平普遍较低,再加上没有完善的工资保障体系和工资增长机制,导致社区工作人员的不稳定甚至大量流失。同时,随着工作任务的日益繁重,工作人员的工作热情也受到了极大的影响,对城市基层社区管理工作的顺利开展产生了很大的打击。因为当前基层社区党群职能交叉、任务重叠现象严重,日常工作内容庞杂繁复,任务重节奏快,加之各类人员编制挂靠,各项福利待遇不高,导致基层社区工作者的社会地位偏低且自我认同感欠佳。长此以往,基层工作者往往容易自我看轻和自我否定,在循环往复的日常工作中忘却了社会治理创新和探索的初衷,意志逐渐被消磨,进而导致基层工作人员流动过于频繁、人才缺乏严重。上海市区不少居委会近年来人员流动率高于30%,考取社工证后的年轻人流失率更高。这极不利于基层服务工作的开展,也不利于社区工作者队伍专业化、职业化的发展,严重干扰了基层治理的供给秩序,给基层社区服务及基层社会维稳工作带来了阻碍[144]。

我国目前城市基层社区精细化治理存在的短板还有:

第一,社区居民委员会缺乏自我治理的能力。从法律上讲,社区居委会是一种居民自治的组织,但是,在现实生活中,为了适应社会发展的需要,它也在不断地担负起自己的职责。此外,由于政府和相关部门对社区的角色定位不明确,相关职能部门常常给社区安排一些行政性的工作。同时在企业中,大部分的社会事务都是由社区管理,这使得社区的工作负担很重,而且社区的资料、台账、各类活动、证明盖章等事项也十分繁杂,社区要耗费大量的时间和精力,导致社区没有足够的时间来完成基层群众自治组织所应做的工作。此外,面对众多复杂的工作,社区工作者难以持续稳定地支持、满足居民的需求。

第二,对社会团体责任的界定不明确。在城市基层社区治理中,涉及的部门和人员很多,但各部门之间的职责分工并不明确,彼此之间的关系也没有理顺。这种无序的状态,不仅难以促进城市基层社区治理工作的有序进行,还会造成社区治理中的诸多新问题。此外,在社区治理中,工作的内容更多的是搞活动、下命令、定指标,并且更多地关注于事后的管理,很难对事件的全过程进行有效的管理,从而对许多问题的发生做出有效的预防措施和方案。

第三,社会协同治理的网络发育不平衡。城市基层社区组织是由区、街、社三级垂直的社区组织构成的,同时社区组织的人员配备也呈现出"上大下小"的特点,形成了较强的封闭、行政化等特点。然而,在基层社区治理中,必须以开放性、基础性的原则为中心,这样的社区组织结构脱离了现实的需要,造成了社区共治网络的不平衡。在现实工作中,许多资源未被充分利用,各种类型的社区人员被各个部门单独管理,难以实现对社区组织的整体管理。另外,目前我国的基层社区治理主要聚焦于社区居民,工作内容与社会团体的关系并不紧密,这导致了社区工作规模较小,协调和统筹管理的能力不足,很难让社区组织的主体作用完全发挥出引导功能。

第四,社区服务水平与居民需求不相适应。近年来,随着市场经济的大力发展,对城市的发展起到了巨大的促进作用,各种新型住宅小区层出不穷,造成了新旧住宅区的交错。在相同的社区中,高楼与低矮平房交错并存,且居民的基本诉求差异较大,造成了社区形式日益复杂化,给城市基层社区治理带来了困难。然而,在实际工作中,社区组织在解决问题方面的能力比较薄弱,难以对问题进行合理的处理和解决,导致了更大的矛盾,影响了社会的稳定。其根本原因在于,随着城市的发展,居民对社区的需求不断提高,而社区组织的服务却难以满足居民的需要,从而导致了矛盾的不断深化。

第五,社区治理方式与新情况不相适应。城市基层社区的管理主体是社区居民,但是他们还必须为党委和政府下达的各种任务提供服务,这就导致了社区主要是以行政贯彻为工作主线,而不能很好地满足人民的需要。另外,社区在开展工作和服务时,往往会笼统地描述服务对象,没有根据服务对象进行适当的分类,尤其是在为弱势群体提供服务方面,采取的是一种被动的服务模式,并没有主动地为弱势群体提供帮助,这样就难以在社区内营造一个助人自助的氛围,也难以充分发挥社区各种资源的效用。另外,当前我国城市基层社会管理中存在的问题越来越多,各类突发事件给社区工作人员的思想与能力带来了极大的挑战。同时,由于各类突发事件的增加,对社区工作人员的专业知识、专业技能的需求也越来越大。在社区治理过程中,传统的"粗放型"治理模式,让人们很难理解和倾听,往往只能依赖以往的经验,很难有效地为被服务对象提供帮助。尤其是面对弱势群体时,社区工作者难以从服务对象的角度来考虑和解决问题,难以了解到他们的真实需求,无法使社区服务工作取得满意的效果,从而不可避免地影响到社区服务。

上述种种问题,无不折射出当前我国城市社区治理模式存在的不足,在新的形势下,已越来越不能适应当前社会的需要。

7.2 基于"社区云"的上海基层社区精细化治理实践经验

7.2.1 基于"社区云"的上海基层社区精细化治理的实践

"社区云"是精准感知民意、激活城市治理神经末梢的重要平台,是新时代上海城市治理数字化转型在基层社区的延伸,是上海市"一网统管"的重要载体。"社区云"在基层社区的大力推广,是从技术手段视角提升后疫情时代上海基层社区精细化治理的重要举措,应在上海基层社区精细化建设中发挥重要作用。

上海市"社区云"的上线试点工作启动于 2019 年 11 月,到 2020 年年底已在全市各城乡社区实现全覆盖。为了完成乡镇、街道下达的数据输入任务,完成社区治理数据统计工作,每个居(村)委员会都会对自己辖区内的人口、房屋等信息输入工作责任到人,"社区云"平台已经建立起了一个比较完整的社区常住人口信息数据库,方便了社区的日常管理与服务。以杨浦区为例,在各居委会换届选举之际,"社区云"上相对完备的数据信息很方便地简化了选民登记工作流程。按照市民政局的要求,所有的居委(村委)干部都应该将会议记录、走访接待、活动开展、问题处理等记录保存到"社区云"系统中,提高了考评工作的科学性和有效性。在"社区云"提供的居社互动平台上,为居民开通了居务公开、社区公告、在线服务、自治议事、邻里互动等功能应用。居社互动平台实行实名制,与居民的居住门牌号关联。居民可自发在上面留言或者点赞,表达自己的观点,并操作便捷。例如,疫情期间,昌五居委会通过"社区云"这个大喇叭,及时在"社区公告"栏目中向居民发布相关通知及防控措施,居民纷纷留言反馈,阅读量很快突破300人次;一些居民提出"外来车辆如何进出""出入证在哪里办理"等问题,居委工作人员看到后及时回复,双方不见面,照样解决问题,减少了疫情期间不必要的人为接触。居民和居委之间、居民和居民之间能通过线上"敲门"交流,每个居民都可以自发地进行参与,居委干部能够在平台上快速反馈并及时处置,及时了解居民关心的问题,推心置腹地沟通。为居民和社区提供交流的桥梁,提高居社之间沟通效率。

7.2.2 基于"社区云"的上海基层社区精细化治理的问题

在上海市"社区云"的推广应用实践中,也存在一些问题。第一,基础数据库标签不标准、数据不权威、系统不协同。(1)顶层缺乏对于社区基础数据库标签的有序引导。长期来看,标准化的主题数据库构建,对于高效能数字化治理,以及数据价值的深度挖掘具有极大的意义。目前,上海在市级层面上没有建立社区专题资料库的指南,每个区基本都是自己搭建一个社区云资料库架构;目前,各地区的数据标记都比较杂乱,各个村庄和社区经常自己建立数据标记。(2)主题库中的某些资料与现实有较大的差距。"社区云"的数据,以公共安全为主体。公安机关对出生、死亡人口的统计资料具有较强的时效性,而对流动人口的统计资料则相对滞后。此外,一些居(村)委会工作人员当初为了赶进度、完成考核任务,将一些非真实的信息录入平台。(3)多个相对独立的基本资料管理系统之间的协作不够紧密。目前,除市一级重点推广的"社区云"之外,各部门也分别针对自己的实际情况,研制出了相应的信息化管理平台。如上海某区就建有"I党建""家门口""远程帮办"等多个系统。各个系统间彼此独立,信息孤岛问题严重、维护成本巨大,不但给基层工作人员增添了负担,而且还令居民对在各信息系统登记注册深感厌烦。

第二,应用平台存在工作量增加、权限不足、卡顿崩溃等问题。(1)运用"社区云"系统后,一些居村干部的工作非但没有减轻,反而有所增加。在"社区云"尚未普及的情况下,一些居村的工作记录已全部电子化。随着"社区云"的普及,一些居民区和村组需要在多个平台上录入电子数据,工作量越来越大。此外,部分区通过竞赛的方式推广"社区云",导致一些居村工作人员额外增加许多意义不大的台账填写任务,增加了基层干部的工作量。与此同时,互联网技术的普及也模糊了居委会工作人员上下班的界限,数字平台后期的维护工作需要投入很多精力和时间,数字技术有时给居委工作的"减负"效果并不明显,甚至在一些事务上反而"加码"。以荣华社区为例,其租户占比特别高,在房屋租户人员经常发生变动的情况下,居委会工作人员需要经常性地主动联系租户以便更新社区云上的居民信息,因此不得不多增加一项管理和维护平台运营的工作,不仅如此,还需配备一名工作人员专门负责。此外,微信群中居民的需求在一天中的任何时段都可能提出,而大多时候居委工作人员在小区中都有切实的事情需要处理,无法及时精准地回复每一条诉求。在这种情况下,简短的文字表达和滞后的信息沟通不仅容易产生误解,还可能使矛盾进一步发酵。再加上社区中的一部分微信群是业主自发建立的,也给居委会的管理带来了诸多困难。例如,有些居民在工作日的下班时间或者双休日时间在微信群向工作人员提问,使得居委会在非工作时间也要解答问题,导致部分居村干部的工作量增加,以及相对工作时间延长。(2)"社区云"没有充分授予社区工作人员足够的权力。社区工作人员普遍反映,"社区云"中涉及居民的信息,只能参考,无法全部输出,导致提交书面资料时,必须重新编制数据信息表格,无法起到减轻基层负担的作用。(3)"社区云"系统承载能力有限,经常卡顿甚至崩溃。在上级部门布置相关任务之后,很多居村干部集中在某个时间段登录"社区云"系统,导致系统发生卡顿崩溃。

第三,居民"社区云"使用率低、在线互动交流少。(1)居民的注册与使用情况不佳。当前,上海的"社区云"的注册率总体来说是很低的。例如,在杨浦区,登记人数最多的几个街区,登记人数也不过10%,大部分街区登记人数仅为6%。而且,这些人中,大部分都是上了年纪的人,中青年对"社区云"的了解并不多。已注册用户也是各社区为在2020年底前完成上级布置的任务,通过摆摊设点发放小礼品、楼组长上门推广等方式才得以实现。在完成考核任务后,各社区几乎不再向居民推介"社区云",以致大量注册居民弃之不用,成为"僵尸用户",甚至"销户"。(2)居民通过"居社互动"应用平台互动交流较少。整体上来看,多数居民会通过微信等方式互动交流,只有极少数居民会通过"居社互动"应用平台进行交流。有些居(村)委会干部甚至因担心居民互动交流中可能发表一些不当言论,关闭了互动交流功能,以致居民只能查阅系统上的通知、公告等信息,无法实现双向互动交流。

7.2.3 基于"社区云"的上海基层社区精细化治理的提升策略

基于"社区云"的实践,提升上海市基层社区精细化治理的对策建议如下。

第一,建立基础数据库的动态标准化更新机制。(1)不断完善数据设置标签,提升社区治理智能化水平。通过设置完备的数据信息标签,将全市村居数据放在单张大表上分析统计,提升基础数据库的价值,也为各业务部门开展工作奠定大数据基础。通过制定完备的数据标签,不仅能够实现"人找政策",而且达到"政策找人"之目的,为社区治理数字化、公共管理精细化和社会服务精准化提供基础。(2)扩大数据源,提高数据的可信度。以公安系统为主体,以此为依据,要求居(村)委会工作人员担负起对小区流动人口变化等相关信息进行及时更新的责任,保证平台上的人员数据信息能够得到及时、可靠的保障。(3)要实现"社区云"与各部门的信息管理系统的有效结合,推动各部门间的信息资源共享;在此基础上,进一步确立"社区云"作为基层治理的"主体平台"地位,并将其他各系统功能模块集成到"社区云"中。在功能重叠的情况下,应当优先考虑"社区云"的功能模块。

第二,提升居村干部使用"社区云"平台的便捷度。(1)进一步简化村居办工作人员填报台账数据。可借鉴嘉定区"社区云—智慧报表";浦东新区为减轻基层负担,大力推行"多表合一";宝山区率先实现了纸质台账的电子化,把社区工作台账由730多个项目缩减到87个项目,并把"社区云"的建设标准提升到了市级标准,实现了成果共享,标准统一,互联互通,并要求每个区都建立了一套标准的村居台账规范目录,方便村居表人员填写。针对多个系统重复填报数据的情况,责令相关区县及部门尽快解决,形成以"社区云"为主的填报系统。(2)适当提高乡村和社区工作人员对数据的利用权限。在法律和安全性许可的前提下,对底层员工的"社区云"数据进行更多的授权,增强其操作的便捷性和流畅性,从而调动底层员工对"社区云"的使用热情。(3)合理引导各社区错峰使用"社区云"平台。针对系统卡顿等问题,鼓励各区合理引导社区错峰使用"社区云"平台。如在投票选举或征求意见的时候,规定辖区内社区错时使用"社区云"平台。

第三,培养社区居民使用"社区云"的习惯。(1)上海"社区云"的建设要从多个渠道做起。鼓励各村庄、社区采取设立宣传栏、招募宣传志愿者等方式,在线下加强宣传。在全市范围内,通过电视,广播,网站,微信公众号等方式,大力宣传上海的"社区云",并培育市民对"社区云"的使用习惯。(2)通过设置特色化交流板块提升平台人气。在确保双向互动交流功能正常使用的基础上,鼓励各村居根据需求因地制宜地设置一些功能各异的交流互动板块,以增强对不同类型居民群体的吸引力,如"才艺展示""亲子活动""青年学习交流"等。

7.3 佛山市禅城区以"大数据＋微服务"构建基层社区治理的服务新模式

7.3.1 佛山市禅城区的基层社区治理实践

禅城区地处珠江三角洲的腹地,为广东省佛山市的城区核心,占地154平方公里,常住人口133万余人,下设3个街道1个镇,辖区内有城市社区94个,行政村53个。近年来,禅城区围绕"强化基层党建、创新信息互动、激活多元参与、优化服务水平、构建情感社区"五个目标,打造了包括区、街道、社区的三级微笑服务平台,形成"党建引领、社区主导、社工参与、情感治理、数据赋能"的五大机制,构建了"大数据＋微服务"的"535"社区治理与服务体系。首先,构建社区基层治理的"五个目标"为:第一,强化贯穿始终的基层党建。加强禅城区"1＋N＋X"区域化党建工作的核心地位,横向形成社区"一张网",纵向打造"社区—小区(片区)—楼栋"三级网格,筑牢城市基层党建红色堡垒,实现党建工作引领社区治理的目标。第二,创新智能精准的信息互动。聚焦社区服务的整体运行模式、具体行动落实以及社区资源调配,构建"一网通办""一门式""一张蓝图"的服务模式,实现科学研判居民服务需求、充分调配服务供给资源的目标。第三,激活多元联动的参与主体。建立完善的社区议事协商平台,解决社区多主体治理服务的"分散化""碎片化"问题,实现多元力量广泛参与、协同和融入社区治理的目标。第四,提升规范专业的服务水平。提升社会工作者的专业化水平能力,规范社工服务项目的运作,培育壮大各类社会组织,促进社区服务逐步趋向规范化、专业化、精细化发展,实现良性社区服务生态圈的目标。第五,构建情感融入的温度社区。以情感为导向,灵活、精准地回应纷繁复杂的居民诉求。推动特色文化与居民心理情感有机结合,浇筑社区共同体的文化根基。实现"物质—组织制度—心理文化"三位一体的"微服务"目标。

其次,构建"微服务集成系统"三级平台。第一,在区域层次上,构建"云平台",为企业提供优质的微服务。通过与禅城区大数据中心和"共享小屋"App和民生服务平台的对接,生成"社区需求地图"和"社区资源地图",并进行动态更新。利用需求图,准确把握所服务区域的人群组成,利用资源图,对社区服务的运作情况进行实时汇总、统计和分析,并对其进行决策支持,从而确定最优的社区服务项目和服务内容,从而使居民的生活需要和社区服务资源之间达到精确的匹配。第二,在社区建设微型服务站。形成

图 7-2 新型城市治理信息平台总体构架图[145]

了较为完备的"网上服务点订单＋线下枢纽配送"的社会服务模式。在互联网上,人们可以享受在线查询、了解、订购、评估、监督等各种服务。在线下,微服务中心系统能够链接家庭综合服务中心、居家养老服务中心、长者食堂等服务资源,为使用者提供日间托管、就近用餐和送餐等特色服务。第三,在社区层面上,对"共享小屋"进行了积极的推进;建构"四范畴、两平台"的生命全程社区。一方面,通过"议事""活动""技能""物品"四个层面,将社区公共空间、闲置资源与居民个人技能、闲暇时间相结合,使沉睡的资源得以激活。同时,实现线上与线下的融合与联通,在线上研发"共享小屋",实现了居民"需求清单"与党员干部"服务清单"的精确对接,实现了"掌上动作"的共享;在线下,创建"一房一物"的实体"共享小屋",存储可分享的物件,并在每个月都有固定的社区主题活动。最终,形成"微服务综合体系"的五个主要机制。第一,以党建为先导,以服务为导向,构建"心连心"的社区治理制度。积极开展"把支部建在社区"活动,发挥好社区党组织和党员在社区管理中的模范引领作用。通过"共享小屋"App,将困难群众的"微心愿"发布到网上,帮助他们完成了组织与党员的"结对"。第二,以社区为中心,以社会治理为中心,将社会治理资源有效整合,构建多元参与的社会治理模式。深化

"禅城议事厅"智慧化建设,建立健全"以块为主、条块平行"的社区联动服务新格局。在抗击新冠肺炎疫情的过程中,全区各村(社区)以"大网格"为基础,创新"小网格",以"楼长＋三人(社区工作者、警察、医生)"为核心的严密防控体系,同时,还将社区党员、楼长、下沉工作队等组织起来,形成了一种严密的防控机制。第三,通过社会工作者的介入,活化社会团体,提高社区服务的专业程度。以禅城区社会工作联盟、社会组织实践基地、街道社会组织联盟等为平台,一批数量庞大,服务水平高的社会组织和社会工作者,成为新一轮社区服务专业化发展的生力军,培育出"和乐村居""长者饭堂""社会服务创业竞赛"等服务品牌,构建起一个良好的社区服务生态。第四,以情感治理为基础,构建有温度的社区,增强居民的归属感与认同感。对优秀的社区工作方法进行了创新,并将其推广出去,从而形成了"一社区一品牌"的社区建设特色,从而使社区建设工作具有了更强的内驱力和更强的创新活力。积极推行乐善村社互助基金,以社区为单位,由区慈善总会捐款,并以此为名字,成立互助基金,由禅城区慈善总会按照1∶2的比例分配,帮助那些需要帮助的人。第五,以数据为基础,使服务智慧化,推进现代信息技术在社区服务领域的创新。通过"一门式"的方式,对自然人从生至死的各种事件进行横向的覆盖,逐步形成一个真实、准确的、实时更新的数据库。利用"区块链"的去中心化、开放性、自治性、不可篡改性、匿名性等特性,在提供社区服务时,对个体的真实身份进行认证,从而有效地防止了对个体的反复验证和弄虚作假的问题。

7.3.2 佛山市禅城区的基层社区治理成效

佛山市禅城区的"大数据＋微服务"构建基层社区治理服务新模式的实践有很大成效。首先,提升了社区治理的有效性。基层社区治理服务新模式的构建破解了社区治理难题。区、街道、社区三级微服务平台共建立了7个对接服务体系,对接的数据超过28万条,这些数据都是无条件向街道和社区开放的,从而在社区治理的进程中,进一步突破了数据壁垒;街道微服务中心已经引进了将近250家社区服务提供方,21个家庭综合服务中心,每年都会链接200多项社区资源,这样就可以将社区中的各种服务资源进行充分的激活和动员。"大数据＋微服务"有效满足了居民需求。街道微服务中心的业务范围涵盖25个类别,208个项目,共完成服务10 844个,累计为450万人次;"共享小屋"小程序在线上平台上的注册用户超过了14万,为用户提供了超过19万种的分享物品,以及9大类30多种的分享技能,让用户受益的用户超过了10万。在线下,共有

158个实体的共享小屋,共开展了6 300多次的分享活动,为社区居民提供了更多的服务。此外,社区服务效率也得到提升。利用微服务中心社会服务信息化平台,对服务信息进行更新、沉淀,从而可以对社区居民的需求动态进行及时的了解。之后,再利用大数据,对各类社区服务资源精准地进行查找,并形成分析图表,从而确保各类民生服务项目的资源与他们的需求进行了精准的匹配。实现跨部门、跨区域的资源共享和互联互通,可以有效地避免基层数据的重复收集和由于信息孤岛造成的资源输入不匹配而造成的严重浪费,从而节省了社区服务的投资成本。例如,祖庙街道微服务中心利用街道上的老人群体分布热力图,对各个地区老人服务项目的覆盖密度进行综合分析,为街道上新建老人食堂的选址提供科学依据,从而提升对社区服务的人力、财力和物力投入的准确性。同时,促进了更广泛的社区参与。已建立21个社区综合服务中心,并连续三次举办禅城区社会公益活动和"和乐村居"社区服务竞赛,带动社会工作者和社区社会组织共同参与社区管理,目前禅城区已有2 280名社会工作者,已注册和注册的社区社会组织593个,由此可以看出,社会工作者和社区社会组织都得到了普遍的发展。从2019年开始到现在,已经累计孵化培育了62支志愿者服务队伍、志愿者人数达到了2 500人左右,累计服务时间超过了42万个小时,已经服务了超过45万名居民,这极大地激发了社区志愿者的参与热情。充分发挥小区党支部和党员在社区治理中的模范带头作用,建立物业小区党支部333个,近2万名在职党员到全区94个社区报到,共开展900多场活动,带动超14万名社区居民注册使用"共享小屋"小程序,激活了社区居民参与活力。除此之外,增强了社区服务的公平性。以居民需求为驱动,区、镇(街道)、社区的服务平台准确、及时掌握重点保障居民需求信息,为该类群体提供有针对性服务,有效保障了重点人群。如2020年疫情防控期间,石湾镇街道微服务中心的呼叫服务24小时畅通,重点覆盖困难、独居长者,共服务4 638户,其中困难、独居长者480人,对接100余次长者物资需求。打破了单一的服务参与群体,让不同年龄层的居民都能获得自己需要的公共服务,实现了社区服务的普惠性。如各街道采用市场化方式运营长者饭堂,允许运营机构完成协议要求服务的同时,也可根据市场需求拓展服务对象,让长者饭堂惠及社区其他群体[146]。

7.4 美国阿灵顿县基层社区"官民协作"模式的实践经验

7.4.1 美国阿灵顿县基层社区治理的实践

美国在社区治理和社区服务方面有着较为成熟的经验。美国阿灵顿县非常注重公众参与在社区治理中的价值,推进公众参与各项事务的姿态积极主动。美国弗吉尼亚州的阿灵顿县与华盛顿特区隔岸相望,它的社区治理可以说是美国社会治理的一个缩影。全县有50多个社区,社区都有居民协会。在社区的建设与配套设施的改善方面,地方政府扮演着举足轻重的角色。为实现官民协作共同努力,创建人民群众满意的社区,县政府社区管理部发起了"社区管理计划"在社区治理中发挥着重要作用,至今已有43年了。政府特别设立了公众参与办公室,吸纳社区工作专业人才、社会多元主体共同参与社区建设;同时出台了公众参与指南,确立公众参与六步策略,积极指导公民参与社区治理。其中,社区管理计划的重心,主要是路灯的安装、人行道的铺筑、街道的维护与绿化,以及社区公园的建立。各项社区管理计划,均是以社区居民的意见为依据,并体现他们的现实生活需求。从项目的制定到项目的执行,都是基层民主的具体体现。在由社区选出的"社区管理计划"代表之下,是由居民选举出来的楼区代表。每年,楼区代表都会将问题单发放到各家各户,其中列举了一些具体的事项,让居民从中挑选出他们认为社区最需要改进的事项。如果居民有什么新的想法或者有什么建议,都会通过小区的代表向政府汇报。社区管理部门与社区行政规划部门的代表,每个月举行一次会议,以商讨社区居民所提的方案及项目。社区管理部以居民的意见为基础,展开实地调研,在明确了社区建设的重点之后,再请专业人士对项目进行设计。接着,就是要征询居民对项目的看法,如果该项目的设计方案获得了社区中60%的居民的赞同,那么项目就可以开始实施了。社区管理计划由地方税金提供经费,每个财政年度都有一份预算。社群事务处将各个社群的利益与现实需求结合起来,在大小不同的社群间达到均衡。

7.4.2 美国阿灵顿县基层社区治理的经验

阿灵顿县政府鼓励公众参与社区治理,绝不停留在口号上、纸面上,各种推进公众参与的工作方式因颇具人性化而很快见效。政府常常从居民的视角和立场出发,瞄准居民切实需求安排工作。比如,针对社区会议和活动居民参与度不高的情况,政府与第三方机构组织合作,支付打车费或提供接送服务,在会场提供家庭式晚餐和专业托儿服务等,以解决居民参加社区活动的后顾之忧。

公众参与社区治理的基础是相互信任。为构筑这一基础,阿灵顿县政府采取柔性化方式倾听社区居民意见。该县在应对一些涉及居民切身利益的突发事件时,总是尽可能用让人易于接受、感受温情的方式沟通,而非用冷冰冰的官话直接告知政府的决策。当地政府特别重视倾听利益攸关方的需求和意见。在推进相关社区的规划发展项目时,当地政府首先充分评估项目对利益相关方的影响程度,制定有针对性的办法,再引导各方参与规划、实施、反馈等环节,尽可能地满足多元诉求。整个过程中,政府工作人员坚持平等对话,沟通协商顺畅,服务意识强。阿灵顿县政府还积极构建公共精神文化,培育社区共同体,让居民对社区产生归属感。该县在社区规划和公共空间的构建等活动中,优先满足居民对良好社区生活的需求,尽量加入更多步行网络与公共空间,以促进社区居民之间的交往,增强社区凝聚力。针对社区多元文化背景的群体,当地政府鼓励各个社区开展各类丰富多彩的活动,大大增强了居民对社区的归属感和亲近感,激发了他们参与社区治理的积极性[147]。

阿灵顿县在社区地产方面也体现了其政府对社区建设的介入。县政府在审查社区土地发展规划时,首要任务就是要确保有一块一定面积的公共土地,让小孩有个安全的玩耍之地,让市民有个外出之地。同时也要考虑到,在这个社区中,对于收入在社会平均线以下的人来说,也能够负担得起。美国的城市中,以"社区"为最基本的治理单元,社区管理在地域上有明显的分界线。在社区中建立了社区委员会和社区服务顾问小组。在城市宪章中,明确规定了各类社区组织的构成和职权,并给予法律保障。在不影响地区和全国总体发展的前提下,最高法院依据宪法的修正案,裁决每一个社区有权选择其自身的特征。为此,在城市规划的制定、土地使用法律、发展规划等方面,都需要召开听证会,征求公众意见。此外,美国的社区理事会也属于半官方机构,每一个社区理事会有50名成员,他们不拿工资,由地方政府官员任命,为期两年。社区的负责人是由社区理事会任命的。社区事务顾问委员会由不同的专门机构的代表、社区委员会的主席以及来自各自社区的代表所组成。社区委员会和社区服务顾问团是政府和市民进行联系的桥梁和纽带,在社区中发挥着重要作用[148]。

7.5 英国贝丁顿打造低碳生活社区的实践经验

在英国伦敦南方贝丁顿区,一处曾是荒芜废弃的污水处理厂遗址上,诞生了一个象征未来低碳社会的生态小区。它是首个世界自然基金会和英国生态区域发展集团倡导建设"零能耗"社区,有人类"未来之家"之称,又被称为"贝丁顿能源发展"计划。该计划获得十几个建筑、永续、能源等设计奖项,成为英国甚至世界各地零碳排放小区和生态建筑发展的典范佳作。贝丁顿零碳社区位于伦敦西南的萨顿镇，占地1.65公顷，包括82套公寓和2 500平方米的办公和商住面积，建于2000—2002年，由英国建筑公司零碳工厂(ZED Factory)与皮博迪信托公司(Peabody Trust)、环境咨询组织柏瑞诺公司(Bio Regional)和英国首席生态建筑师比尔·邓斯特(Bill Dunster)合作建成，目标是在城市中创造一个可持续的生活环境。在贝丁顿社区中，零碳理念处处可见，综合运用多种环境策略和节能系统[149]。其核心思想就是利用地球上的可再生资源，在不影响现代生活的前提下，为人们提供一种全新的、可持续的居住方式。除了为建筑内部的用户方面考虑之外，还可以减少热能、电力以及水的需求，减少对暖气的需求，减少水资源的损耗。建造者从绿色的空间和阳光、空气及水的永续利用角度考虑，为居民提供了健康的内部环境。此外，建造者还对除用户之外的地球环境资源的永久性进行了充分的考虑，并与一支以仿生学(Biomimicry)建造研发技术为主导的队伍进行了合作，因此，无论是在建造材料还是功能的设计上，都将对环境的影响降到最低。而且，在未来拆除之后，还可以进行回收，以此来降低以往建造行业带来的高碳排放带来的负面影响。

为使生态小区真正符合自给自足的零耗能、低碳排放的理念，确立了低碳的阳光、空气及水的可持续环境设计理念。对于利用阳光，他们安装太阳能板，建筑布局朝南，开窗采用大面积的落地窗，通过这种方式既可以获得舒适的光和热，又可以最大化地存储和发电。在房顶上布置一个花园，不仅可以避免冬季室内的热气流失，还能在春天和夏天感受花木的绿意。对于利用空气，他们安装了小型的风力发电装置，通过使用风能和风进行对流的中央空调设计，创造出了一个舒适、自然的通风环境，能够将新鲜的空气不断地引入每个房间。对于利用水，社区旁边有一个可以蓄积雨水的生态水池，这是社区防灾和保持水资源的最好的天然公共生态资源。通过采用小区每家每户都有的雨水收集截留设备及中水循环再利用的系统设计，可降低1/3的自来水消耗。地下车库使用可渗透的物料，以降低地面水分的损失；通过小型污水处理系统，对社区的废水进行就地处理，将废水处理成可以回收使用的再生水，充分的将水资源回收再利用，运输到各种生活需要上，比如冲马桶用水及花园灌溉用水等。贝丁顿社区的综合热电厂(Combined Heat and Power, CHP)通过一座130千瓦、效率很高的燃木炉为社区居民提供家用电力和热水，并使用了一套热电联合发电系统。利用本地废弃木材作为燃料，不仅具有可再生性，而且可以缓解城市生活垃圾的填埋量，预计每年需要1 100吨的木材。主要来源有周围的废弃木料和相邻的速生林带。社区内有一块面积70公顷的三年生速生林,目前已被砍去1/3,然后用新的树种重新种植,如此循环往复。在生长的同时,这些树也会吸收二氧化碳。所以,这属于一种零温室气体。与可持续环境设计理念相结合,构建出一簇系统性、可再生的节能低碳建筑群,从而实现小区内的热与电能的需求自给梦想。在选择建筑材料时,也体现出了低碳环保的思想。为了降低环境污染,在建筑材料的选择上,他们采取了"当地获取"的原则,降低了运输成本,采用了绿色建材,甚至还采用了可循环利用的建材。该工程竣工后,其52%的建材来自该地区56.3平方公里的区域,其中15%为可循环利用或可再生利用。该工程所用的钢筋中,有95%为建筑所用,这些钢筋来自该工程占地56.3平方公里的拆除工地。选择木制窗框代替硬脂酸聚氯乙烯(UPVC)窗框,可使生产时的UPVC所排放的二氧化碳减少约800吨。占整个工程总排放的12.5%。

至于取暖,英国是一个高纬度的岛国,一年中至少有六个月是需要取暖的。为降低供暖能耗,设计人员在供暖过程中,通过对建材的精心挑选和对热量的巧妙回收,使供暖系统达到了"零耗能采暖"的目的。朝向南向的设计还使得建筑物能够最大程度地吸收太阳光的热量。每一户人家都拥有一间由两层低辐射、真空的玻璃制成的阳光房。在夏季,如果把阳光房的窗户打开,就会变成一个开放式的露台,这样有利于散热器的散热,而在冬季,把窗户关上,则可以把太阳的热量完全保留下来。此外,房顶可旋转的遮阳板负责室内的通风和散热,不仅保证了室内的空气品质,而且还能使空气中的余热得到最大程度的利用,最多70%的通风热损失,都可以通过这种热交换来回收。在生活细节方面,住家的所有电器都采用了符合欧盟标准的低耗能源的产品,厨房里还安装了厨余箱,方便回收。在交通方面,社区建有良好的公共交通网络,包括两个通往伦敦的火车站台和社区内部的两条公交线路。开发商还建造了宽敞的自行车库和自行车道。遵循"步行者优先"的政策,人行道上有良好的照明设备,四处都设有婴儿车、轮椅通行的特殊通道。此外,为了鼓励居民改购电车和生质能汽车,社区亦为居民提供免费泊位及充电桩。其电力源于所有家庭装配的太阳能光电板(将太阳能转换为电力),总面积为777平方米的太阳能光电板,峰值电量高达109千瓦时,可供40辆电动车使用。建立环保共享俱乐部及公共交通系统,鼓励人们走路及骑车,外出时更加绿色。为了方便人们在家工作,小区里还修建了各种各样的办公场所,以及高科技的网络设备,为人们提供了一个完美的未来生活小区。

从节能角度来看,英国每个家庭在建筑行业的能耗碳排放中约占29%,而在贝丁顿社区中每一户的营建材料和建造过程的能耗碳排放仅占2%—3%。在贝丁顿社区中,大部分的理念都是从住户的生活习惯出发,体贴地照顾住户的设备需要,并保证大楼里的设备符合英国三大节能减排标准:(1)热水消耗热量降低45%;(2)电灯、厨房用具和其他用具耗电不超过55%;(3)用水量低于60%等。相比之下,贝丁顿社区项目的结果给英国的住房建设节能减排法令规章的制定提供了一个良好的规范和标准,这也推动了西格玛五星级住宅的成功。但英国机械工程师学会的一项调查表明,英国政府关于到2050年将温室气体排放量削减80%的愿景,从理论上讲这是不可能实现的。如果英国能够将其对能源的需求降低50%,并且在2030年之前,额外增加16个核能发电厂站和2.7万台风力发电机,那这个愿景才有可能实现。贝丁顿社区的人们在工作或生活方面,都力求在近乎零二氧化碳排放的环境下进行,从而使项目的推进更具吸引力和经济效益,同时也符合现代化的生活品质。成功地运用了一种可实践、可复制的方式,为永续性的生活提供了很多解答方案,让主开发商以及建设参与者都认为,通过拓展市场的经营,我们离国际低碳小区、可持续发展的境地已经不远,这也加速了政府推动低碳小区的信心,以及对基层社区精细化治理的效能。这个计划的成功,很大程度上得益于整个计划团队的奉献、创新和坚定的信念,大量的时间投入让一个超乎期望的新形态低碳小区展现了基层社区精细化治理的新模式和新可能性,这些都是让人叹为观止的成果。所以,英国在促进低碳居住区建设,以及在基层社会的精细管理上,有着很多令人瞩目的优秀表现。

7.6 日本港北新城镶嵌式养老社区的实践经验

日本港北新城的发展与建设,时代大背景是,日本在"一战""二战"战后两次生育高峰的到来,导致了日本人口的逐步老化,这直接导致了政府在老龄社会中的领导地位。日本在20世纪30年代末和20世纪70年代初的两个生育高峰时期,都大力发展了养老健康产业和老龄社区,同时也得到了政府的大力支持,为社会提供了大量的福利。根据《日本将来人口推测报告》,到2055年,日本的总人口将降至8993万,而老年人占总人数的四成,呈现出高度的老龄化。

日本老年社区模式参照西方发达国家,注重本国孝敬老人的传统,形成自己特色的老年社区模式:分为两代居和养老院两种。功能上,一是突出自助自理,通过先进技术和高电气化实现自助和自理,满足老年人物质生活的基本需求;二是完善的配套设施,助力提供优质的针对性服务,可满足老年人的健康和精神方面的需求[150]。

由于老年人的日常生活比较单一,因此对他们来说,精神上的需要与满足就显得尤为重要。日本港北新城将养老公寓和其他租赁和销售型住房结合,为老人的生活增添了活力和色彩。

港北新城突出的表现在于:为老年社区提供完善的配套产品服务。提供无障碍设施的老龄人住宅产品、提供具有看护性质的老龄人住宅产品、提供能和家人共同生活的(二代居)住宅产品。通过这三种老龄住宅产品在社区内的共存,形成满足各类型老龄人基本生活需求的老龄人生活社区。当然,在社区内还提供完善的配套设施,用于满足老年人在健康和精神方面的需求。

港北新城将老少户住宅、为老年人提供护理服务的特殊居所单元和养老公寓融入一般住宅之中。(1)老少户住宅,是指同一层的两个住户,或同一栋楼的上下两个住户,一个是老年人,一个是其子女。目标是满足那些想和孩子一起生活,并且身体健康的老年人的需求。(2)为老年人提供护理服务的特殊居所单元,即在一般居住建筑中,对部分单元进行适老性的设计,如增设扶手,满足轮椅通行的需要,并考虑护理人员陪同。它的目标是有护理服务需求的老年人。(3)养老公寓一般为社区内的特殊建筑,其住客可能是自我照顾的老年人,也可能是需要照顾的老年人。在规划和设计上,应尽量把养老院设置在居民区的入口和边缘,这样一方面可以使人员和车辆,如救护车等进出方便,另一方面也可以使养老公寓能够得到独立的管理。港北新城的设计特色:(1)以多种形式进行开发、建造及运作,包括以住宅为主体、以护理及医疗为主要内容的物业管理及管理。在房屋出租、物业管理等方面,由专业的管理公司进行;在护理、医疗等方面,则由专业的老人院运作管理公司进行。公司的运营成本较低,业务风险因业务的分开而得到了有效的控制。(2)配套设施完备:在社区内,有安老院、复康辅导所等生活服务,为那些不愿意出门的老年人,提供各种社交服务,以满足他们的身体与精神需要。(3)人性化的规划设计:在生活设施上,引进了高科技的智能产品,为老年人的独立活动提供了便利。(4)社区活动丰富多彩:社区建有各种兴趣活动中心、图书馆等,并鼓励老人培养自己的爱好活动[151]。

另外,由于日本土地资源紧缺,政府不主张上马大型养老机构项目,提倡以居家养老为基础,加强与社区的互动,构建"小规模、多功能"的养老社区。目前,日本的养老服务已在主推"小规模、多技能的社区养老"。在小规模多技能的社区养老院中,床位在20至30张左右,包括24小时的入住照顾服务、白天的日托服务和居家上门服务,类似于养老地产的"7—11"。

港北新城模式是很值得借鉴的,两代居模式的养老方式对我国来说很有参考价值。因为,中国大部分年长人士都希望有子女在身边陪护以安享晚年。港北新城也为年长人士提供了医疗救护保健娱乐设施功能,他们从养老角度进行的基层社区精细化治理模式构建有很重要的现实意义。因为中国也是一个土地资源稀缺的国家,并同样面对越来越严峻的老龄化挑战,这种"小规模、多功能"的养老社区建设和基层精细化治理很符合中国国情。

7.7 城市基层社区精细化治理的未来发展方向

社会在迅速变化,其形式也在发生着根本的变化,已难以明确地识别出哪些因素起到了主导作用,或许也不能明确地判断哪个选项最为及时和适宜。在进行城市基层治理的过程中,我们应该认识到,随着组织结构的日益复杂,社会发展得越来越不确定,这将会持续地破坏我们所熟知的社会秩序,我们过去的设想和经验已不能完全适用于当前的实际情况。所以,在进行城市基层治理的过程中,除了要给予足够的物质资源的支持之外,更应该为其注入智力支持,让其能够跟上时代步伐,根据当地实际情况,因事施策,并在探索过程中进行自我反思,不断发展。

第一,加强基层党组织建设,以有效引导多元治理,形成多元治理的合力,破除"内生繁荣"的假象。城乡社区治理是一个系统的系统工程,需要在党的领导下,在政府、社会和个人等多方力量的共同努力下,共同行动、共享资源。要实现这一目标,必须强化城乡社区党组织的建设,完善基层治理的党的领导体系,强化和完善城乡社区党组织对各种组织和工作的领导,充分发挥党组织的战斗堡垒和党员的先锋模范作用,将其政治优势和组织优势转化为治理效率。强化基层政府对城乡社区管理的领导责任,促进其对城乡社区管理工作的政策支撑、财力物力保障、能力建设等方面的引导,不断提升其对城乡社区管理工作的法治化能力与水平。重视发挥基层群众性自治组织的基础作用,进一步强化它们的标准化建设,提高它们开展社区协商、服务社区居民的能力,激发城乡居民参与社区治理的内在动力。完善社会力量参与基层治理激励政策,在城乡社区发展纠纷调解、健康养老等各类社会组织,创新城乡社区与社会组织、社会工作者、社区志愿者、社会慈善资源的联动机制,统筹发挥社会力量协同作用[152]。以上海为例,基层党建工作历史悠久,各区各街镇根据自身特色创新了很多好的做法和经验。但在本轮疫情防控工作中才发现曾经引以为荣的"党员双报到"制度并未全面落实,基层管理者对于辖区内党员及其他资源的基本情况并不了解,更何谈对各种资源的整合和调度。

在未来,应该继续加强基层党建工作,因为它的地域性、网络性、多元性、开放性、整合性等特点,可以有效地帮助基层获取更广泛的社会资源和政治资源等。整合辖区内的各种资源,重组组织框架,重设功能任务,将会丰富城市基层治理的内涵,开启构建"生活、发展和利益"共同体的城市基层治理新局面。扎实的基层党建工作还可以进一步顺居民区各组织间关系,形成以居民区党组织为核心,居民委员会为主导,居民为主体,业主委员会、物业公司、驻区单位、社会组织、群众活动团体等共同参与的基层治理架构。同时,有效的党群关系也可以提高基层党组织的整体功能。"建连队"是把"功能建设"和"阵地建设"有机地结合起来的一种实践活动。新型的党群关系能够突破传统的"自上而下"的管理方式,是始终坚持以人民为中心、持续推进人民美好生活的一条有效途径。

第二,借鉴现代企业管理的思想,有效避免技术决定论,提升基层组织的动态成长能力,从而提高基层组织的治理精度。中国现代企业与基层社会具有共同的发展背景与制度动因,而企业与基层社会在治理理念与目标上又是不同主体、不同目标的高效融合,借鉴现代企业管理体制,是探索基层社会治理创新的一条可行之路。以全周期管理、现场管理(On Site Management, OSM)系统等为代表的现代企业管理制度,因为其更注重公平性和实效性等特点,可以有效地避免精细化管理中技术决定论的迷思,对治理手段、治理模式和治理理念创新产生了积极的作用。实践证明,它们在助力构建社区居委会标准化、精细化管理体系和全能社区工作者培养体系的同时,让基层组织对辖区各类资源做到心中有数,实现了社区服务与社区需求的精准对接。同时,企业管理制度还可以对城市基层组织的动态能力进行有效培育,让基层组织学会利用扫描环境来发现机遇,并相应地整合、构建和重组内部和外部资源,以修正运营操作能力,从而适应动态复杂快速变化环境的能力。这一动态能力可以协助基层组织建立起一个双重的结构,让组织可以通过创新的方式,持续地提升自己的更新再造能力,持续地对组织资源进行整合和重构,从而适应快速变化的环境。从根本上讲,就是要建立城市基层组织的适应性机制,使其能够在不同阶段对不断变化的、复杂的环境进行适应。此外,也要提升智慧治理能力。提升城乡社区治理现代化水平,需要顺应现代信息技术发展趋势,运用大数据、云计算等新技术推动城乡社区治理手段、模式、理念创新,以数字化推动治理精细化。统筹推进智慧社区基础设施、系统平台和应用终端建设,强化系统集成、数据融合和网络安全保障,提高城乡社区信息基础设施和技术装备水平。依托"互联网+政务服务"工程,推进城乡社区公共服务综合信息平台和数据资源建设,完善社区与部门政务信息系统数据资源共享交换机制。加快互联网与社区治理和服务体系深度融合,建设开发智慧社区信息系统和简便应用软件,引导社区居民参与公共事务、开展协商活动、组织邻里互助,提升政策宣传、民情沟通、便民服务效能。推行适老化和无障碍信息服务,提供线上线下相融合的社区公共服务。

第三,加强对社区的精细化管理,实现了对社区服务模式的优化。城乡社区管理工作应以服务群众、造福群众为出发点和归宿,最大限度地做到"便民利民",促进城乡社区管理工作的现代化,以满足人民对美好生活的需求。研究制订社区服务规范,健全扶持社区服务发展的政策体系,推动社区服务标准化。创新城乡社区公共服务的提供模式,强化社区综合服务和兜底服务的能力,优化政府服务工作流程,推进政府综合服务平台向社区延伸。通过项目示范等形式,使社区服务实行政府采购,并探索与市场主体和社会力量的合作模式。围绕人民群众的生活需要,大力发展城乡社区综合服务,并以其为基础开展就业和养老服务,对文化和体育方面的自助式服务进行科学规划。大力发展城乡基层社区工作人员,积极引导大学生到社区工作。

第四,因地制宜优化基层考核内容及激励机制,提升基层专业化水平的同时提高基层吸引力。在基层治理工作中,无论是数字化智能化升级改造,还是基层党建工作,以及企业管理制度的引进等,都应注重因地制宜以及分阶段有序推进,杜绝一哄而上,应重点考虑当地经济社会发展水平和辖区内可及资源。同时,在对基层治理成效的考核工作中,建议不再仅仅依托第三方评估机构进行,而是要让绝大多数居民也真实有效地参与,注重过程性评价,切实避免操作形式化的问题。同时,建议尽快将效益水平纳入考核内容。对于服务效能高的个体及团队,根据实际情况予以30%～50%的效益返还奖励。

　　此外,还应重点考虑构建适宜新时代新青年的激励机制。要对疫情过后基层的"离职潮"、招人难问题提前做好预案。如今不少基层工作者的追求已不再仅仅是职级晋升或是高收入,而是更看重能力的被认可和价值的实现,尤其是居民的认可赞赏和支持鼓励。据此,应积极提升基层工作人员的社会地位,使基层工作者享有应有的尊重和待遇。建议在薪酬方面,通过完善津贴增长机制、设立人才专项基金等,提高基层工作的福利待遇,让付出与回报相匹配;在资源倾斜方面,赋予优秀高效基层工作者部分紧缺优质公共资源的优先享有权,如个人及直系亲属的三甲医院绿色通道,公办教育资源的可及性,等等。让基层充满吸引力、保障力、创新力,让基层工作人员有干头、有盼头、有奔头。

第8章　城市交通领域精细化治理的策略与实践

8.1　城市交通领域治理的需求与难点、痛点

8.1.1　城市交通治理的需求

(1) 人的出行新需求

在高度信息化的时代，人们对交通的需求将发生显著的变化。要进一步满足人的需求和提高交通发展的可持续性，从过去只注重道路通行能力到提高出行的可达性、公平性和可持续性，更加重视综合交通模式和出行环境的优化。为了建立面向个人需要的技术支持系统，需要多方共同努力制订可持续的城市交通可持续流动规划。未来的交通运输服务将会采用网络化、协同化的组织方式，整合和优化交通运输链条，提供高品质、高效率的交通运输服务。《新城市议程(2016)》发布于第三届联合国住房和城市可持续发展大会("人居三")，提出了"我们的共同愿景是人人共享城市"。城市交通是一项基础职能，它应当保障所有人的可持续出行，以满足人们的活动需要，保障公共运输的公平性和社会包容性，通过法律制度、技术创新、社会保障等各种途径改善弱势群体的交通服务水平，推动经济社会包容性发展。

(2) 城市交通发展变化

我国的城市交通在近40多年来的快速建设中，已经基本填补了过去基础设施短缺的问题，目前已经由扩大基础设施供应为主的发展到供需协调为主、工程建设为辅的新阶段。以上海市的道路运输为例，道路的建设里程由2015年1.82万公里增加到了2019年的1.85万公里，其中新增道路的里程趋缓。从交通运行的角度来看，在高峰时期，交通出行没有法满足市场的需要，而在平峰、低谷期间可以看出，交通设施投资的空间和时间不平衡也是一个突出的问题。另一方面，轨道交通、公交、汽车、非机动交通等不同子系统之间存在着空间资源的争夺，相互之间的协同运作不理想，而网约车、共享单车等新业态所带来的资源利用问题也尚未破解。从总体上来看，我国目前的交通发展矛盾已经从传统的交通拥挤转向了供求和资源配置不平衡、资源利用不充分、土地、交通、区域交通体系不协调等新的问题。

当前,我国城市交通的基本任务是进一步准确地解决上述不平衡、不充分、不协调的问题,使其更有效地提供多元化、个性化、高质的出行服务,以满足人民对美好生活的向往。城市交通的工作重心将从基础设施建设向公共出行服务系统转变,致力于形成一个多方式基础设施、运输组织与调控、信息服务和干预等要素共同组成的复杂交通运行网络,通过政府、企业、社会组织、公众等合作,综合采用工程技术与社会治理措施,共建、共享出行服务体系。同时,政府公共部门也急需转变传统的行政思维模式,以"价值—信任—协作"的基础模式来构建新型的交通治理系统,为新时期城市交通高质量发展提供保障[153]。

8.1.2 城市交通治理的难点、痛点

近年来,我国城市道路交通治理工作的力度加大,但仍面临着严重的问题,目前,我国部分城市存在着公路运输及其相关资源配置不合理、使用不合理、盘活不充分、管理粗放、制度不健全、执行不到位等问题。尤其在治理理念、治理主体、治理手段、治理保障等方面还存在不少问题,这些问题已成为制约我国城市治理现代化的一个重要因素。

(1) 治理理念方面

缺少一种全面的治理观。城市道路交通问题通常是由车辆、道路和人等多个因素共同作用而产生的,因此,在治理过程中应从整体上把握,全面考虑各种因素,寻找治理的良策。道路交通拥堵、停车位不足、电动自行车管理混乱等现象往往都是由多种交通因素共同作用的结果,要从多个角度找出问题的原因,并综合施策,不能仅限于"手术式"的管理。目前,我国城市道路交通治理存在着"一刀切"的现象,普遍存在着"头痛医头,脚疼医脚"的状况,缺少对道路交通的总体规划,对道路交通的管理不够重视,对"点线面"的分割,导致了一次交通问题的解决之后,又出现了一次又一次的交通问题。比如,部分城市为解决停车难问题,在路旁设置泊车位,使得非机动车占用机动车道,由此引发其他道路交通问题。再比如,有的城市以"防盗备案"为目标,登记、上牌为手段,而没有将其与公路交通管理功能整合起来实行"一证牌用",造成了管理的低效。

与以人为本的思想存在偏差。道路交通安全管理工作的目标就是保证道路交通安全,保证道路交通的正常运行,从而使人们的利益得到最大程度的保障。目前我国公路交通管理中,存在着忽略人的利益,不注意人的生命安全问题,对行人通行权、生命权的不尊重。在实际中,交通工具的使用以车辆的利益为优先,例如,机动车辆的停放,占用了非机动车和行人的通道。在我国道路权利的分布上,有一种过度偏爱机动车的倾向。

交通信号灯设置不合理,非机动车和行人等待绿灯的时间过长,而且在十字路口没有避暑和雨雪遮蔽。在电动车的管理中,不注重对骑手的人身安全的保障,重罚款轻头盔等强制佩戴管理。城市的慢行系统发展滞后,未被开发利用,人行道被挤占。一些道路交通管理措施没有充分考虑到人的利益,例如,机动车道上的护栏设置不合理,导致机动车和非机动车混行;在非机动道路上设置护栏,会对非机动车辆和行人造成伤害。道路施工存在着"围而不施、挡而不拆"的现象,对人民的交通出行需求置之不理。

(2) 治理主体方面

影响道路交通的因素很多,单凭一个部门的力量是无法解决的。从车辆质量、道路安全、道路建设与规划、宣传等多方面来看,我国的道路交通管理已经成为一个多部门共同参与、共同努力的局面。但也有部分城市因多部门协同治理,缺乏有效的治理手段,导致其治理水平低下。在各个部门之间,存在着分工不明确、缺乏互相协作、交流不畅的情况。在这一过程中,还存在着许多的问题,比如,在各个部门之间存在着职责交叉,缺少统一的协调联动机制,还会出现主体责任缺位和错位,以及一些主导部门的权责不够充分的问题。比如修路,不能在没有审批的情况下就开工,必须要经过相关部门的审批,而且要严格控制,不能给交通带来太大的困难。而其他一些领域,如交通拥堵治理、违规停车治理等,由于多部门协作治理的不足,治理效果与人民群众的期望还有很大的距离。同时,也体现了政府的积极谋划和主动担当不足,对城市的精细化管理还不够深入,治理能力还需要进一步提高。

在治理体制机制和举措的设计方面,由于没有充分发挥广大群众的主体作用,单纯地把其作为治理"客体"来看待,有悖于当前的社会治理观念。公共参与是当前我国社会治理中最薄弱也是最迫切需要解决的问题。作为城市道路交通管理的最终目的,公众不能仅仅做旁观者、看客、过路人和评论者、监督者,而是要做"主人",与政府一道,致力于建设一个和谐的社会。当前,我国城市道路交通管理主体结构较为单一,仅由政府主导,而社会团体与个体的作用未被发挥,"政府—社会—个体"三位一体的治理模式仍未形成。

(3) 治理手段方面

当前,我国的城市道路交通管理工作还没有形成一套行之有效的"组合拳",管理工作的碎片化和运动化等问题较明显。我国城市道路交通的治理方式比较单一,治理手段不够多样化,重管理,轻经济。运用经济方法对牌照拍卖、道路交通拥堵、机动车通行费、路边停车收费等方面的管理还不多见,重处罚轻奖励、重堵塞轻疏导,把重点放在了"末端",而忽略了"源头"。我国公路交通安全知识普及程度不高,缺乏关于道路交通的教育氛围,应强化法制教育。传统的行政控制、财产处罚等管理手段使用得太多,以罚代管的现象较为普遍,管理手段的创新也不够完善,与现行的管理方案相适应的管理措施还不够完善,缺乏对违规行为、信誉、信用等管理手段,对"连锁反应"的管理手段需要完善和推广(例如,将违规次数与保险费率的挂钩)。管理手段僵化,缺乏对管理措施的追踪评估和动态调节机制,比如,在交通条件发生了巨大变化(比如车辆剧增,特定路口车辆激增)的情况下,红绿灯是否会适时地作出相应的调整。

与此同时,在城市道路交通管理中,由于缺乏有效的互动方式和途径,也缺乏有效的公众参与和表达机制。在道路交通管理工作中,在依靠群众方面的努力还不够,因此需要积极谋划依托社会组织、道路交通志愿者等社会力量来创新治理模式和举措。当前,我国道路交通管理工作面临着决策和实施过程中缺少民主化和科学性,存在举报和申诉机制失效或人为障碍,意见表达和反馈渠道不畅通等问题。只重视"端菜",不重视"点菜",削弱了群众对城市道路交通管理工作的认同和支持。目前,我国"智慧交通"建设仍面临诸多制约因素,数据分析与应用不足,信息互联互通不畅,智能化程度低,智能交通设施与设备有待不断发展。

(4) 治理保障方面

我国城市道路交通建设的现代化,需要相应的法律和法规来保证。在我国的城市道路交通管理立法方面,有些地区的立法相对落后,十几年都没有进行过修订,所以在立法内容上,相对于本地的道路交通因素而言,存在着较大的改变。地方当局摸索出的施政方略,尚未上升至法律层面得以固化。在对道路交通安全治理的价值导向和制度支持上,地方立法缺乏特色,对于新情况新问题的规定也缺乏针对性,与上级法的衔接也不流畅,所以无法在治理机制的创新等方面,为城市道路交通管理提供一个好的法律保证和体制支持。在实际的管理工作中,因为没有法律依据,而且违法成本不高,这些问题已经成为制约道路交通治理成效的一个重要原因,因此,必须要加强对城市道路交通的管理与保障措施建设。目前,在道路交通监控设施、交通执法车辆及设备、交通管理智能化建设、执法人员的安全保护设备等方面,仍有许多不完善的地方,如非现场执法未得到很好的利用,交通监控无法做到全面覆盖,在智慧交通建设中还存在很多问题,道路交通信息化、智能化建设等都离不开地方政府的资金支持。此外,因执法部门有法不依、执法不严、查处不力、人情案和关系案等现象,致使"三同时"等有关制度落实不力,对执法人员、执法程序、执法行为评价等缺乏有效监督,严重阻碍了我国城市道路交通管理人才队伍的专业保证[154]。

8.2 上海国家智能网联汽车试点示范区的实践经验

2016年6月7日,由工信部批准的国内首个"国家智能网联汽车(上海)试点示范区"封闭测试区在上海安亭投入运营。该示范区是工信部批准的我国首个智能网联汽车示范区,开放的一期测试场地(封闭测试区)建设了1个GPS差分基站、2座LTE-V通讯基站、16套专用短程通信技术(Dedicated Short Range Communication,DSRC)、4套LTE-V路侧单元、6个智能红绿灯和40个各类摄像头,可以为无人驾驶、自动驾驶和V2X网联汽车提供29种场景的测试验证,是全球功能场景最多、通讯技术最丰富、同时覆盖四类领域(安全、效率、信息服务和新能源汽车应用)的国际领先测试区。"国家智能网联汽车(上海)试点示范区"的建成,标志着中国智能化网络与无人驾驶车辆的发展正式进入了国家战略层面。这一系列的探索为引导新型智能汽车和新型智慧城市融合(双智融合)打下良好的政策基础[155](图8-1)。

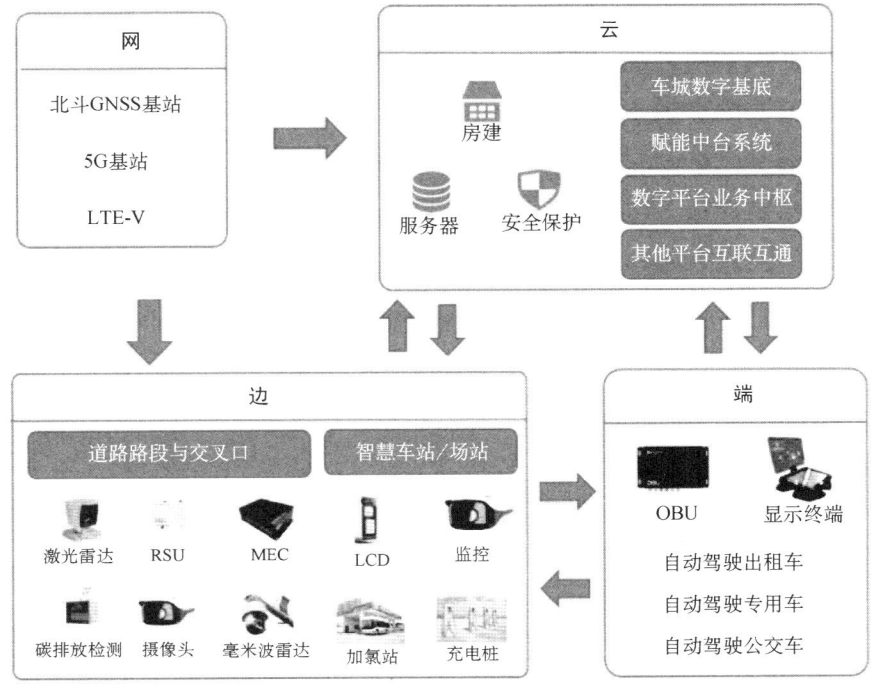

图8-1 上海双智融合总体设计图[155]

2015 年，国务院第一次提出在全国范围内推行智能互联汽车试点，《中国制造 2025》中多次提到智能汽车或者车联网。目前，关于智能汽车的通讯标准有两种，一种是 DSRC，一种是 LTE-V，后者是大唐电信和华为主导的通讯技术。国内的路况很复杂，通过对不同的路况进行仿真，可以让行业人士更好地了解中国的路况，从而制定出更好的无人驾驶技术。

上海市经信委、交通委和市公安局于 2018 年 3 月组建了智能网联汽车道路测试推进工作小组。上海市交通委将根据"统筹规划、安全有序、分级推进"的指导方针，准予各种复杂路段试验场景，为车企持续迭代智驾技术，稳步开展载人载物示范应用，积极推动法规和技术标准创新。上海在四年多的努力和积极的探索下，正式启动了大型公路试验，在具体的交通环境中进行了示范运行，并在新基础设施的基础上进行了试验，取得了比较显著的进展。上海建立智能网联汽车试验基地，在全国具有较好的示范作用。当前，上海率先创建了国际一流、错位互补的四个试验创新示范区：嘉定区以"先"为中心，以"L3+自主汽车技术创新示范区"为目标；以"新"为核心的临港新区域，定位为"新的未来交通模式创新示范区"；奉贤区以"全"为核心，以"全交通链"为核心，建设智慧驾驶综合示范区；浦东金桥地区以"智"为核心，以建设"交通一体化创新示范区"为目标。

从 2018 年 3 月开通测试路，上海创新打造"全车型、全出行链、全风险类别、全测试环节、融合新基建基础设施"的"四全一融合"智能网联汽车测试场景布局。截至 2021 年末，上海共开通了 615 条 1 289.83 公里的试验路段，可测试的场景超过 12 000 个，试验路段的总里程和试验场景的丰富程度在全国排名第一。2018 年 3 月，上海市颁布了《上海市智能网联汽车道路测试管理办法(试行)》(简称《管理办法》)，在全国范围内首次实施了智能网联汽车开放道路测试。上海市于 2019 年 9 月修改了《管理办法》，扩大了智能网联汽车在长三角地区的推广。截至 2021 年年末，上海为 25 家企业、295 辆汽车发放了道路测试或示范应用资质，企业数目和牌照数在全国排名第一。上海市率先在国内推广载人载物示范，带动了一大批有影响的示范应用，如临港新片区洋山港智能载货示范、嘉定乘用车载人示范、奉贤专用汽车作业试验等多方面的协同发展模式。上海市现有 8 个整车制造企业，以嘉定、安亭、浦东、金桥为核心，形成了一条完善的产业链和较强的创新动力；临港、奉贤地区汽车工业、松江等区域的建设也在加速集聚,形成"上海速度";上海的汽车零部件企业、国际研发机构等均已开始布局;汽车、软件、电子等专业技术人员的集中,汽车专业技术人员达150 000多名;新能源汽车的品种越来越多,核心零部件企业的产业化水平也在逐步提高[156]。

8.2.1 智能出租车

上海嘉定区建成了全国第一个智能网联汽车试验示范基地,目标是打造"L3+高度自动驾驶创新示范区",目前已经建成试验道路315公里。在行业生态方面,目前已有上汽、百度、AutoX等国内高科技公司100多家,其中以自动驾驶出租车(Robotaxi)为代表。百度Robotaxi一直致力于构建无人驾驶的短途接驳业务,为其提供技术支持能力、运营模式和运营管理系统,并在上海市建立一个规模较大的无人驾驶团队,提高其在全球的影响力。百度Robotaxi基于目前的示范线路和站点的运行经验,结合用户的出行规划和用户的需求,构建了一个"站—站"的无人驾驶交通连接方式,从而达到嘉定地区的全方位覆盖。百度Robotaxi在2020年11月16日获得了上海市智能网联车辆的道路测试牌照,2021年8月,上海市智能网联车辆的示范应用牌照正式启动道路试验和示范运行。到目前为止,百度Robotaxi共投入了51部红旗CA7002EVA、41部威马W6,在上海嘉定区安亭镇长度为315公里的全域开放性交通网络中进行示范运行,该路段向西至墨玉路,北至上海绕城高速,东至翔江公路,南至博园路。线路涵盖安亭生活区、嘉亭荟商圈、汽车城区域、安亭新镇、创新港、大众厂区、黄渡工业区、方泰工业区。目前,在会展中心、办公区、地铁站、酒店、住宅等领域,已经建成188个示范应用站点。截至2022年,百度Robotaxi已经取得了6张道路测试牌照和51张示范应用牌照。测试总里程达191万公里,测试时间超过100 000个小时。享道Robotaxi是上汽公司面向L4级别Robotaxi中进行商业化的一项关键技术,对于获取道路智能驾驶数据,反哺智能驾驶算法,形成数据闭环具有十分重要的意义。2021年12月,享道Robotaxi公司在上海正式开业,在上海市嘉定区安亭镇开展业务。享道Robotaxi以40辆汽车作为示范,布设70个站点,主要线路有:博园路、墨玉南路、曹安公路、昌吉路、米泉路、于田南路、和静路,覆盖享道Robotaxi体验中心、上汽集团公司厂区、安亭市民广场、汽车博览公园、酒店、商场、地铁站、港湾式公共汽车站,满足人们的日常生活、休闲娱乐、商务旅行需要。到2022年6月为止,该公司已经取得30个道路测试执照和30个示范应用执照。这次试行的总路程为10万公里,总共行驶时间5 800个小时。

8.2.2　智能物流配送车辆

上海临港新片区共开通了118.2公里的试验路段,是目前全国范围内最长的一条无人驾驶试验路段,其目标是创建"未来交通新模式创新示范区"。临港试验示范区以其良好的地理位置为基础,将为城市、郊区、高速公路、港口码头等实际商业模式提供实验和示范运行的条件,为智能交通相关产业链的培育提供了良好的环境。此外,该区域具备世界上少有的"港口和机场,产业区和城市生活区,高速公路和城市道路"的试验和示范运行环境,为其试验和运营提供了有利条件。目前,东海大桥上的车辆潮汐现象突出,在高峰时段出现了严重的拥堵,如果能够24小时运行的智能重型卡车,东海大桥的交通将会得到极大的缓解。

上汽友道智途的智能重卡以临港为中心,以芦潮港铁路中心站—深水港物流园区—东海大桥—洋山深水港集装箱业务为中心运营。目前,友道智途已投入26台智能重型卡车进行测试和示范。到2022年上半年,已实现实箱24 000 TEU的业务。到2022年,投入了30台智能重型卡车,达到年度运输能力100 000 TEU的目标。并在东海大桥上实施了"减员化"的"一拖四"模式,首车和尾车都有安全员,中间三辆车可以实现真正的无人驾驶,可以实现跟车、保持车道、换道、紧急制动等队形运行,可以提高东海大桥30%～40%的通行能力。截至2022年,友道智途已经取得了8个上海智能网联车辆的道路测试牌照,24个示范应用牌照。总测试里程超过160万公里,测试时间超过40 000个小时。

8.2.3　低速无人车的使用

在上海新冠肺炎疫情的影响下,无人驾驶的低速汽车逐渐进入了人们的视线。无人清扫、无人配送、无人零售以一种"零接触"的方式,方便了上海市民的日常生活,也让广大市民看到了无人小汽车的发展潜力。

(1) 无人清扫

仙途智能是一家致力于自主研发的智能化清洁技术的公司。仙途智能于2019年4月获得了上海市智慧交通检测牌照,也是上海第一个获得了无人驾驶汽车检测牌照的企业,并在嘉定和临港开展了试验。2020年6月,上海中环高架路上,仙途智能16吨的大型无人清洁机正式投入使用,这是世界上第一个无人清扫车高架清扫项目,而仙途智能则是国内第一家能够实现在高架上正常运营的无人驾驶公司。疫情期间,仙途智能组建了5辆智能环卫车清洁队伍,主要集中在新元南路、鸿音路、万水路、同顺大道等临港区主要道路,每天早晚两次,工作时间长达6个多小时,每天约60公里。目前,仙途的智能清洁团队拥有6辆大型清洁车和1辆小型清洁机。大型清扫车以清扫机动车道为主,在江山路、两港大道、新元南路等道路及非机动道路上则采用微型清洁车进行无人清扫。到2022年,仙途智能大扫地车已经2张上海市智能网联汽车道路测试牌照,并且已经进行了将近7 000公里的安全测试,累计测试时间为1 500个小时。而在非机动车道和行人通道上进行小型清洁器的应用尚处在摸索阶段。

(2) 无人零售

新石器公司专注于零售业的无人配送技术的创新。北京高级别自动驾驶示范区在2021年5月公布了"无人配送车"管理的政策,而新石器作为第一个拥有"上路资质"的无人汽车公司,实现了首批合格上路。2021年1月,新石器在上海将与必胜客联合运营。新石器依托临港新片区的智能网联汽车市场,在2022年选择了20余个站点,分批投放22辆无人零售车,并尝试以无人零售车辆为载体,为消费者提供相应的零售服务。新石器已经投放了6台智能零售车进行了试点,主要分布在临港新区产业园区、环湖西一路等区域,进行智能化零售的推广。另外在疫情期间,新石器调拨了161台无人车辆,协助上海抗疫;上海7所医院、85个社区,包括国家会展中心的方舱医院,均可无接触防疫物资配送及售菜,累计完成任务指令19 982次、无接触交付物资484 954份。

(3) 无人配送

"白犀牛"是为满足超市和新鲜食品的即时配送需要而开发的一套完整的、全面的智能解决方案。2020年9月,"白犀牛"在上海嘉定与永辉超市建立了战略合作关系。"白犀牛"将在上海市嘉定区建立智慧物流运营中心,并在此基础上建立本土化的研发和运营队伍,并与永辉等大卖场达成战略伙伴关系。到2022年,已在嘉定区投资40台左右的智慧物流车,实现8万人次的智慧物流服务,为市民提供安全、卫生、便捷的智慧物流服务。进而研究适合上海特点的智能物流应用生态,建立"智能化"的末端物流服务生态系统,促进上海数字化水平的提升,增强城市的核心竞争能力。2022年上半年,在嘉定区安亭新镇,新市镇3平方公里内,已有20辆无人配送车辆投入使用,累计完成4万单超市、生鲜和防疫物资的配送,累计行驶里程超过6万公里[157]。

8.3　上海共享单车绿色出行的实践经验

近十年来,我国的共享单车投入方面,以北上广深四地的投入数量最为巨大。共享单车已成为一种便利的交通方式,市民们可以利用共享单车解决社区与地铁、地铁与公司的短途接驳,提高交通的便捷性和效率。上海作为全国城市的代表,其在城市交通管理方面所取得的成绩较为突出,也有一定的代表性。上海市正努力建设一个绿色、便捷的公交系统。同时,上海市民对非机动车出行的意愿也在持续上升,截至2018年,上海市区非机动车出行的比重已达16.3%。而共享单车的兴起,也是居民非机动车辆出行比重上升的主要原因。2017年年末,上海市共享单车总投入量达到150万辆,注册用户超过1 300万,成为上海市的公共交通系统中不可或缺的一部分。再加上上海市出台了"禁投令",使得共享单车的交通规则趋于平稳。截至2020年,上海市共享单车总投放量为89.2万辆。

剧烈的社会变革和科技革新导致了社会空间的更新,空间结构的变化也影响着人类的空间关系,人类因此而在实践中感受和创造。共享单车是随着需要而诞生的。目前的城市公交体系中,虽然有大量的轨道交通,但由于人口众多,其公交系统仍然存在着"最后一公里",这就导致了公众步行太累、打车太费钱的现状。短途交通的需求量很大,也很紧迫,而共享单车无疑是解决这一问题的有效途径,因此很快就被大家所接受。与传统的租车方式不同,共享单车采用了网络技术,可以不需要指定地点还车,"随骑随停"的特性极大地增加了人们利用共享单车的自由度。由于移动互联网的发展,以及智能手机的普及,共享单车在车辆设计、定位、使用、支付等方面进行了革新和优化,将以租代购、密集覆盖、定位寻车、扫码开启、随骑随停、费用低廉、一键支付等设想变为现实,并且共享单车可与现有公共交通体系有效对接,解决出行"最初一公里""最后一公里"。无论是从地铁站到家还是从地铁站到学校,都能很好地解决以往交通拥堵的问题,共享单车真正地改变了人们的生活。除了不断的变化之外,空间的更新和创造都会随着需要而不断的发展,而共享单车的出现,就是为了满足城市的发展需要。根据统计,在2016年,特别是10月之后,共享单车投放量迅速增长,到2016年年末,已经有18个以上的平台,注册用户突破2 000万,成为一个"现象级"的存在。这种空间创造在经历了快速的发展和演变之后,已经形成了自己的社会机制,并且正在逐步建立自己的空间秩序[158]。

共享单车的出现,给人们的出行带来了便利,也为市民提供了一种新的绿色出行的方式。在上海叫停共享单车新增投放后,之前不断向中心城区调度、投放的车辆明显减少。一些区域在保持严管态势下,根据各自不同的问题和特点,制定方案采取措施,加强对共享单车的引导和管理,渐显成效,但也存在着一些问题。

《上海市鼓励和规范互联网租赁自行车发展的指导意见(试行)》中提到,上海将进一步强化城市慢行交通体系的规划引导,制定相关的慢行交通网络和停车设施,并在全市范围内进行慢行交通的规划引导。在区级层面,通过打通瓶颈,建立区域性非机动车车道网络,试点非机动车微循环网络,对城市慢行交通及其相关配套设施进行规划和完善。《上海市城市总体规划(2017—2035年)》中也明确指出,要建设"完善安全通达的骑行网络和舒适便捷的步行活动区域",发展慢行运输体系。但是现实中,上海与"骑行友好城市"的距离还很远。特别是在市区骑车的时候,很多人都不知道怎么骑;同一条道路,一段禁止非机动车,一段不禁止非机动车;道路设计不合理、连续性差;很多路段即使有非机动车辆通过,也都设置以非机动车为单车道,而且很多路口的交通标志设置得不够合理、识别度不高,导致了很多非机动车逆行。上海市交通部门曾经进行了一项关于慢行交通的调查,结果显示,大多数地区的受访者都同意5公里以内骑单车,但是骑车的环境远不如步行,因为单车与汽车的冲突更为严重。

自上海于2017年8月发布"禁投令"以来,同年9月共有13家公司在上海经营,共计178万辆。而根据2018年3月市交通委员会的统计,上海每天的活跃自行车数量只有65万辆,也就是说,发布"禁投令"后几个月来活跃自行车数量只有以前的1/3。在这段时间里,很多自行车公司都倒闭了,其自行车也不能提供任何的服务;其他企业的自行车则出现了大量的浪费现象,许多已成为"僵尸单车",无法提供有效的供应,不再是"供大于求"。街道上的自行车数量已经大不如前,事实上,光是在街上转一圈,就能感受到自行车的稀少,但在现有的自行车中,"问题单车"占了很大一部分,现在抱怨的是车太旧,车太少,很难找到一辆好车。共享单车的"局部饱和"与"骑车难"已经并存,要解决这一问题,就必须通过合法的方式引进更多的社会资源。而共享单车又没有固定的停放地点,这就造成了长时间的暴晒和雨淋,严重影响了共享单车的使用寿命[159]。

8.4 香港"公交私营、政府监管"的城市交通运行机制实践经验

香港特别行政区包括香港岛、九龙、新界、大崎山等区,根据统计,2020年年底,香港

常住人口 7 330 000。位于市中心的香港岛,面积不足 80 平方公里,而常住居民却有 130 万,再加上众多的观光客,其人口密度和载客量在全球各大城市中都是数一数二的。香港每天的平均运输旅客达到 1 100 万人次,而专营的公共汽车则有 394.3 万人次。香港的重点是建设地铁,为广大市民和旅游者提供安全、可靠、便捷的交通服务。香港 90% 的居民都是以公共汽车为主要交通工具,一天有 1 150 万人次乘坐不同的公共汽车[160]。

目前世界上大多数公交机构均为亏损,但无论公营还是私营,香港的公交机构均全面实现盈利,这颇为罕见。香港公交的改革取得成功与实施特许经营制度,构建并完善特许经营的市场框架密不可分。

第一,建立了一套完善的公交特许经营制度。《公共巴士服务条例》为香港公交行业的发展提供了法律依据。与香港其他相关立法相辅相成,对公共交通服务的特许经营等问题进行了严格的规制,而竞争、价格、服务三大规制,则是政府规制的三大领域。在竞争法规方面,《条例》指出,无特许经营的巴士公司不具备营运巴士服务的资格,而在特许经营许可的问题上,必须先由行政长官与行政会议共同决定,再对巴士公司进行公开招标,而取得资格的巴士公司也必须遵守利润控制方案和执行会议所设定的其他条件;在票价调整方面,票价分级表和上升率也须经行政长官开会决定,巴士公司应严格依照预先设定的票价标准进行计费,不得有较大的偏差;在服务规范方面,条例对于巴士服务的具体内容作了详尽的规定,例如:线路调整、维修及更新、巴士营运计划等,尤其是规定,巴士公司必须在营运过程中,为旅客提供安全、舒适、高效的巴士服务。香港特别行政区行政长官可依《公共巴士服务条例》第 230 条之规定,指定最多 2 名巴士公司的附加董事,以监督营运。香港运输署将定期或突击实地考察每条公共汽车线路的服务水准和车辆安全标准,并就旅客对公共汽车服务的满意度进行问卷调查,并通过区议会、公众等,搜集公众的意见和投诉,以提高公共汽车的服务质量。另外,交通部门也会定期组织各巴士公司讨论改善的办法,并要求各公司定期提供营运数据,以制定相应的管理条例。此外,专营巴士服务还必须根据香港运输署在每条公共汽车路线所订服务的详细资料中列出的路线、服务时间、班次、车费及可调拨的车辆数量。如果巴士公司在特许经营期间继续经营不良,相关的公共汽车公司将会被剥夺其专营权,甚至是全部的专营权。

第二,将竞争机制引入公营和私营公交公司,以最大限度地发挥市场的调控功能。目前香港五大专营巴士公司所提供的服务能力已接近饱和,因此政府并不打算引进新的专营巴士公司,但是,为了保持良好的竞争,政府会允许没有固定线路的绿色小巴营运的小型巴士存在。同时,特许经营的竞争机制也体现在,具有特许经营权的民营公交企业,在政府监管下,按照市场规律自主运营,自负盈亏。通过对市场的分析和投入,考虑各方因素制定了合理的票价体系,兼顾了公交企业、财政、市民三方的利益。

第三,制定票价的程序合情合理,专营公交有利可图。香港公交公司的赢利离不开公共交通系统的合理规划,以及强有力的客流支持以及政府的规范。香港公共汽车在节省开支上也下了一番功夫,九巴和龙巴销售的超过一千万张"八达通卡"都具备搜集资讯的能力,能够准确地计算出各条线路上的客流情况,从而帮助巴士公司对市民的出行趋势进行分析、预测,并适时地调整路线、时间表,从而提高工作效率,节省开支。此外,香港公共汽车的票价调整也是保障其高收入的一个主要原因,香港的公共汽车价格会随着通货膨胀率而变化,而且几乎不需要政府的补助。根据《公共巴士服务条例》第230章13条,根据巴士服务性质、类别、服务区域等因素,将巴士路线分成不同类别,并根据路线长度制定收费上限。另外,在确定公共汽车线路的费用时,还应综合考虑乘客需求模式、乘客可接受度等其他方面的因素。如果公共汽车公司要调整票价,就得向运输署提出申请。运输署在核准巴士公司调整计费时,亦要考虑许多方面,例如民众的费用负担能力、巴士公司所需要的合理回报、巴士服务质量、巴士公司营运情况。在对此项提案进行了仔细的研究,并征询了立法会的交通和咨询委员会的意见之后,香港运输署才将该提案呈交行政会议批准[161]。

8.5 东京智能化城市轨道交通管理的实践经验

日本政府于 1906 年实施了铁路国有化,此后,当地的民间组织和私营的铁路运输都只能在这个区域内开展。从 20 世纪初期起,东京就出现了人口过多的增长,这是欧美乡村都市规划的结果,也就是在中心城区周围建立了卫星城,比如田园城市株式会社等民营的城市开发,以及铁路的建设。第二次世界大战后,随着私家车的普遍使用,一些中小型私营铁路企业的运营状况也越来越恶劣,有的甚至直接取消了运营,有的干脆改行运营。与此形成鲜明对比的是,在大城市周围开展通勤通学交通运营的私营铁路公司,其发展状况要好很多。20 世纪六七十年代,日本经济快速发展,人口与工业对大城市的影响日益显著,为了满足人口通勤、通学、交通等需求,民营铁路公司纷纷加大投入,开辟城市与郊区、中心城市与周边卫星城市的铁路线,以拓展业务范围。到目前为止,民营铁路已在东京都市圈的郊区轨道交通体系中占有举足轻重的地位。

民营城市郊区轨道公司除了依靠铁路,还经常利用铁路沿线地区进行房地产开发,一方面,通过多元化的功能配置聚集人流,为铁路建设融资,另一方面,继续投资完善铁路,提高相关经营项目的吸引力。东急电铁、西武铁路等大型民营城郊铁路公司的业务范围很广,包括商业住宅区、酒店、购物区、餐饮区、旅游、休闲娱乐等。这些民营的市郊铁路公司,也积极推行"学园引进"等措施,将大学、医院、运动场、动物园、娱乐设施等沿铁路方向迁移,扩大了市民的出行需求,同时也促进了卫星城的职业与居住均衡。同时,这些民营的市郊铁路公司也担负起了大量市政基础设施的任务,在日本的现代都市交通和综合发展中起着举足轻重的作用。

东急电铁公司就是一个典型的例子,它是多元化与铁路发展的互补。自 20 世纪 20 年代东横铁路进入涩谷后,东急公司便在涩谷车站附近进行了大规模的发展。到了 50 年代,仅仅数十年的时间,涩谷就成了"东急之街"。涩谷在 20 世纪 90 年代再次开启"公交导向开发"(Transit-Oriented Development,TOD)(图 8-2)发展的序幕,一个新的"涩谷标记"将办公、酒店、娱乐设施、铁路车站、地铁车站等连接起来,成为涩谷新的活力空间。日本政府于 2005 年选择了涩谷车站周围作为一个特殊的城市更新紧急强化区域,以使其能够更加宽松地进行大规模的发展。东急公司于 2012 年于东急文化馆旧址兴建"涩谷之光"都市综合大楼。东急、JR(日本铁路公司)东日本、东京地铁三方联手,正将涩谷站城一体化工程进一步延伸至邻近 4 个街坊,规划兴建 8 栋 100 米以上的高楼,总占地近 100 万平方米,同时在东口广场上兴建东口广场,同时将JR线、

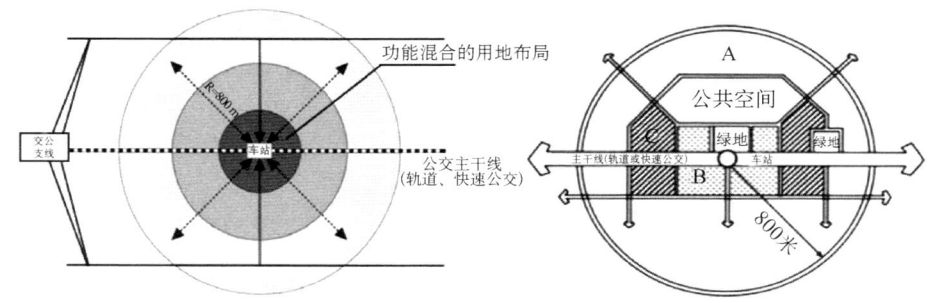

图 8-2 TOD引入城市发展模式图[163]

东京 Metro 银座线、京王井车站线的月台、东急东横线、田园都市线、东京 Metro 半藏门线及副都心线。不断升级的都市活力中心,也为地铁的营运带来了稳定的客源[162]。

东京交通系统一路发展到了今天,还是面临着交通拥堵的问题。东京在处理交通堵塞方面,展现出了明显的现代管理思想和方法。大力发展轨道交通,并运用智能化、数字化、信息化的交通系统,提高交通运行效率,有效缓解拥堵。在东京中心区,每隔3分钟就会开行一辆有轨电车,以满足乘客的需求,而通勤班次的增多,极大地减轻了交通压力。目前东京的地铁体系包括:①东京地下铁和都营地下铁,它负责东京市区的上下班通勤,覆盖范围很小,大约和北京的三环差不多,总里程304.1公里,线路13条,站点285个。②东京JR的线路系统,其主要业务为长距离的新干线,全长1 117公里。但与中国的铁路公司不同,日本的铁路公司还经营城市内通勤的铁路线。③私人公司经营的铁路,亦称为"私铁"。现在东京地区有1 147公里的私铁线。④东京有2条单轨铁路,全长33公里。粗略总结东京的铁路线,加起来大概是304公里(东京地铁)+1 117公里(JR公司的铁路)+1 147公里(私人公司经营的铁路),总计2 500多公里[85]。

8.6 新加坡"以道路收费制度为中心",实施城市交通需求控制的实践经验

新加坡是东南亚一个城市化的岛屿国家,1967年脱离马来西亚建国。根据新加坡统计局的统计资料,1965年新加坡区域的陆地面积是580平方公里。截至2012年,新加坡的总人口为5 312 400,常住人口为3 818 200,每年以0.8%的速度增长,国土面积为715.8平方公里,平均每平方公里的人口为7 422。尽管35年的围垦已将新加坡的国土面积扩大至715.8平方公里(其中大约有12%用作交通运输),但由于在同一时期内,人口、机动车、旅行者数量和平均旅行时长都大幅增长,因此,土地方面的压力并没有减轻。很明显,由于新加坡独特的地域环境,它无法以扩大城区来满足日益增加的运输要求,因此,它只能在有限的资源上做文章,以确保达到交通运输策略的根本目的。

从1968年起,新加坡就实行了"需求管理"的政策。1968年,新加坡设立运输部,对进口汽车征收30%的关税;1970年,巴士服务的改革启动;1974年,新加坡政府把附加注册费(Additional Registration Fee, ARF)增加到了55%;在1975年,政府对区域许可证制度(Area Licensing Scheme, ALS)项目进行了初步拟定,在这一年,政府将ARF增

加到100%,并开始实施特惠ARF;在1978、1980和1983年,ARF都有相应的变化,其变化幅度分别为125%、150%和175%;新加坡于1987年引进了大容量交通系统(Mass Rapid Transport,MRT),并围绕该体系构建了高速公共汽车网;在1989年向其他交通工具扩展了一种ALS;在1990年,实行了限制汽车购买的方案;1994年,全天候使用ALS;1995年,高速公路实行公路通行费;1996年6月,新加坡继ALS项目之后,又推出了基于人工的公路收费制度(Road Pricing System,RPS),首先在东海岸路上实行;在1998年4月,新加坡推行闻名遐迩的电子道路收费系统(Electronic Road Pricing System,ERP),以提升效能;1999年,ERP在高速公路上得到了普及。通过这些政策,新加坡实施公路运输市场的需求管理措施,使新加坡公路运输市场的供给和需求达到了一个相对均衡的状态,从而为新加坡道路交通运输市场的健康发展提供了有力的支撑。

对于新加坡的交通控制来说,拥挤费用是一个重要的组成部分,也是一个非常关键的环节。新加坡是世界上率先实行交通拥挤收费制度的国家,也是世界上实行交通拥挤收费制度的最好范例。新加坡的堵车收费模式对我们利用堵车收费来解决堵车问题有很大的参考价值。

8.6.1 区域许可证制度(ALS)

地区许可证从1975至1998年开始执行。新加坡引进了这种做法,因为在市中心商业区,进口税、汽车牌照登记费、道路税和燃料税这些做法都不能缓解道路上的堵塞,新加坡决定尝试新的办法。

(1) 收费区域

因为ALS的目的是解决城市中心商务区的交通堵塞,所以在1975年,它在城市中心商务区划定了一条"警戒线",围住的面积为5.59平方公里,修建了22个出入口,将收费区域与其他区域分隔开来。在此计费方式被ERP替代前,该计费方式扩大到了7.25平方公里,入城点也增至33个。

(2) 收费时间

初始的收费时限是除了星期天和公共假期的每天上午7:30至9:30。因为这个政策的实行,许多人都会避开高峰时段,造成9:30之后的车流量骤然激增,所以在实行三周后,这个时间从9:30延长到10:15。1989年,夜间的交通高峰也被加到了收费时段,收费时间为每天 16:30 至 19:00。到了 1994 年 1 月,改成了工作日的 7:30 到 16:30 和每星期六的 10:15 到 15:00。1995 年 5 月星期六的费用已经调整为 10:15 至 14:00。

(3) 具体实施

非豁免的汽车想要进入限制区域,需要事先办理通行证,而在限制区域的入口处,会有工作人员对所有进入限制区域的汽车进行严格的检查,确保所有的汽车都具有通行证。

(4) 收费对象

起初,出租车、公共汽车、卡车、机动车辆和超过 3 人的客车(除驾驶员外)都可享受免收费待遇。不过,在实行两个月后,出租车也被要求购买许可证。1989 年,此项政策扩大到汽车、货车和合资车。最后,获得豁免的只有公交车和救护车、警车、消防车等应急车辆。

(5) 收费方式以及许可证费用

ALS 是以销售许可的形式收取费用的。许可证分为"月票"与"日票"两种(表8-1),"月票"可在地方邮局办理,也可通过现金、支票或借记卡(每月从银行账户上直接扣除费用)来购买。对于"日票",可以在加油站,或者在通向控制区域的路旁岗亭购买,也可以在便利商店或邮局购买,但都需要用现金支付。如果是汽车的主人,那么,不管是购买月票还是日票,都可以在上述的付款方式之外,到加油站和 711 便利店购买电子现金充值卡来进行付款。您还可以在购买授权时,选择完全授权或定时授权。持有全天候通行证的人可以在 ALS 的费用期间随时进出限制区,而分时通行证的人则只能在工作日 10:15 至 16:30 和星期六 10:15 至 14:00 之间进出。

表 8-1 不同车辆类型各种许可证价格[164]

车辆类型	月票		日票	
	全天性	时段性	全天性	时段性
私家车、出租车、货车以及私人巴士	3 新元	2 新元	60 新元	40 新元
公司车辆	6 新元	4 新元	120 新元	80 新元
摩托车	1 新元	0.7 新元	20 新元	14 新元

相对于缓解交通堵塞的短期影响,政府更看重这一举措的长远影响,所以虽然 ALS 刚开始的时候,交通流量下降的幅度远超想象,但在半年后,政府还是将车辆的通行费

从 3 新元提升到了 4 新元。到了 1980 年，又涨到 5 新元。到了 1989 年，更多种类的车子都需要取得许可证，所以，私家车的费用就降至 3 新元。公司使用汽车必须付双倍的钱，因为这笔钱可以抵税。

8.6.2 电子道路收费系统(ERP)

电子道路收费是新加坡于 1998 年引进的一种不停车收费方式，至今仍在使用。因为 ALS 所需的人工成本较高，使得在不同高速公路上实行收费存在一定的限制，给汽车司机带来极大的不便。因此随着科学和技术的发展，新加坡采用了电子道路收费系统替代了区域许可证制度。

(1) 收费区域

该电子公路计费系统的覆盖面为中央商务区的某一段，包括所有覆盖面，也包括容扬曾出现过交通堵塞的高速路及其他交通堵塞的主干道。在这一制度刚启动的时候，被称作限界的费用是围绕着最拥挤的城区而定的。在边界线上设 29 个入口，并安置 ERP 的电子信号机架。在高速公路和其他拥挤的主干道上，ERP 的入口和出口也有 12 个，所以，从原来的 41 个 ERP 的电子信号机，到现在，已经增加了 60 多个。

(2) 收费时间

根据收费地区的特点，采用电子道路收费系统进行计费，其计费时间是不一样的。刚开始实行的时候，中央商务区的收费时段是 7:30 至 19:00；在高速公路和主干道的地下车道上，从 7:00 至 9:30 开始收费。新加坡政府为了让收费变得更人性化，会对每一条道路的交通状况进行实时监控，所以每条道路的收费标准都会进行相应的调整，至于具体的收费标准，你可以在 One.Motoring 的官网上查看。

(3) 具体实施

在经过电讯器的时候，汽车不会停下来，也不会减速，而是会被自动收费。该系统将特殊的无线短波技术应用于公路收费。新加坡的所有汽车都必须装有一台无线传送机。该系统是指在出行时，将一张智能卡插在车上的计费器上，在经过 ERP 电讯机时，由该电子计费器检测到该车上的智能卡，并从该智能卡上直接扣费，并将卡内的余额在该计费器上显示出来。这一系列的动作，大概需要花费十秒钟。一旦车子没有携带智能卡，或是卡内的存款不足，就会被探测到车子后面的车牌号。本地控制器对数据进行存储，并将数据定时传送给控制中心。车辆之登记人在两个星期内必须缴付罚款，并且在罚款之外另加 10 新元的行政费。若两个星期后还没有交纳拥堵费和其他管理费用，交通局会向违法的车主发出一张单据，并在 28 天内交纳全部罚款和 70 新元的额外疏失费。如果 28 天后还没有支付，案子则会被送交法庭。

（4）收费对象

除去像救护车、救火车以及警车这样的紧急救援车外，其他车辆均属于 ERP 的收费范围。

（5）收费金额及付款方式

ERP 的原理是，你用了就要付钱。在经过一个电讯台时，你将使用一张插在车上计价器上的一张现金卡，支付费用。车上的计时器可以从所有被认可的计时器公司购得。一台车载计价器的价格在 150 新元左右，1 英寸的液晶显示器、电池、卡片接收器等零件都可以享受 5 年的保修。现金卡的购买渠道有很多，比如 711 便利店、加油站、银行等等。可以通过 ATM 机、加油站、711 连锁便利店和 AXS（这是一个自助服务终端，用于查询支付账单，罚款情况，并支持实时在线的其他电子服务）来对现金卡进行充值。

ERP 随着车辆种类的不同、时段的不同，ERP 电子机架的不同，收费也各有差异。比如，刚开始实行这项政策时，大巴、计程车和轻型卡车的收费，会根据时间和地点的不同，从 0.5 元到 3 元不等。机动车辆收费范围从 0.25 元至 1.5 元不等；而大巴车和大巴车的价格也是从 0.75 元到 4.5 元不等。特种卡车和大巴的票价从 1 元到 6 元不等。新加坡公路管理局利用 IU 系统，对公路上的交通状况进行了实时监测，新加坡公路管理局能够追踪到公路上的车辆速度，从而判断出公路的堵塞程度，并在此基础上，对公路收费标准做出相应的调整，并将调整结果公布在公众面前，供司机们查询。从 2003 年 2 月开始，首次对高费率时段的头 5 分钟采用递增方式。比如，原先对于客车的收费在 8:00 到 8:30 收取 2 新元，在 8:30 到 9:00 收取 2 新元；改制后，对 8:05 到 8:30 这个时间段收取 2 新元，8:30 到 8:35 收取 2.5 新元，8:35 到 9:00 收取 3 新元。这样做是为了防止出行者刻意加快或减慢车辆行驶速度以避免被收取更高的费用。

对于外地车辆来说，通行限量区的方法有两种：一种是租借车载收费期（IU），一天 5 新元，外加 122.3 元的押金，有效期半个月。这个方法所产生的塞车费是可以改变的，并且会根据你所花的时间、所处的位置，以及所使用的汽车型号而有所改变。费用和新加坡当地交通工具一样。另外一种方法就是买一张 10 元的自动通行卡，包含了 4 元的安装费用和 6 元的卡费。在经过 ERP 公路的时候,一天要支付 10 元的固定费用[164]。

8.7 城市交通领域精细化治理的未来发展方向

"智慧城市"是一种新的城市发展理念,一种新的模式,一种新的方法,它涉及政治、经济、文化、社会、生态等多个领域的变革,它既是对城市的治理,也是一种注重民生、注重工业、注重创新、注重生态等方面的举措,尤其注重解决交通拥堵、环境污染等问题。在建设智慧城市的过程中,要以人为本,以产业为先,以服务促发展,以管理兴产业,从整体上统筹考虑,对城市开发和经营实行"一揽子"服务;智慧城市是一种全新的视角,它能够有效地与物联网、移动互联网等城市技术相结合,充分运用大数据的采集与挖掘与网络分析等方法,构建一套完整的智慧城市数据库。在互联网和手机客户端广泛普及的基础上,研究出一种新的市民参与城市管理与组织方式,构建了一个智慧城市的决策支持框架;利用新型社会媒体,推动政务信息资源的分享和公开,保护公众的知情权和参与权;利用现代的信息和通讯技术,改善和提高城市的各种公共服务水平,发展新的城市智能功能;在此基础上,构建智能城市总体设计框架,实现对智慧城市风险、不确定性和灾害的辨识。中国工程院傅志寰院士认为,未来智慧交通的发展方向应该是建设能够实现"人、车、路"高层次协调发展的现代化城市智慧交通体系,提高客运、货运及综合交通系统的智能化程度,实现全行业的高智能,有效地缓解城市拥堵,提高城市道路的安全性,成为"绿色交通"的领跑者。他提出要建设具有中国特色的交通强国,并着重论述了如何与经济深度结合("现代交通+")、优化基础设施、提升服务水平、以绿色交通为先导、以智慧交通为先导、加强交通安全、发展城市交通、改善农村交通、开放共享等十个方面。实现"以人为本",变"人便其行"为"人享其行",重新构建空间和时间的结构,创造新的经济模式。智能运输体系的发展,需要与城市交通体系的需要相适应,既要使城市交通体系的建设更加智能化,又要使城市的管理与运营更加智能化,从而推动城市的可持续发展,也是未来城市交通治理的发展方向。

8.7.1 完善交通基础设施,增强交通供给能力

在智慧交通的建设中,要运用物联网、云计算、大数据、决策分析优化等新一代信息技术,以感知化、物联化、智能化为导向,以交通基础设施信息化为引领,将城市物理基础设施、信息基础设施、社会基础设施、商务基础设施等有机结合,形成新一代智慧化基础设施,实现城市信息化的全方位、实时感知。智慧基础设施以交通硬件为载体,将各

种有效的交通信息资源落实到特定的交通管理系统中,探究并揭示城市各个领域、各个子系统之间的相互联系,就像在城市中装上了一个神经网络,可以指挥决策,实时响应,协调运转。智能交通是指在不同的交通部门、不同的交通系统中,可以进行信息的分享与协作,可以更加合理地分配资源,作出更加科学、客观的城市交通发展与管理决策,构建起一种实时的交通监控与预警系统,可以有效地应对突发事件与灾难,全面地防范与控制交通拥堵。智能交通以构建容量丰富、结构合理的综合性综合通信网为切入点,对交通进行系统的优化。第一,要加强公路运输的规划建设。基于对未来交通需求的科学预测,借力技术革新和多种交通模式的融合,提高城市交通运营效率。与供给侧结构性改革的要求相结合,对网络规划进行重新审视并对其进行优化,强化城市快速路和轨道交通的建设,提高人均公路面积和公路里程;要根据当地实际情况,充分利用不同的交通工具,充分利用不同的交通工具,使其具有不同的优点,而不是一刀切的做法。第二,优化运输结构。通过政策补贴、政策吸引等手段,推动发展绿色交通,支持电动汽车产业,鼓励公共交通、共享单车、健康步行等低碳环保出行方式。第三,补齐运输薄弱环节。在农村和不太发达的地方,要加大力度,建设向外开放的通道,解决城市的交通堵塞问题。第四,统筹协调。公共汽车公司要统筹规划,整合社会各界的资源,构建一个公路、水路、铁路、航空互联互通,优势互补的交通网络,为发展多种形式的交通运输网络创造良好的环境。第五,突出交通运输的枢纽作用;要做到旅客"零换乘",货运"无缝衔接",促进多种运输模式的有机结合,使枢纽成为一个整体,提高运输效能。

8.7.2 坚持创新,打破信息壁垒,提高管理水平

自从"智慧交通"的理念被提出来后,各地政府在政策、资金和技术上都对其进行了大量的扶持,使得我国城市的交通拥堵得到了一定程度的缓解,但是仍然存在很多问题。通过分析,我们认为,智慧交通建设离不开政策、资金、技术等方面的支持与保证,更离不开顶层设计、投融资机制、法律法规、创新驱动机制、城市经营机制等诸多因素。需要在物联网技术、电子识别技术、云计算、大数据分析等新一代信息通讯技术的基础上,采用一种基于多传感器的多传感器融合方法,以解决复杂环境下的复杂交通问题。通过先进的设备进行有效的信息传输,增强人、车、交通基础设施的连接,提高整体交通的实时性、透明度,提高城市交通的技术含量,从而提高城市交通的竞争力。当前,我国的智慧交通建设多集中在云计算、大数据、物联网等新技术的研发与应用上,缺乏对交

通策略、规划方案与决策方法的创新与变革，制约了其快速发展。今后，我国高校科技成果转化必须坚持科技成果转化和理论成果创新相统一，标本兼治，着重探讨城市空间环境对各种个体差异化的交通主体的适应能力，并探讨其与交通运营环境的相关匹配关系。

目前，我国大部分的智能交通系统建设都处于"分散"状态，各个子系统都是各自独立工作，没有形成交通管理的合力。究其原因，主要在于多源异质数据的管理难度较大，且由于相关政策的限制，无法实现对交通信息资源的有效利用。这一现象的根源在于对其内部依赖和交互关联的认知不足，现有的数据研究局限于对交通状态表征、拥堵预测和缓解方案的研究，并没有从大数据的角度探索各个交通子系统之间的内在联系和交互作用。目前对城市交通供需之间的均衡研究，主要是对各个子系统的独立运作进行干预，未将其有机结合起来，也未构建其反馈控制体系。在未来智慧交通的构建过程中，需要整合各类社会资源、资本与技术支持，对交通大数据进行深度挖掘与分析，以发挥群体智慧，实现交通大数据的有效管理。

为了避免由传统的管理体制所导致的数据条块分割及信息孤岛现象发生，交通管理部门要科学地运用多种治理手段，以交通产业大数据为基础，将各种城市交通数据资源集中起来，运用大数据处理技术，对数据进行海量存储、智能筛选、快速计算、深度挖掘和深度融合，构建统一的综合信息上报系统，并搭建起交通数据的共享与交流平台，保证各个交通治理主体间的数据互通，达到交通治理的协同。这种综合交通智能监测平台，像功能强大的"城市交通大脑"，可以协助公安机关弥补数字鸿沟，打破信息屏障，使各个交通子系统之间相互连通。在智慧交通领域，利用云计算技术，对公共信息基础设施（如视频监控、定位监测、传感器等）采集的海量数据进行融合，建立各种主题的核心服务云。通过对各种通信网络进行整合，承载各种资源、管理和用户，建立包括目录、管理、安全、存储、检索等在内的全域服务，并以此为基础，建立面向城市数字化和管理智能化的信息共享和协作环境，为城市管理中的所有参与者提供从基础设施、技术、信息到业务应用等方面的"云服务"，为各级政府和相关业务部门制定政策和决策提供强有力的硬件支撑。在此基础上，通过对不同出行场景下的个性化出行需求进行融合，实现"以人为本"的个性化出行服务。在部门数据库建设、社交网站整合、智能程序应用等方面，均须在相关法律法规的要求下，通过对大数据的深度挖掘，实现物联网、车联网等多种技术手段对大数据进行深度分析,为政府决策、交通管理等领域的发展和应用提供科学依据,为我国交通管理体制的进一步变革奠定基础。在动态的进程中,充分发挥指挥、调度、运营管理等交通治理能力,借助大数据技术,为有关部门提供决策支持。以此为基础,建立面向所有交通主体的智慧交通决策支撑系统,以实现科学决策、精细管理、快速响应为目标,提升城市的综合竞争力,促进我国的交通管理现代化。

8.7.3 促进交通产业发展,加快交通人才培养

智慧交通是在智慧城市的基础上进行的,是"以人为本"的交通发展思想。现代科学技术以日新月异的速度发展着,随着信息技术的不断更新,在一个以人为中心的系统中集中了城市的交通资源、城市环境、能源消费等问题,人是交通的主要组成部分,是解决交通问题和构建智慧交通的核心。智能交通的发展不仅涉及城市的运输体系,同时也关系到社会和经济的发展。智能化运输系统的建设是高科技发展的一个重要方向。智能交通的发展推动了我国交通运输业的快速发展,从而带动了相关行业的发展,有利于优化我国的工业结构,推动我国的经济与社会发展。从国家层面来看,智慧交通的发展,对智能终端设备产品及技术服务的需求大,因之可能形成新的高新技术产业集群和经济增长点。发展智能运输不能靠一朝一夕之功,在这个过程中,政府对于智慧交通产业的政策扶持,可以帮助其吸引更多的社会资本,为它创造一个好的投资和融资环境;政府的持续投资,亦有助运输工业发展各种科技及新产品,让交通产业继续成长。在智能交通的建设和发展过程中,对人才提出了更高的要求,对人才存在着巨大的需求量,需要大量具备交通和信息两方面的知识和技能的复合型人才。发展智能运输,既能推动运输经济的发展,又能为运输复合型人才的培养提供良好的条件和环境。

为了有效地缓解城市交通拥堵,提高交通资源的利用效率,应以技术开发为中心,全方位地推动智慧交通产业的发展,并为其培养专门的运输科技人才。智慧交通行业的经济发展带动了整个城市的经济发展,同时也为政府继续加大对智慧交通的投资,从而有效地缓解城市的交通拥堵。此外,还可以培养出一批复合型的智慧交通人才,帮助提升交通参与者的大数据质量,为将来的技术和产品开发提供有利的环境。为交通管理体制的构建提供了人才保证。从"智慧交通"的概念开始,在发展智慧交通和培养智慧交通人才间,二者的相互作用是非常紧密的,循环往复,有效地促进了城市交通问题的解决。

智慧交通建设是一项非常复杂的系统工程，需要综合考虑社会需求、技术支撑、经济发展、管理方式、空间环境、城市主体等因素，同时还需要解决体制机制、理论和应用创新、建设和运营模式创新、数据开放共享、人才培养机制、信息安全和标准体系等多个环节。构建政府牵头，相关部门协同，全社会参与，统筹推进，重点突破，才能顺利推进智慧交通。目前，国内智慧交通的发展还停留在"政府主导"模式，各个部门和各种资源各自为政，没有形成有效的联动。为了改善这种情况，有两方面的内容需要注重：一是在宏观规划、组织决策、市场监测、数据统计和公共交通服务等多个层面上，统筹规划和建设各类交通综合子系统，使之充分发挥其经营和管理作用；二是从基础设施、运载工具、运营组织管理模式、交通需求服务等方面，政府对与交通生产紧密相连的运营管理系统进行全面的支撑与协助[165]。

第9章 城市环境领域精细化治理的策略与实践

9.1 城市环境领域治理的需求与难点、痛点

工业革命带来经济的快速发展,也带来了对生态的破坏和环境的污染。当生态环境问题严重地影响到社会发展和公众的人身安全时,势必成为发展过程中最为棘手的问题。第二次世界大战之后,工业革命造成的污染更大,城市环境继续恶化,严重威胁着人类的生存与发展。西方发达国家在工业革命之后经历了灾难性的环境灾害。1952年英国伦敦的雾霾事件,造成了1.2万人死亡。1978年美国洛夫运河污染事件,源于对化学危险物质不经正规程序处理而随意填埋,在地下水位上升的过程中化学物质直接冲到居民的生活区,导致周边居民致病致死率极高,从而引发社会恐慌和混乱等。

从国内情况来说,自改革开放以来,中国的经济一直在稳步发展,城镇化进程在加快,人民的生活质量在不断提高。但是,随着经济的快速发展,一系列的环境污染问题也随之出现。多地政府一度只注重经济的发展,却忽视了环境问题的产生。只把环境看成是经济发展的受害者,不需要担忧,导致了环境问题不断恶化。如2007年暴发的太湖水污染事件、2009年湖南浏阳镉污染事件、2011年云南曲靖铬渣污染事件、2016年常州外国语学校毒地事件,等等。农村土地的面源污染、焚烧秸秆污染、生活垃圾污染等,都在为环境污染治理问题敲响警钟。城市环境治理是一个复杂的系统,它具有多目标多因素的特征。

9.1.1 城市环境治理需求

(1) 根据环境治理特性提出的需求

环境治理具有多方面的特点,具体表现为:第一,客体与内容的整合。环境治理是一个既有社会体系又有自然体系的复杂工程。环境治理体系是由多种因素共同构成的,每一种因素之间都存在着相互影响、相互制约的关系,任何一种因素的改变都会对其他的因素产生影响。这就需要我们对环境问题进行全面的分析,并对其进行系统的治理。第二,综合的管理方法,环境治理是指用某种方法来影响人们的行为,让人们的

行为与生态环境的标准相一致,并对人们对环境的破坏进行约束,通常有行政、经济、法律等方面的措施。因此,要用综合的环境治理方式才能更好地解决生态环境保护中产生的各种问题。环境治理具有地域性。因为自然地理、人类活动方式、经济发展水平以及发展方式的差异,各个城市所面临的环境问题也各不相同,所以在环境治理方面还存在着一定的区域特征,这也是环境治理的一大特色。这就要求在进行环境治理时,要结合区域特点、因地制宜、有针对性地制定相应的政策和方针。由于各地区的环境问题不尽相同,因此在解决环境问题时不能一概而论,要从现实出发,采取切合实际的政策,才能解决环境问题。

环境管理是一个动态过程。环境保护是一项具有动态性的工作。一方面,随着经济和社会的快速发展,人们所面对的问题也随之发生了变化,从而导致了各种环境问题的出现。另一方面,科技的进步、人类的眼界的扩大、人类自身素质的提升都将使人类在面对环境问题时的处理问题的方式产生更多的变化。这就给环境治理的战略提出了新的需求,即要调整管理战略,持续提高对环境的适应能力,更好地应对动态的环境问题,提高环境的承载与自我净化能力,要以动态的思维去处理环境问题,要顺应时代的发展与社会的进步,运用新的科技手段来解决目前所面临的环境问题,不能故步自封。

(2)根据环境治理原则提出的需求

要明确责任划分,利于各部门承担起分内的责任和应完成的任务。城市环境治理的主体主要包括个人、企业和政府等,这些主体能否采取正确的环境保护行动是环境治理能否成功的决定性因素。一是地方政府作为领头部门,应该承担起当地的环境保护的重任,只有政府首先挑起担子,才能带动其他环境治理主体更积极地参与其中,更好的建设环境治理。政府可以通过制定相关政策法规来制定环境保护的规范,使环境保护行为有统一的标准。二是污染环境者付费原则。对那些引起环境污染者,应当依法予以惩处。要想让污染者认识到污染的严重程度,就必须要有切实的处罚措施,这样才能让污染者认识到污染的严重性,并承担起保护的义务。对于在环保工作中有突出贡献者,政府应当按照他们所作的贡献给予适当的奖赏或表彰,利用奖惩机制来激发社会各界对环保的热情,让群众也参与环保工作,充分发挥公众对环保的社会责任。采取预防性的措施,而不是事后的补救措施。想要避免环境问题的发生,最好的办法就是将其扼杀在摇篮之中。在环境治理中,要以预防性的方法和措施为主,在进行环境治理的初期工作时,就能发现环境治理中的安全隐患,在真正的环境问题出现前就做好预防工作,消灭隐患风险,这样就可以避免发生环境污染后再治理恢复的情况。因为仅靠事后补救,难以消减已经造成的环境污染和生态破坏,而且也容易造成环境治理资源的浪费,所以我们应加强建设对环境污染问题的预防手段,减轻环境污染造成的破坏。贯彻预防为主的原则,不仅可以解决环境污染的问题,提高居民的生活质量,还可以改善自然生态系统,使经济发展采取环境友好模式,这有利于可持续发展。强化法治建设,加强综合环境治理。必须坚持依法行政,不断健全有关环保法规,使环境执法更加规范;要将保护和发展有机地结合起来,对环境治理的各个阶段进行科学的规划,以预防为主的原则为指导,在源头上实行控制污染和缓解生态损害的对策,将经济、法律、技术和必要的行政手段相结合,来解决环境治理中的问题。要想使环保措施得到规范化的实施,就必须加大法律法规的力度。但要实现环保,不仅要依靠法制,还要通过其他途径来实现。所以,在加强法制的基础上,还必须将各种方法的结合运用起来,以减少对环境的损害,保证人们的正常生活。

对环境问题进行分类引导,需要重点突出。各个区域的环境问题和经济水平都存在着很大的差异,在进行环境治理的时候,要根据实际情况,进行分区规划,将城乡发展相结合,逐步解决影响经济发展和群众反响最大的环境问题,使重点流域、区域、海域、城市的环境品质得到改善。我们要看到的一点是,环保建设是一个浩大的工程,不可能一蹴而就,要有步骤地进行规划,有针对性地进行建设。所以,在进行环保施工的时候,要把环境问题划分成几种类型,再按照各自的特点,循序渐进地突破,在突破的时候要有针对性,切忌盲目实施[166]。

9.1.2 城市环境治理的难点、痛点

(1) 参与主体环境治理意识不足

部分社会成员生态文明责任意识和建设意识淡薄。由于追求个体利益人们往往会回避对生态环境的保护,进而造成国家整体利益的损害。有许多社会成员认为生态文明建设与自己无关,把生态文明建设只看成政府的责任,这也在一定程度上限制了我国的环境治理。还有一些人认为,政府对环境的管理是对其自身利益的一种损害,认为政府的环境管理妨碍了发展的"效率",对经济的发展产生了不利的影响。

一些企业缺乏对生态文明建设的责任感。为了获取更多的经济利益,经常会作出

非理性的选择,比如故意瞒报、少报生产信息、故意漏报、少报生产项目、偷偷排放、超标排放工业废水废气等。由于我国现行的有关规定还不够完善,在立法中钻空子,牟取不正当利益的情况屡见不鲜,造成了严重的环境损害,有的甚至为谋求更大的经济效益,公然违反有关环保法律,对环保建设提出了很大的挑战。

部分地方政府"重经济增长,轻环境保护",环境建设的重视性被忽略,从而造成了环境建设严重落后于经济建设的问题,长此以往必然会造成积重难返的环境安全问题;为了短期利益,在环境建设的责任承担上表现得比较消极,对一些污染严重的企业睁一只眼、闭一只眼;对人民的生态环境诉求重视程度不够,给人民群众的健康生活和经济的持续发展带来极大危害。

(2) 环境保护制度不完善

环境质量监测的组织体制机制不健全。从西方国家的生态环境治理实践来看,环境质量监测的组织体制与运作方式对环境质量监测的效能有重要影响,并直接影响到环境建设的成效。目前,我国环境质量监测机构的权威性与独立性还待提高,尚未实现中央级的垂直管理,且经常受到地方政府、利益集团等各方的干涉,极大地影响了环境质量监测的效率与效果。我国对环境质量监测的法律责任尚未明确,对环境建设的监管力度不足。环境考核评价制度落后。考核评价的主体选择不够科学,考核评价对象确定不够合理,考核评价的内容和标准不够全面,导致无法随时把握各地区生态文明建设行动的进展状况及社会效果。

(3) 多元共治的环境保护体系尚未确立

我国环保治理中的多元化协同治理机制还不健全。治理机制的不健全是影响我国环保工作多元化发展的主要原因。在很长的一段时间里,不同的生态环境保护主体根据其机构设置和业务职能,各自为战,因此,在环境保护方面的信息、资源、数据等方面,都不能得到有效的共享。这样的情况,不仅影响了生态环境保护的效率,也妨碍了多元共治的环境保护体制的发展。当前,我国在构建多元共治环境保护制度方面存在着资源匮乏、人才匮乏等问题,参与该制度构建的人员大多是非专业人员,且其知识结构不尽合理,缺少对生态文明理论及大数据信息运用有较深造诣的专门人才。企业不履行环保义务的问题仍然存在,他们为了短期的利益节约成本,或者是公开的,或者是私下的,这些都会阻碍相关环保制度的执行。地方政府也常常对此视而不见,以求经济利益。此外,企业环境保护监管机制的构建还相对滞后,对企业生产信息的收集、企业环境污染治理及污染物排放、企业环境保护责任的具体承担等环节的监管不力,也是导致企业忽视国家环境保护制度的重要原因。公众对国家的生态文明战略和有关的生态环境政策的理解程度不深;环境保护参与热情普遍不高,将生态环境治理归结为政府一家的事情;社会成员生态环境保护参与途径有限,环境保护参与途径单一,主要集中在义务承担方面。

9.2 上海"一江一河"环境治理的实践经验

9.2.1 苏州河治理

苏州河是吴淞江在上海市区域的一种统称,人们通常认为它起始于上海城北新泾,在外白渡桥东面与黄浦江交会,有时也将苏州河指称整个吴淞江。苏州河是上海最早的发源地,它孕育了古代大部分的上海,也是上海在过去一百多年里建立起来的水域框架。苏州河下游沿海地区"沪渎"是上海市地名的由来。苏州河是中国最先受到污染的一条大河,它见证了上海近现代工业化进程,但它也因此而一度变成了一条"黑丝带"。

苏州河自古以来便有治理之举,但很少以治理环境污染为目的,多数时候是因为河道淤积,洪水泛滥,危及人们的生命和财产。通过疏通水道,使水流通顺畅,清除淤积物,从而降低苏州河的洪涝灾害,增强河流的自洁能力。近代以来,苏州河沿岸工业企业增加,使苏州河水质恶化。1917 年,上海租界工部局为遏制"两水"的排放,采取了"分流"的办法,在河道中开挖下水道,把"两水"排放到其他河段,这样的"拆东墙补西墙",虽然能减轻一些污染,却无法彻底解决问题。

新中国成立以后,上海致力于发展重工业,工业环境污染相对较重。为了治理苏州河的污染,上海市政府在 20 世纪 50 年代进行了城市污水治理的规划,提出了一种治理苏州河环境污染的方案,即将污水输送到长江,以此来减轻污染。20 世纪 60 年代,苏州河的综合治理计划,就是以"防治污染"为出发点,采用了增加排污管的方式对废水进行处理。然而,即便如此,苏州河的污染状况依然不容乐观,因此上海市城建局从源头着手,就苏州河的污染范围、污水的收集和排放等问题作了较为详细的研究。市环保部门在对苏州河的水质和水文状况进行了调查后,跟踪污染源,并制定相应的治理措施;市城建和规划局组织有关科研单位对河流中的液态垃圾进行了处理,并提出了相应的处理对策;与此同时,上海市积极倡导综合利用科学技术的理念,把苏州河的污染物再循环利用,推动群众参与的苏州河综合利用活动,促进苏州河生态环境保护与修复工作。苏州河治理工作有了新的进展,上海市成立了苏州河专项整治计划专家组,对苏州河的治理方式、途径进行了探讨,并对苏州河的河岸进行了初步的规划。20世纪70年代以来,受"绿色发展"思想的影响,我国把环保问题列入了国民经济和社会管理的范畴。上海市率先开展了环保工作,率先建立了上海市"三废"工作领导小组,之后又建立了上海市环保办公室。上海市于20世纪70年代后期组建了上海市环境保护局,以实现对全市环境综合整治的统一。同时,上海的环境保护法律体系也在逐步强化,苏州河的综合整治也从此以制度化为基础的方式进行,并持续地强化和健全相关的环境保护法律体系。上海市针对实际发展的需要,制订了保护水源、废水排放、环境保护管理的具体措施,尤其在环境保护管理上,上海市率先推行了目标责任制和综合考核制度。

受国际可持续发展理念的影响,上海市委、市政府及时更新思想,以发展的眼光看待苏州河的综合整治问题,着眼于经济社会的可持续发展道路,结合苏州河的综合整治与"经济、社会、城市",即苏州河的综合治理既要优化城市结构,又要对城市的土地资源充分利用,还要符合生态发展的需要。在此之后,上海市委、市政府提高了对苏州河的环保投资力度。1993年12月,上海市合流污水一期工程顺利竣工,苏州河干流日处理能力达140多万立方米,有效地减轻了苏州河的污染,基本解决了苏州河干支流的黑臭问题,为苏州河的治理打下了坚实的基础。

从1996至1998年为苏州河环境综合治理的前期工作,其主要工作包括:编制规划、科学论证、投资建设等。苏州河环境综合治理是一个长期而复杂的系统工程,为使项目的建设做出科学的决策与规划,上海市于1996年设立了"苏州河综合整治领导小组",统筹协调苏州河综合治理工作,领导小组成员包括各部门党政主要领导,以市长为组长,并设立一个专责具体治理工作的办公室。1997年上海市召开第七次党代会,会议以城市建设为主题,强调上海市要把发展和建设结合起来,加强城市的生态环境。第二年,苏州河生态修复项目开始实施,该项目计划投资86.5亿元。同年,在苏州河综合治理领导小组的提议下,成立了苏州河综合治理工程。苏州河环境治理工程是国家发改委、国家环保总局重点支持的项目。部、市围绕苏州河环境综合治理方案进行过多轮研究讨论,1998年,上海市正式出台《上海市苏州河环境综合整治管理办法》。

从1998年开始,上海市就把全市域的中小河流作为整治的重中之重,要求每个区都要成立一个领导机构和一个专门的组织机构，以便对整个流域的河川污染状况有一个全面的了解，并制定出一套有效的整治计划。共青团上海市委、苏州河综合治理指挥部联合开展了以苏州河流域为重点的"为了苏州河的美好明天"专项调研。参加苏州河整治的职工对支流整治、综合调水、码头拆除、底泥清理等项目有了更深的认识，广大群众也就整治工作反映了自己的期望，提出了意见和建议。1998年年末，苏州河综合整治工作取得了新的进展。进入新世纪，上海市苏州河的环境综合治理已成为当前的重点，其重点是治水，分阶段实施。2002年年底，苏州河一期工程完工，彻底清除了河流的黑臭，生态环境大为改善。

进入21世纪以来，上海市在建管并举的发展战略中城市发展建设取得了长足的进步。2002年，上海市第八次党代会召开，提出要继续以推动城市现代化为发展目标，持续强化城市管理，苏州河综合整治逐步转向改善陆域环境。2003年，上海启动了苏州河综合整治二期项目，2005年，苏州河水质得到了较好的控制，并得到了较好的保护，达到了第二阶段的目标。2006年年初，为加速苏州河的环境治理工作，苏州河综合整治领导小组在2006年年初召集了一次会议，提出要尽快启动三个阶段的建设。2007年上海市第九次党代会召开，提出要加强城市功能，优化城市环境，加快黄浦江、苏州河等地区的综合开发，提高人民群众的幸福感。苏州河三期综合治理工程在新发展理念的指引下，确立了水系水质同步提升、河道生态环境修复的新目标。由于各种原因，苏州河三期综合治理工程在2008年进入了休养期，但并没有停滞。2012年，上海市第十次党代会明确了上海市要以"百年大计、世纪精品"为发展目标，从整体上提升城市居住质量，建设安全、和谐、幸福、宜居的城市。高起点、高水平地推进苏州河流域综合治理，是当时苏州河治水工作的重点和难点。

上海市第十一次党代会于2017年召开，本次党代会的主题是要强化党的领导、加强党的建设，根据上海的城市治理工作情况，强调突出党的领导作用，要求在创新城市管理模式的基础上，建立起符合上海城市特点和规律的城市治理体系。从2018年起，全国范围内开展了大范围的水污染防治，上海市也提出了"建设世界一流城市"的新目标，苏州河综合整治作为一项重要的试点项目，也进入新的发展时期。2018年，苏州河四期治理项目正式启动，以治理污染为重点，以苏州河流域为重点，注重生态系统的有机更新和居住体验。由此，苏州河整治工作一改过去注重政府的管理行为与成效，以党建为中心,把党委政府的主要职能下沉到基层,形成"市区联动,条块联动,协同整治,建设与管理并举,良性互动"的制度体系。目的在于建立和谐的社区关系,优化社区治理结构,建立以"党建引领"为核心的城市治理模式,为"党建引领"的城市治理模式探索出一条新路。

在上海人民齐心协力下,苏州河环境治理在新的历史时期也有了新的发展目标,即在苏州河流域建设新的城市之心,以党建为引领,在功能、生态等方面实现新的发展。上海已全面展开了苏州河四期环境综合治理,该项目的总投资达 250 亿元以上。到 2020 年,苏州河将实现"城市项链""发展名片"和"休闲宝地"的目标,努力实现"航道功能优化,生态景观廊道建设"。苏州河四期综合治理项目,将"水岸一体"作为重点,重点解决岸上污染源问题,从源头上解决水环境问题;要采取综合整治措施,强化全系统的污染控制,才能使流域水环境得到整体改善。2021 年上海市政府出台了"一江一河"规划,明确提出上海市将在苏州河流域提升滨河生态与景观品质,打造适居宜居的居住区;通过对沿江两岸深厚的历史文化资源的发掘,拓展滨河两岸的商业和服务功能,使苏州河沿岸成为一个新的都市生活秀带和发展绣带[167]。

9.2.2 黄浦江治理

黄浦江,古名东江,向下游过松江后始称黄浦江,是上海市内主要河流。上源为拦路港,主源来自淀山湖,流域面积 3 653 平方公里。干流全长 113.4 公里,其中,中上游段约 75 公里。黄浦江流域不仅仅包括了黄浦江的干支流地区,更包括了黄浦江的主要水源地。黄浦江流域是我国典型的东部平原水网地区,河道密布、纵横交错,主要区域涉及江浙沪两省一市。具有典型的区域综合性。上海黄浦江流域水源由本地水源和江苏、浙江来水构成,黄浦江的三大支流主要承接太湖、淀山湖、泖淀地区和浙江杭嘉湖地区的部分来水,本地污染和上游水污染共同构成了上海黄浦江水体污染,并且上游水体污染都已经成了黄浦江水体污染的重要污染源。

黄浦江总体水质状况基本保持稳定,但是水质污染情况依然不容忽视。自进入 21 世纪以来,黄浦江水体污染就成为上海市政府水环境治理与保护的工作的重中之重。在改革开放等利好政策驱动下,经济进入高速发展时期,但是由于当时政府单纯的追求经济增长,对于环境保护缺乏足够的认知,工业污水、农业污染等都成为黄浦江水质恶化的重要污染源。加之当时污水处理技术等的不足,导致污染极为严重,因而走上了先污染后治理的道路。1985年开始上海市制定了《上海市上游水源保护条例》，并于1987年制定关于该条例的实施细则，随后经过不断的修正正式施行。1996年之后，黄浦江水体污染指数整体呈快速改善的趋势，黄浦江水质污染指数呈现大幅下降趋势，水质改善效果良好，工业废水量大幅下降和污水处理能力不断提高，推动下水质持续改善。2009年上海市建立黄浦江上游地区生态补偿制度，加强了水源地的保护。2010年出台的《上海市饮用水水源地保护》，成为黄浦江上游水源地区治理的制度规范和法规参考。上海通过不断的扩大水源地保护区的范围，确保上海市水源安全。河道治理一直是黄浦江治理的重点，通过控制污染源以及污水处理等河道治理工作已经取得了进展[168]。黄浦江区域协同治理机制主要依托于长三角地区和太湖流域管理等区域整体所建立区域治理机制，主要以联席联动机制，生态补偿机制、上层组织的直接组织与协调，应急机制等机制为主。2010年，为贯彻落实《国务院关于进一步推进长江三角洲地区改革开放和经济社会发展的指导意见》，发布了《长江三角洲地区区域规划》。2019年长三角生态绿色一体化发展示范区正式挂牌，更好地带动了区域协同发展。

黄浦江的水质治理变化状况可分为三个时期：

黄浦江水质的持续恶化期(1986—1996年)期间，污染指数迅速增加。由于政府只注重经济发展，缺乏环境保护意识，所以才会发生先污染后治理的情况。在这一时期，工业废水、农业废水等是这一时期的主要污染物。再加上当时的废水治理技术落后，造成污染重、治理时间长的局面。

水质改善期(1996—2002年)。黄浦江的污染指数总体上都有明显的好转，黄浦江的污染指数也有明显的降低，水质得到了较好的改善，而在这一阶段，由于工业废水的大量减少，以及污水处理能力的不断提升，水质得到了明显的改善。

水质平稳期(2002—2010年)。黄浦江水质得到了持续稳定的改善，水质得到了明显的提高，污染指数也有所降低，但总体上趋于平稳。在这一时期，工业废水、农业污染得到了较好的控制，污水处理量也得到了提高，因此，黄浦江污染得到了较好的控制。

9.3 长三角生态绿色一体化发展示范区环境治理的实践经验

习近平总书记于2018年11月5日在"中国国际进口博览会"上明确提出，要推动长江三角洲地区经济社会发展，并将其列为国家战略。2019年10月25日，国务院批准了"长三角生态与绿色一体化综合发展示范区";11月1日,示范区正式启动。"长三角生态与绿色一体化发展示范区"建设合作伙伴联盟于2020年8月25日在上海正式成立。其范围包括长三角地区的苏州市吴江区以及浙江省的嘉善县、上海市的青浦区,总面积2300平方公里。2022年11月14日,青浦、吴江和嘉善分别举办了"长三角生态与绿色一体化发展示范区"重大工程开工仪式,一批重大工程正式启动。在这13项重大工程中,三地共启动了7项生态环境建设工程,包括:环太湖三期(生态恢复,景观提升)、西岑科创中心水质净化厂,元荡生态恢复和岸线提升(吴江三期),吴江城南污水处理工程,吴江盛泽污水处理生态环境建设工程,蓝环嘉善第一期工程,以及嘉兴中部河段(嘉善一期工程)。

长三角生态绿色一体化发展示范区是一个整体良好的区域,并在稳定的基础上不断改善的区域。2021年,示范区空气质量指数优良率达87.4%,空气质量"优"级天数占全年的29.3%;良等级的天数占比为58.1%;轻度污染天数占比为12.3%;中度污染天数占比为0.3%;无重度及以上污染日。空气质量指数的优良率在2019—2021年整体上都有提高,其中2021年比2019年提高了9个百分点;3年内没有出现严重及以上的大气污染日数,且中等污染日数呈递减趋势。在示范区内,优良Ⅲ类断面占84.6%,没有发现劣Ⅴ类断面。氨氮、总磷平均浓度和高锰酸盐指数的平均含量为0.35、0.119和4.1 mg/L。其中,优良三类断面所占比重不断提高,与2019年相比,2021年示范区优良三类断面所占比重提高了9.6个百分点。太浦河的水环境质量在Ⅱ—Ⅲ类之间,整体质量良好。其中,平望大桥断面水质状况为良好(Ⅲ类),其余6个断面水质状况均为优(Ⅱ类)。2019—2021年,太浦河总体水质基本持平。2021年,淀山湖各功能区水质均达到Ⅴ类,水质差别较小,主要污染指标为总磷和总氮[169]。

9.3.1 加强联保共治,跨域联保共治机制逐步健全

重点关注跨境水体的联合保护与治理。苏浙沪两省一市的生态环境、水务局(厅)、生态环境部太湖东海局、水利部太湖局、示范区执行委员会等9个单位,于2020年9月30日发布了《长三角生态绿色一体化发展示范区重点跨界水体联保专项方案》(下称《联保方案》)。《联保方案》重点明确了建立联合河湖长制、实施联合监管机制、开展联合执法会商、完善联合监测体系、健全数据共享机制、深化联合防控机制等6项工作。自示范区创建以来,金泽镇和黎里镇两个镇大胆尝试,打破行政区划壁垒,联合制定了

《雪落漾(诸曹漾)一体共治方案》和签署了《雪落漾(诸曹漾)联保共治备忘录》,开展了联合治理试点工作,并积极探索了跨省边界河流湖泊联合治理和一体共治的新经验,取得了丰硕的成果。建立跨界饮用水水源地共同保护机制。自示范区设立以来,各方围绕太浦河饮用水水源地的共同保护,开展了一系列合作,形成了一套完善的水环境联动保护和水资源精细化管理机制,并为我国第一个跨界饮用水水源地的协调划界打下了良好的基础。2022年8月,《加强示范区饮用水水源地生态环境保护联防联控工作备忘录》由两个省(市)的生态环境厅(局)与示范区执行委员会共同签署;9月,联合发布《关于建立完善示范区跨界饮用水水源地共同决策、联合保护和一体管控机制的通知》,聚焦沪、苏、浙两省一市共同保护这一核心问题,共同构建跨境饮用水水源地协同保护模式。

9.3.2 夯实生态基底,生态环境一体化保护制度框架基本成型

示范区生态环境管理"三统一"制度。生态环境标准、监测、执法"三统一",是生态环境跨域一体化保护的基础性、关键性制度。2020年,两省一市生态环境部门会同示范区执委会共同制定了《示范区生态环境管理"三统一"制度建设行动方案》。该方案明确以"一套标准"规范生态环境管理、以"一张网"统一生态环境科学监测和评估、以"一把尺"实施生态环境有效监管为重点,加快构建跨域统一的生态环境管理制度体系。如共同建立示范区大气超级站科学观测网,不以行政区域为划分准则,推行"一个大气"的理念,打造长三角区域大气复合污染物化特征多维立体观测示范平台。

示范区生态统一调查监测机制。2022年8月,两省一市生态环境部门会同示范区执委会出台了《示范区生态监测实施方案》。该方案聚焦"一河三湖"、水乡客厅等重点区域,突出生态格局构建、生态功能维护和生物多样性保护的跟踪监测,探索建立跨域统一的生态调查监测工作机制、网络,示范引领平原河网地区生态调查监测方法、标准创新,为加快生态优势转化、促进人与自然和谐宜居,提供更加有力的基础能力支撑。在该方案发布当月,示范区按统一标准启动首次跨区域生态监测工作,为期10天,监测范围覆盖两区一县。

9.3.3 推动绿色发展,加快探索绿色创新融合发展路径

示范区环评制度改革集成。2021年10月,两省一市生态环境部门和示范区执委会出台了《关于深化示范区环评制度改革的指导意见(试行)》。该指导意见提出四大方面

14条具体改革举措,共同促进示范区环评制度改革集成联动,突出了改革集成、示范引领、跨域协同等特点,实施以来,改革成效明显,制度集成改革红利得到持续释放。一是要求不降、审批更高效。二是减费增效、企业更方便。三是聚焦重点、监管更有力,违法行为持续减少。通过持续创新监管方式,三地综合行政执法部门建立了一体化、多层次、常态化执法协作体系,对环评失信实施惩戒,环境违法行为持续下降。青浦区污泥干化焚烧项目是示范区首例通过规划环评与项目环评联动,环评报告书降等为环评报告表的建设项目。改革后,公示时间由15个工作日缩减为10个工作日,审批总用时仅18个工作日[170]。

9.4 伦敦泰晤士河与巴黎塞纳河流域环境综合治理的实践经验

9.4.1 伦敦泰晤士河治理

英国泰晤士河的源头是英格兰西部科茨沃尔德山,这条河流长达346公里,穿过伦敦市中心,最后在诺尔岛流入北海。泰晤士河在19世纪之前还是比较干净的。河水清澈见底,盛产鲑鱼,是天然的水鸟栖息之地,更是人们在江面上乘船消遣的旅游胜地。但从19世纪初期开始,泰晤士河就被大量的工业废水与生活污水污染,原本清澈明媚的河流,变成了一条肮脏的下水道。

(1) 泰晤士河水污染严重的原因

迅速发展的工厂。英国在经历了一场工业革命之后,其产业组织模式也经历了一场深刻的变革。为适应日益增长的市场需求,许多企业纷纷成立。在此期间,以水力为主要的机械能源,许多工商业都喜欢沿着河岸、运河兴建,而化工、制气等产业,则是泰晤士河的污染源头。自第二次世界大战后,工业过程和相应的污染种类发生了很大的变化。化石燃料的燃烧以及钢铁、其他金属、化工等重工业产品的生产,带来了新的污染,使得废水的治理比从前更加困难。随着工业的发展,城市化的进程越来越快,越来越多的人涌进了城市,城市已经被挤得水泄不通。城市往往过于拥挤,房屋过于拥挤,没有自来水,没有下水道,而且灯光和通风设施也十分糟糕。没有健康巡视员,没有健康医务人员,没有"地方议会"制定健康规则,没有规则可遵循。成百上千的街道、院子和小巷都没有下水道,污水无处排放,洒满了房间、地下室和院子,几乎使人寸步难行。供水系统的改进和冲水马桶的发明,只是把问题引向别处,加重了污水聚集的恶臭。19世纪上半叶,英国崇尚"自由放任",对城市开发过程中所引发的一系列社会问题,政府没有采取有效的措施加以解决,国会将更多的精力放在了解决"自由贸易""立宪"等问题上,忽视了社会问题。19世纪中叶,英国出现了两党共治的局面,并出现了自由、保守两党交替执政的局面。在那个时候,自由派和保守派都对治理河水污染不感兴趣。地方政府为促进本地经济发展,竭力维护本地工业和矿产资源,由于担心"反污染"会对经济产生影响,故竭力阻挠国会通过排污法案。

(2) 治理办法

① 政府的干预

《都市排污法》在乔治·霍华德的主持之下于1847年颁布,并在1848年获得了通过。该法案规定,所有新建造的住宅都要装上抽水马桶,并配有配套的污水处理系统,并且要求所有新建造的住宅都要连接公用的污水管道,否则将被处以20英镑的罚金。对于已有住宅,若其100英尺内已有公用污水管道,则亦须增建污水管道,使其连通。在同一年,首个"大都市排污委员会"(以下简称"都排")成立,由英国政府指派了23位委员。第一届都排的重点集中在改进住宅排水管道,并在每家每户取消粪便池,改进市区污水排放系统,并引入圆管式下水道,把住宅与公共排水管道连接起来。第二届都排,一名粪肥专家加入其中,研究将城市生活废水特别是其中的粪肥用于农业生产。第三届都排成立时,有大量的工程师加入,铁路工程师弗兰克·福斯特被任命为总工程师。1850年8月1日,福斯特提交了泰晤士河南岸地区排污方案,即修建一条独立的拦截式排污管道。1851年1月31日,福斯特与伦敦的一名工程师威廉·海伍德共同提出了一项计划,计划在泰晤士河北部建造两条截流管,并用一个抽水机把污水排放到利河,然后再排放到泰晤士河。不过,福斯特的污水处理方案却是一波三折。

1848年至1855年,一共产生了六届城市污水处理委员会。伦敦城市经过了详尽的地理调查,为城市下水道系统的设计和计划提供了详尽的资料。1856年1月1日,城市管理局委任约瑟夫·巴扎格为首席工程师,并要求首席工程师在最短的时间内,将设计出一套截流的污水收集系统,以实现截流的设计思路。巴扎格的计划是根据泰晤士河的地形,修建一条下水道,将污水从下水道中排出,然后流入泰晤士河的下游,流入大海。由于这里远离了伦敦市区,所以巴扎格认为这会极大地降低它对伦敦市区河流的影响。尽管巴扎格发明的截流排水系统可以很好地解决污水收集的问题,可是向泰晤士河排放的废水却是一个新的难题。1882 年,英国王室委员会对伦敦下水道系统中的污水排放问题进行了研究,并试图找到一种解决方案。

1955—1975 年泰晤士河治理范围从一河两岸扩大至全流域,将 200 余个涉水单元合并后按河段重新划分为 10 个管理分区。在此期间,英国水资源经历了从地区分散管理到流域统一管理的转变。将大伦敦地区分布较散的小型污水处理设施合并建设大型污水处理厂,提高污水处理标准,革新技术,完善法制,严格控制污水处理达标后排放[171]。

总体而言,英国人在 19 世纪对泰晤士河的治理效果并不显著,并没有对污染的总体趋势进行控制。正因为如此,人们才得出这样的结论:"对河流污染的治理,无疑是维多利亚时期公共卫生史上最糟糕的一章。"20 世纪,泰晤士河的污染已经严重到了令人毛骨悚然的地步。20 世纪 20 年代后,随着泰晤士河沿岸工业的发展,泰晤士河上的产业越来越密集,大量的工业废水和生活污水被排入河中,造成了河水的缺氧状况。到了 20 世纪 60 年代,泰晤士河终于变得臭气熏天。1975 年后,英国政府继续投入大量资金,改善废水处理设施,使泰晤士河的水质得到改善。伦敦市将四座废弃的蓄水池改建为一片面积达 42.5 公顷的湿地,使其水质更加洁净。与此同时,英国政府于 1974 年 4 月 1 日设立泰晤士河水务局,取消了原有的分权管理制度。水务局对每一个污染源都进行了严格的控制,并建立了一个涵盖整个小流域的废水排放监控体系。同时,通过对城市污水处理系统进行技术改造,使城市的污染物总量在 1955 年到 1980 年之间下降了 90%。此外,当局亦利用充氧船每日给泰晤士河注入氧气,以增加泰晤士河中溶解氧的含量。充氧船每年平均往泰晤士河中充氧 4 至 6 次,每次 2 至 10 天。人工充氧对于降低污染负荷、抑制河流污染起到了积极作用。

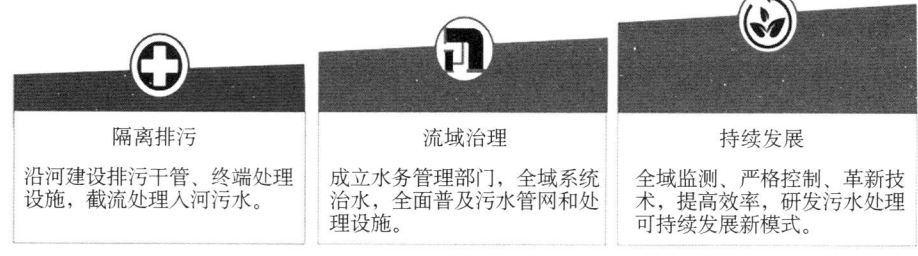

图 9-1 英国伦敦泰晤士河治理历程[171]

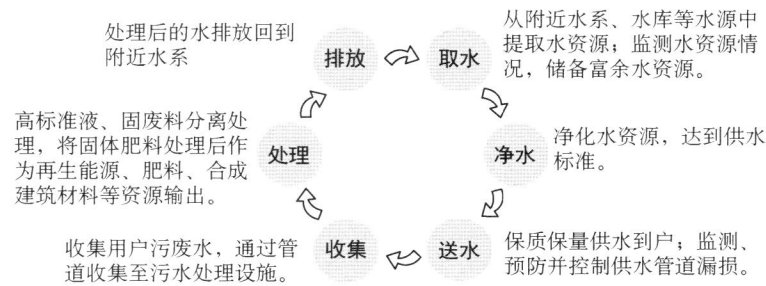

图 9-2　英国泰晤士水务公司业务内容[171]

② 议会立法

1844 年,英国国会批准《公共卫生法案》,这是英国首个有关城市环境卫生问题的法律。该法案明确了地方政府应在中央政府统一领导下,对城市生活垃圾进行集中治理,为人民提供清洁、卫生的饮用水;设立由中央至地方一级的健康理事会,负责城市的供水、污水处理和街道清扫等公共健康方面的工作。1855 年,国会通过《有害物质去除法》,处罚那些企图向河里排放工业污水的生产商。1865 年及 1868 年,国会曾两度指派皇家委员会对英国各河川的污染情况进行研究,以寻找解决问题的方法。1875 年,议会在总结以往类似法律的优点和不足后,对《公共卫生法案》进行了修订和完善。三年之后,新的"公众健康法"被国会批准,以弥补最初的立法。该议案规定:当地政府有责任在其管辖区内修理和维护下水道,并在需要时增加下水道;各地方政府不得将其管辖区的废水经由下水道排放到江河中;不定期组织相关部门人员对江河两岸的污染状况进行检查,并提出相关的治理措施;政府工作人员应经常检查其管辖范围内的住宅,看其排水系统是否已安装;在工作地点应建立适当数量的男女厕所等。

1876 年议会通过的《河流污染防治法》,该法不仅是英国历史上首次制定的一部防治河流污染的国家立法,而且还是在世界范围内首次制定的一项有关河道污染治理的法律。这项法案的目的是:禁止向河里倾倒固体废物和废物;严禁向江河中段排放大量的有毒、危险或会引起污染的工业废水。1951 年,《河流污染防治法》代替 1876 年的法律,原河流管理委员会代替当地政府行使环保职能。1974 年,英国在处理水污染问题上起到了举足轻重的作用,而《污染控制法》也在其中确立了要建立排放许可证制度。规定未经许可的任何污染或排放行为都属于违法[172]。

时至今日,泰晤士河的治理仍在进行中。20 世纪 80 年代,随着伦敦经济的衰退,城市公共服务的匮乏,以及沿河建筑、景观及设施的老化,伦敦市政府希望通过区域改造与水环境治理相结合来实现这一目标。因此,在1995年,启动了一个以社区为主的协作项目,目的在于使泰晤河南岸从没落转变为一个新兴的区域。这个方案包括三个部分:城市的整体发展,空间的改善,以及社区的参与。规划的内容除了对水环境的治理之外,还要对历史建筑进行保护,增加绿色空间,美化街道景观,提高社区的宜居程度,以及对公共服务设施的更新。并且,在两岸原有的景观基础之上,新建新的景观,使新建景观与原有景观保持协调。该计划的实施,使泰晤士河两岸景观形成一个整体,成为伦敦乃至英国的象征,既促进了旅游经济的发展,又改善了城市的景观形象和沿岸的生活环境[173]。

9.4.2 巴黎塞纳河治理

塞纳河是法国第四大河流,它起源于法国东部郎格勒平原,全长776公里,可以航行534公里。流域面积为79 000平方公里。塞纳河流域有1 600万居民。塞纳河的水质是由多个因素共同作用的结果,其中农业污染、生活污染、工业污染,雨水和下水道的外溢是其主要原因。塞纳河河谷60%的土地都用于农业,特别是在巴黎的上端,那里种植着大量的高产量的作物,因此大量使用化肥和农药。塞纳河沿线分布着九个城市,占法国总人口的三成,这九个城市的人口密度很高,但也有许多关键的产业,法国40%的产业都集中在这里,所以会排放很多的生活废水和工业废水。本流域多数区域已建有污水收集管网,但因其排水管网多为合流式,雨水、污水等雨水的外溢现象较多。尤其是两个最大的污水收集点——克利奇和拉布里希。塞纳河在暴雨期间,由于雨水和污水的混杂,其水量可达到每秒50吨,给河道水体带来很大的冲击力。1910年,持续不断的大雨使塞纳河水面上涨,塞纳河水冲破堤防,巴黎被水淹没了两周,食品短缺,居民被迫背井离乡,公路、铁路被阻断。洪涝还严重威胁着卢浮宫珍藏的人类文明瑰宝。1924年,塞纳河又一次发生了洪涝灾害。惨痛的教训,使法国加快了治理塞纳河的步伐。

20世纪60年代早期,塞纳河的生态系统因为受到了严重的污染而彻底崩溃,曾经生活在这里的32种鱼类,仅有2~3种幸存了下来。1964年,诺曼底塞纳河水管理局对塞纳河进行了管理。在这一时期所面对的主要环保问题有:农业污染的控制、城市雨水和废水的控制、生活废水的除磷脱硝、湿地的修复,等等。从1991到2001年,在这十年里,塞纳河诺曼底税收委员会在塞纳河河谷的废水处理厂上投入了56亿欧元,建造了500多个废水处理厂,有50%以上的废水具有除磷脱硝功能,使工业废水的处理率提高了30%。同时,巴黎的供水分为饮用水和非饮用水两个系统,非饮用水(即塞纳河水)主要用于冲洗街道和浇花浇草。下水道收集的工业、街区和居民污水,直接送入污水处理厂。如今,密如蛛网的下水道总长度达2 400多公里,相当于从巴黎至土耳其伊斯坦布尔的距离,地下还有6 000座蓄水池,每年从污水中回收的固体垃圾达1.5万立方米,现有的4座污水处理厂日净化水能力为300多万立方米。

法国政府还在塞纳河巴黎上游区域先后兴建了4座大型储水湖,蓄水容量达8亿立方米,通过调节上游的流量,有效地控制了水害。同时,兴建了19个双重水闸和船闸,使塞纳河巴黎段从原先每年有半年水位不足1米深,变成水深3.4米(民族桥区)至5.7米(米拉博桥区),河水平稳,也使整个塞纳河的航运里程达到了535公里。

河流的质量不断得到提高,尤其在巴黎塞纳河河段,已经发现了20多种当地的鱼类。在理化指标上,溶氧量从处理前的3 mg/L以下上升到处理后的8 mg/L。虽然塞纳河中的氨氮浓度仍高于泰晤士河和莱茵河,但其氨氮浓度已从处理前的最高9 mg/L下降到平均2 mg/L。20世纪七十年代以后,随着含磷洗衣粉的广泛应用,导致八十年代的总磷负荷达到了峰值。20世纪九十年代以后,随着污水处理厂的除磷能力的增加,排入水中的磷负荷开始下降,但是下降的速度并不快。而在生态系统上,在20世纪六七十年代,由于航运、水库蓄水,以及水污染等因素,塞纳河内原本32种鱼类仅有少数得以幸存。大多数的回流鱼,例如鲟鱼、鲑鱼、七鳃鳗、西鲱,已经在这条河流中绝迹。经过30多年治理,包括污水截留、生态恢复等措施,塞纳河的水生生态系统已有了明显改善,越来越多的鱼类出现在塞纳河[174-175]。

9.5 德国鲁尔工业区空气污染治理的实践经验

鲁尔区在19到20世纪的这段时间里,一直是欧洲最大的工业生产地和人口聚集地,聚集了大量的钢铁、冶金和机械制造业。它们不仅在区域内的经济发展中起着举足轻重的作用,也在德意志人的历史进程中起着举足轻重的作用,甚至在世界经济的发展与格局变迁中也起着举足轻重的作用。1820年左右,鲁尔区尚无明显的环境污染迹象,因为经济主要以工商业、手工业为主。随着德国工业化、城镇化进程的加快,鲁尔工业区长期受到雾霾、废气、污水、废渣等污染,成为欧洲乃至全球最严重的环境污染区域。在工业革命时期,从当时许多城市档案的历史记录中可以看出,鲁尔区的空气污染程度持续升高并引发很多问题。根据杜塞尔多夫城市的档案记录,1912年前后鲁尔区南部地区的工业污染情况仍在控制范围内,但是北部地区的烟雾排放非常严重。1928年,一项有关鲁尔区森林保护的调研报告认为,如果不消除空气污染,任何保护森林的有效措施都是无用的。直到1951年,由于德国忙于"二战"失败后的重建工作,该地区的环境污染问题一直未提到议事日程。"二战"结束后的15年内,鲁尔区的环境污染治理没有任何进展,因为在战后重建的背景下没有谈论治污的余力。然而,进入20世纪60年代,情况出现了转机,而且这种趋势在随后的一段时间内逐渐变好,甚至到了八十年代已加快了进程,乃至鲁尔区内的环境压力已开始逐渐降低,甚至还低于其他地区水平。

前联邦德国总理布兰特于1961年4月28日,在联邦国会选举演讲中第一次提到环境保护问题。这是德国在环境保护运动中首次提出的全国性的环境保护倡议。1970年6月,联邦德国新的政府由社会民主党与自由民主党的联合执政组成。在那一年的9月,《联邦政府环境保护紧急方案》正式出台,也就是在那一年中,正式通过法律的方式来解决大气、水、噪声、传染病等问题,并在保护自然、风景和环保科技方面作了规定。继美国、瑞典后,1972年联邦德国正式设立了环保部,并由知名的法学专家莱尔斯纳先生出任了该部的首位环境部部长。此举标志着该国环境治理工程的正式拉开序幕。与此同时,德国的新闻界也对环保事业进行了积极的报道,对因环保而引起的各类疾病、污染等事件进行了大量报道。在1970年9月进行的问卷调查中,有将近六成的人没有听过"环境保护"这个概念。但是,在1971年11月,有90%的市民称他们已经知道了"环境保护"这个概念。到了1973年,65%的市民已经意识到,找出如何有效地防治大气、水污染的方法是当务之急。因此,环保与环境政策一度成了热门话题,并逐步引起了全社会的注意。20世纪70年代,在市民倡议下,大大小小的环境保护活动不下二千场,足见新闻传媒的影响力。此外,教会、联谊会、教育界及其他社会团体的广泛参与,亦对环境保护活动产生积极影响。

德国对鲁尔区环境的治理最值得参考的是对立法规制的重视。因此,在其治理环境污染过程中,法律的颁布和实行起到了主导作用。在鲁尔区的改造立法过程中,经历了从国内立法到与欧盟立法的衔接,从较为宽松到逐步严格,从宽泛到细化的趋势。

1964年,联邦德国北莱因-威斯特法伦州颁布《雾霾法令》,以应对鲁尔区雾霾危机;1971年,大气污染治理首次被纳入联邦德国的政府环保计划;联邦德国1974年出台《联邦污染防治法》,制定大型工业企业污染排放标准;1979年签署《关于远距离跨境空气污染的日内瓦条约》,1995年通过《排放控制法》,1996年《循环经济与废弃物法》正式生效,1999年加入《哥德堡协议》;2005年颁布《联邦控制大气排放条例》,对200多种有害气体的排放制定了标准。

在制定法律的同时,政府也对企业进行了积极的鼓励,特别是在1973年世界石油危机爆发之后,煤炭资源变得更加重要。为了满足矿山业主的需求,并保证稳定的高就业,北莱因-威斯特法伦州政府对这些公司进行了大量的支持,并且还积极地鼓励他们进行发明革新,以减少空气污染对环境造成的影响。1987年,95%的发电厂都有效安装了脱硫装置。

在20世纪八十年代,联邦德国重型工业在世界经济衰退的影响下,同样陷入了巨大的生存危机。但是,正是这股压力使鲁尔区焕发出新的活力。如今,埃森、波鸿、多特蒙德等地的冶炼工厂和矿场都已经消失不见,很多钢铁厂都搬到了其他地方,或者干脆将工厂集中在了一个地方,以便更好地发挥自己的技术优势,降低生产成本,提高生产效率。到20世纪末21世纪初,鲁尔区在生态恢复方面已经有了长足的进步,大气污染基本消除。各个城区都按照不同的职能划分出科学区、发展区、服务区和生活区,使生活区与工厂区完全分开。在20世纪末期,该地区的企业,已经按照《欧洲环境管理体系》的要求,实现了对污染气体的控制,在该地区的烟囱上设置了自动报警系统,在各个工厂都设立了回收有害气体与粉尘的设施,并对高耗能、高污染的制造过程与设备进行了改造。此外,区内有严格的汽车尾气排放要求,每两年进行一次排气检查,据统计,每年仅此项检查就有一万多辆汽车被淘汰[176-177]。

9.6 纽约斯坦顿岛城市垃圾填埋场改造治理的实践经验

清泉垃圾填埋场规模曾是纽约最大的垃圾填埋场,坐落于纽约斯坦顿岛西岸。在这之前,这块场地上溪流蜿蜒、鸟儿翱翔,是一处风景秀美的原生态湿地,因此而得名"清泉"。1948年开始这儿被确定为建造垃圾填埋场,从此昔日的美景不复存在,取而代之的是污水长流、植被稀少、生态环境严重退化。到了2001年,由于民众的反对,纽约市政府把清泉垃圾填埋场关闭,并且由此揭开了对其进行景观改造和生态恢复的序幕。清泉垃圾填埋场占地891公顷,有三个纽约中央公园那么大,由垃圾山和溪流、湿地、坑地组成,其中垃圾山约占45%,溪流、湿地和坑地约占55%。

清泉垃圾填埋场所产生的堆积物不仅占据了大量的土地资源,而且还严重影响了当地的生态环境和自然景观。垃圾场的垃圾以城市垃圾为主,垃圾中包含了很多的有毒物质和不可降解物,这些化学物质会通过不同的途径进入周围的环境,从而对周边的大气、水体、土壤、植物和居民造成二次污染,还会造成生态系统的退化(图9-3)。在生态系统中,物种的多样性、稳定性、抗逆性等都会受到影响。清泉垃圾填埋场最终决定采用詹姆斯·康纳提出的"生命景观"方案,该方案的内涵为"生命景观=活动项目+栖息地+循环"。从"生命景观"的内涵中可以看出,清泉公园的规划建设不是一次性的,而是可持续发展的,不断进化的,意在建设一个有生命、有活力,最终实现能自我维持和不断进化发展的稳定的景观系统。

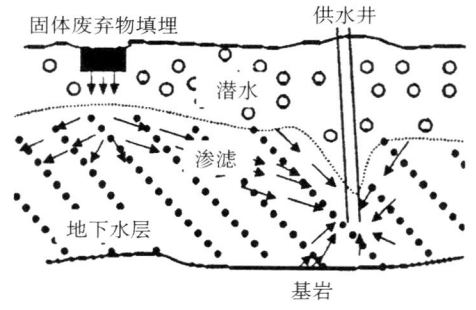

图9-3 垃圾对地下水的影响[178]

9.6.1 清泉公园设计规划

在未来的发展中,清泉站的总策略目标是:打造一个世界一流的大型公园;重建生态并培育能够自给自足和持续改进的生态系统;提供许多有特色的活动场地;以一种神圣又独特的方式,记录下"9·11"事件,以及在清泉遗址所发生的改变;建立一个快捷、高效的园区公路系统,以优化进入园区的车辆,降低本地交通拥堵。

清泉公园总体规划以"生命景观——纽约城市的新公共用地"为主题,将"生命景观"的概念界定为"生命景观=活动+栖息地+循环",意味着生命景观并非一成不变,而是一片充满生机和活力的土地。清泉公园是世界一流的公园,许多在市区不能开展的体育活动都集中在这里。该公园占地面积达688.5公顷,是一个不被人打扰的天然生态区域,它包含了开放的水面、盐沼和淡水湿地、草地和林地,利用生态修复和创意的景观设计,为鸟类和植物等野生动植物提供了一个丰富多彩的栖息地。而水陆相交,构成了公园内多层路网的架构。设计小组对清泉公园进行了详尽的规划,将各种体育、文化活动等划分为综合区、北部公园、南部公园、东部公园和西部公园,各有其特点和设计手法。综合区:该区域在清泉场地的中心,由清泉湾北岸的观水台及南部的中央区域组成,面积约40.5公顷。观水平台区位于三条河交会的地方,是一个以亲水为主题的大型广场。中央区是位于清泉湾南岸的一块平地,有会议、画室、滨水步道、餐厅、宴会厅、露天集市等,其中最大的特点就是展出清泉湾的各种机械装置,例如将老旧的驳船改造为水上游乐园,以及往返曼哈顿的渡轮服务。

东部公园:面积为195.2公顷,除有园区内各种基本设施及若干湿地外,最具特色的是一条风景车道,这条景观车道东起里士满大道,向西连接西海岸高速。北部公园:紧邻特拉维斯大道,面积约为94.4公顷。在垃圾山的北面,是一条纵横交错的公路,许多小道都通往小溪边。北部公园为游客提供了观光,野餐,钓鱼和休息的地方。从那里可以俯瞰到威廉·戴维斯野生动植物保护区。南部公园:面积约为172公顷,设有大型运动娱乐场所,如足球场、山地自行车道、赛马场及野餐区,游客亦可爬上南园垃圾山观赏美景。

西部公园:面积约220.7公顷,其中包括一个天然保护区域,其中最具特色的是一座高大的垃圾山,在垃圾山上建有一座巨型的大地艺术纪念碑。清泉公园将分为三期建设:第一期十年,首先进行道路系统和未破坏地域的项目建设,对东、西两个垃圾山封场,进行初步生态修复。第二期完善公园的基础设施建设,同时由于第一期十年的堆体分解,垃圾山体已基本稳定,山体上适当种植一些灌木、乔木,拉开了全面进行生态修复的序幕。第三期扩大对外开放的面积,对垃圾山体合理进行基础设施建设。它的可持续性规划也为公园未来30年的发展提供了一个指导。

9.6.2 垃圾填埋场生态恢复的技术

为了使清泉垃圾填埋场的生态恢复,政府采用了工程恢复、化学恢复、生物恢复的手段对垃圾填埋场进行了处理。

(1) 工程恢复

为降低填埋场渗滤液产量,抑制病原微生物和媒介蚊蝇的繁殖和扩散,控制填埋场臭气和易燃气体的释放,提高填埋场的安全性,加快填埋场的恢复和再利用速率,需要对垃圾填埋场进行封场处理。封闭后,对垃圾填埋场及其周围的环境进行监控。对垃圾填埋场中的地下水水质、渗沥液水质和水量、空气环境质量、垃圾填埋场中的气体组成和气体含量、垃圾填埋场的沉降等方面进行了监测。为了减少有害气体的排放,在垃圾填埋区种植监测植物,并在垃圾填埋区设置垃圾气体控制系统和大气恢复系统,了解垃圾填埋场的环境与安全情况。清水公园的建设也是工程恢复的一个组成部分。

(2) 化学恢复

协同采用工程修复的方式,对土壤进行改造,使其适应植被的生长。或者是为了提高植物的存活率和生长速度,从而促进生态恢复。其中包括酸化、碱化、脱盐、脱毒等,在清泉垃圾填埋场的生态修复中,多采用化学方法脱毒。

(3) 生物恢复

垃圾填埋场大多为低效生荒地,对其进行生态恢复的一项主要措施是植树造林。采用乔木、灌木、草本等植被类型相结合的措施进行生态恢复。通过连续种植植物,对场地内的被污染土壤进行改良和治疗。根据地形地质,气候,土壤条件和大气和土壤中的污染物来源,选择适宜的树种。在已开垦的边坡上,应选用能提高土质的固氮植物,并在边坡上栽种能保持坡面稳定、耐肥耐毒、生长迅速的植物,从而达到提高土质的目的。在高污染区域,如污水调蓄池和污水处理站附近,应选用抗性强、净化效果好的树种。在道路两侧,选择高大、美观、生长快、容易管理、吸收污染的树木,还可以种植抗性弱、对环境变化敏感的植物起到监测作用。建立稳定的植被层以构建生态系统,恢复土壤肥力和生物生产能力。生物恢复方法的应用在初期主要是植物引种,微生物土壤改良,后期就是运用个体、种群,群落各个层次的生物恢复、控制技术。对于某些重金属污染的场地土壤可以利用微生物来降低重金属的毒性[178-182]。

9.7 城市环境领域精细化治理的未来发展方向

目前,中国的城市环境治理已从传统的粗放型逐步过渡到了精细型。这种变革需要在治理理念、制度、结构和手段上进行系统的优化,以达到协同作用的目的。习近平总书记在多次讲话中提到"精细",涉及国家治理、贫困治理、疫情治理、城市治理等多个领域,城市环境治理精细化是城市治理精细化的重要向度,也是城市提质升级的重要抓手。

9.7.1 创新城市环境治理理念

在城市环境管理中,科学的观念可以调节、引导人们的行为。传统的"重经济轻环保""先发展后治理"的发展模式已经不能满足现代都市发展的需求,而一味地追求以环境为代价的城市经济发展模式也不符合创新、协调、绿色、开放、共享的新发展理念。

首先,我们应该建立起一种很好的服务观念。城市生态环境建设是一项典型的公共事业,所以,政府应当向市民提供优质的环保公共服务,因此,政府应该为城市居民提供高质量的环境公共服务,以满足其不断增长的环境需求。为了实现这一目标,政府应该坚持精细服务的理念,持续提高自己的服务响应能力,持续推动城市环境的精细化管理,只有这样才能更好地回应市民的环保要求,更好地满足公众的环保需要。

其次,必须建立一个完整的管理理念。城市环境治理是一个系统性的项目,要把经济发展和环境治理的需要有机地结合起来,在城市发展过程中,对环境治理的每一个环节都要有一个通盘的考虑,要有一个整体性的管理理念,以整体的方式来考虑、系统的规划、整体的解决方案,来应对具有复杂问题的城市环境治理。

最后,要确立协同治理的观念。在城市环境治理工作日趋复杂化的今天,以政府为主导的单一治理模式已经很难满足新的治理需求,这就要求在政府的领导下,充分发挥企业、社会组织、公众等多个主体的功能,加强各主体之间的协作,提高其治理能力,持续提高其治理成效。

9.7.2 健全城市环境法治体系

系统、完备、协调的城市环境法律制度,是保证城市环境治理理念得到贯彻和实施的有力保证,也是实现城市环境精细化管理的重要基础。在构建城市环境法律制度时,应根据其发展过程中的每一个环节,采取相应的优化对策。

第一,完善城市环境管理的精细化立法。从法律的角度,系统而详尽地规定城市环境治理的对象、治理责任、治理流程等,构建一套精细严密、科学有效、可操作性强的法治体系,为实现城市环境精细化管理的各个环节,提供有效的法律依据。我国各地区的具体情况不尽相同,因此,在我国的环境精细化管理立法工作中,应当充分考虑到我国的具体国情,在移动污染源整治、污水处理、扬尘控制、资源回收等方面存在"空白"的地方,抓紧制订相应的法律法规,使得精细化管理所需的法律制度不断得到完善。从立法内容上看,各个治理主体的权利义务更加分散,要对各个治理主体的责任和义务进行细致的划分,以实现治理主体间的协作。尤其是,由于各个城市区域在城镇化过程中处于不同的地位和阶段,面对的城市环境治理的重点任务也不尽相同,因此,在城市环境精细化管理的立法工作中,不能盲目地照搬上级法律和兄弟城市的环境立法,而是要根据每个城市的具体情况和特点,因地制宜地进行推动,让立法具有地方的适应性和可操作性。而且,还应加强环境法与民法、行政法、刑法的衔接与协调,避免立法重复和"政策打架"的现象。

第二是强化执行城市环境管理的精细化管理。从执法方面来看,实施城市环境精细化管理的政策,要求执法机关要严格按照法律来执行,地方政府要积极开展各种城市环境执法工作,为实施城市环境精细化管理政策提供保障。针对不同城区区域的不同环境问题,可通过明确执法目标,规范执法标准,细化执法任务,依法实施精细化管理。有关部门要以法律为依托,持续创新执法手段,加大对城市环境违法行为、城市生态环境污染、城市空间布局等方面的执法检查。另外,对城市环境进行精细化管理,也要与时俱进,执法工作者要将现代的智慧手段,如网络、信息技术等相结合,对一些容易出现的城市环境污染问题进行智能化的管理,从而提升执法的效率。

第三,要加强城市环境法治文化建设。在构建城市环境法治文化的过程中,各城市要根据本地环境精细化管理的实际状况,结合地方的具体目的,组织多种形式的法治文化活动。比如创建文明城市街道、社区、街区,设立法制文化宣传栏,印刷宣传册等。在网络新媒体平台,如微博、微信等,可以更好地利用新媒体平台的文化引导和宣传作用。除此之外,还需要将城市环境法治文化和基层社区文化相结合,把城市环境治理问题融入社区事务中,让市民对城市环境法治的了解和认可程度持续提升。在个人层面上,政府、社区应鼓励个人环保行为,提高群众在环境保护方面的意识。

9.7.3 促进城市环境治理多元主体的协同合作

政府为主导,协同企业、社会组织、城市居民等多元治理主体共同参与合作是城市精细化治理的模式。为此,促进城市环境治理多元主体的协同合作需要采取有力措施,从而形成并增强城市环境精细化治理的合力。

首先,由政府领导。政府是城市精细化治理的重要力量,在治理过程中应考虑和关注以下方面:第一,要对城市治理模式进行优化。在此基础上,提出了一种以企业、社会组织和城市居民为主体的新的环保管理模式。第二,要充分运用各种政策手段,与社会政策、财政政策、企业发展政策等政策手段相结合,形成有效的政策组合。第三,加大对科技创新的扶持力度。现代城市环境的精细化管理需要科技支撑。政府应对环保技术的研发与创新给予一定的支持,同时应将传媒、网络等新媒体的作用发挥到极致,加大对先进节能技术和经验的宣传力度。

其次,企业在这方面的角色应该得到充分的利用。企业是城市环境精细化管理的主要参与者,其对城市环境精细化管理的效能有很大的影响。在传统的经济增长方式下,环境治理方法比较粗放,许多企业忽略了节能减排的问题。在城市环境问题日益突出的今天,企业必须转变传统的发展方式,建立起与之相适应的企业文化,增强企业的社会责任感。同时,政府要建立针对企业环境保护的约束制度,在必要时对相关企业处以强制措施。此外,在科技创新方面企业应加大投入,利用现代化科学技术实现绿色生产、科学排放,进一步把绿色发展理念落到实处。

再次,调动社会组织参与的积极性。社会组织在环境治理方面有其自身的优势,而且它们的特点是公益性、志愿性和专业性,这可以在城市环境治理中产生重要的促进作用。为了更好地推进环境精细化治理,政府和相关部门应对相关社会组织提供大力支持使其参与城市环境精细化治理。例如通过组织各种公益活动,社会组织可以发挥倡导绿色生产生活方式的宣传教育作用,帮助提升精细化治理效率。

最后,应加强城市居民在城市环境治理中的主体地位。城市居民为社会基层,城市环境问题和环境治理的结果都直接影响了城市居民的日常生活质量,居民对城市环境治理的需求是最大、最迫切的,所以越来越多的城市居民都愿意积极参与城市环境治理。城市居民是否参与城市环境治理,以及参与的程度高低都能够直接影响城市环境治理的结果。所以,当地政府和相关部门应大力支持和鼓励城市居民参与城市环境治理。此外,可以举办形式多样、内容丰富的宣传、培训和实践活动,以此进一步提升城市居民参与环境治理的意识与能力,从而持续强化城市居民在环境治理中的主体地位,提升环境治理的效果。

9.7.4 精细再造城市环境治理过程

城市环境的精细化治理需要多个环节互相衔接、环环相扣的,整体来说是一个系统的治理过程。传统较为粗放的城市环境治理模式,明显有"重外延轻内涵""重结果轻过程"的特点,在治理过程中常常出现矛盾和困难阻碍或影响治理。落实城市环境精细化治理，必须要在环境治理全过程中，针对可能出现的问题和不足在系统层面进行优化。主要可以从以下方面采取措施：

第一，重新构建城市环境治理的内核。和传统的粗放式治理模式不同的是，精细化治理能够牢牢把"以人为本"作为核心。构建新的治理模式，强调把群众的利益和意愿作为核心。所以政府在城市环境治理的过程中，应该充分考虑群众诉求，对于不同群体的差异化诉求要精细划分，在群众诉求的基础上及时地发现当前城市环境治理模式中存在的问题和不足，并且有效、积极、及时地作出回应。

第二，梳理改善城市环境治理的流程。要改变传统粗放式的"重结果轻过程"的治理思路，城市精细化环境治理要注重治理过程中的细节和微观层面的治理效果。所以，要以政府为主导，企业和社会协同合作，加强共同治理的模式。要密切关注城市环境治理的资源配置、治理风险防范、治理质量的监测追踪等环节流程，对于其中出现的细节问题应及时发现，并针对这些问题提出解决办法，改善环境治理过程中的每一个流程环节。

第三，制定规范约束城市环境治理行为。环境治理主体的治理行为不仅是在治理过程中的重要构成因素，同时也在治理绩效中担任重要影响因素，在整个环境治理的过程中都具有非常重要的地位。作为城市环境治理内在组成的一部分，政府应该按照相关法律，针对城市环境治理的行为制定相应的规范，明确统一的行为标准，推动城市环境治理的主体对于治理过程中的矛盾和问题迅速反应和及时回应，并做出及时有效的应对措施，微观层面不断提升治理环节的效果。要抓住党组织领导基层社会治理的主线，对于条块资源统筹规划，形成上下级联合执法的工作机制。

9.7.5 完善城市环境精细化治理的绩效评价体系

传统的政府绩效评价体系以 GDP 为主要指标，这在很大程度上忽略了环境治理的重要性，不符合环境治理的内在需求。推进城市环境精细化治理的落实就需要调整政府绩效的评价体系。因此，可以主要从以下几个方面着手：

第一，设置更科学的绩效评价指标。建立健全政府绩效评价体系的前提是要设置更科学的评价指标。随着环境问题越来越受到重视，应减少经济指标作为考核标准的权重比例，将环境治理成效纳入政府绩效评价指标体系中并适当的加大其权重比例，这对于平衡环境与经济具有十分重要的作用。

第二，优化绩效评价的主体结构。当前，在城市环境治理绩效评价的主体中，还存在着上下级政府及部门的作用发挥失衡，以及无法充分发挥公众和社会组织作用的问题。因此，不仅需要进一步平衡上下级政府及部门在城市环境治理绩效评价中的主体作用，也需要提供机会和余地更好地体现公众和社会组织在城市环境治理绩效评价中的主体地位，协调平衡政府考核和外部考核的分工与合作，从而进一步优化城市环境治理绩效评价的主体结构。

第三，强化技术支持在绩效评价中的作用。城市环境精细化治理的重要特征是对治理细节和治理效果的重视。大数据、云计算、人工智能等新兴技术的快速发展，使现代化科学技术成为了精细化城市环境治理的重要手段，同时也为城市环境精细化治理绩效的精准评价提供了重要的技术支持。因此，在城市环境治理的绩效评价中应利用现代化科学技术，针对不同情况精细公正地发挥技术支持在绩效评价工作中的作用。

第四，严格落实绩效评价结果。政府绩效评价结果并不是环境治理的终点。对于评价结果靠后的城市，当地政府应分析其在环境治理过程中存在的问题和困难，并对相应单位给予支持和监督。此外，还应重视城市环境治理绩效评价结果在落实时的实际运用，可以根据评价结果予以相关部门和单位相应的奖惩，从而有效地激励相关部门及工作人员持续推进城市环境精细化治理。

9.7.6 建立环境治理追责制度

明确划分社会各主体的环境保护责任，对破坏城市环境的相关责任主体进行追究。在城市环境精细化治理理念下，建立环境问题的追责制度十分有必要。对于不同社会主体，制定不同的追责制度，如政府对城市环境治理的不积极、不作为，企业、工厂的排污处理不到位或故意排放有害污染物，公众对环境的破坏等。尽管，目前有相关针对排污的法律规范，但是惩处力度较小，且对政府和个人没有约束措施。

政府可以通过大数据、云计算、城市监控等信息化手段，加强对企业和公众的监管。企业和公众也可以从环境治理的效果、政府处理环境问题的效率、政策的落实情况等，对政府进行监督，形成互相监督、有效追责的制度体系[103, 113, 183-184]。

第 10 章 城市公共卫生领域精细化治理的策略与实践

人民安全是国家安全的基石,人民健康是社会文明进步的标志。只有构建起强大的公共卫生体系,健全预警响应机制,全面提升防控和救治能力,织密防护网、筑牢筑实隔离墙,才能切实维护人民的健康。突发公共卫生事件的应急处置,不仅考验公共卫生系统的能力,更是考验一个城市精细化治理的智慧和水平。新冠肺炎病毒感染疫情防控期间,交通、通信、公安、疾控、卫健等众多领域的数据有机整合,为疫情监测、防控救治、资源调配等提供了有效指引,助力疫情防控和复工复产,成为大数据促进经济社会发展的一次成功实践。因此,城市公共卫生领域精细化治理能够有效预防突发公共卫生事件发生发展、减缓其影响力、助力正常生产生活迅速恢复,其既是提升国家治理体系和治理能力现代化的重要要求,也是城市治理在公共卫生领域的重要应用。

10.1 城市公共卫生领域治理的需求、问题与挑战

10.1.1 城市公共卫生领域治理需求

自 2003 年的"非典"后,我国突发公共卫生应急管理进入了发展的快车道,建立了"一案三制"为核心框架的应急管理体系,2018 年,在新形势下组建成立应急管理部,我国自此由单一灾种管理进入全灾种管理阶段。经过近 20 年的时间,我国突发公共卫生治理取得了一定的成效。一是政府对突发公共卫生事件的反应速度明显加快,能在短时间内启动应急预案;二是各层级的地方政府之间建立了合作机制,能实现信息的互联互通与资源共享;三是建立了相对健全的管理体系;四是形成了一个信息良性循环沟通的系统,政府机构能及时获得民众反馈信息,民众也能顺利参与公共卫生治理;五是应急管理工作从"事后"转移到"事前",事前预警机制建设得到进一步重视。从法律法规、应急物资储备、人员培训、应急管指挥体系等均进行了系统完善和提升[185]。2019 年年底,新冠肺炎疫情开始肆虐中华大地,与 2003 年应对"非典"相比,我国在应对突发公共卫生事件方面进步较大,但也进一步暴露出了一系列问题,尤其是面对如此大规模、大范围疫情情况下,公共卫生治理的挑战更是前所未有,这也进一步推动着我国公共卫生

体系的现代化之路,将进一步提升我国应对突发公共卫生事件的能力[186]。

新冠肺炎疫情集中暴露出我国公共卫生应急管理体系和应急机制的短板和不足,主要表现在风险评估能力不足。社会发展至今天,公共卫生已不再是局限于单纯医学范畴内的事务,而是涵盖整个经济社会生活的综合性的问题。面对突发的传染病灾害,除了需要提升医疗技术水平外,还要全面完善国家公共卫生治理体系。公共卫生治理是国家治理的重要内容,应在社会治理视域下,推动公共卫生治理现代化。重大突发公共卫生事件的应急管理,要广泛调动全社会力量参与,构建中国特色的社会治理体系。

这既是国家治理体系现代化的重要内容,也是应对日益复杂多变公共卫生形势的必然选择。当前,我国正面临新旧传染病的双重威胁,旧的传染病防控形势依然严峻,新发传染病的暴发流行又层出不穷。加上城市的不断扩张及人口密度的持续增加、人口老龄化,加上高速发展的交通运输网络能在短时间内将病原体传遍各地,这给城市公共卫生领域精细化治理带来新的需求。

(1) 需求1:精细化治理需夯实基层医疗机构网底作用

夯实基层医疗机构网底作用,应急救治体系应强制分级诊疗,实施分级、分层、分流救治。重大疫情暴发时,医疗应急救治体系高效有序运转,对提高收治率、降低感染率和死亡率至关重要。新冠肺炎疫情初期,合并季节性流行性感冒,大量因发热或其他症状就诊的患者及他们的亲友聚集到大医院,导致大医院拥挤不堪,新冠病毒传播的风险显著上升。而基层首诊制并没有很好的发挥作用。基层医疗机构在职能定位上承担着对辖区内服务人口传染病和突发公共卫生事件报告和管理的职责,这也是我国基本公共卫生服务项目之一。因此,有必要强化基层医疗机构作为"守护者"的功能,当出现大规模的突发公共卫生危机时,应该执行分级诊疗制度,实行级别划分、层次区分和流量控制的救护措施。需要增加投入,加强基层医疗机构建设,一方面要充分发挥基层医疗机构预检分诊和发热门诊等机构的作用,另一方面要利用居民电子健康档案,加强居民健康网格化管理。在新冠肺炎疫情中,各地基层医疗机构在配合社区和疫情防控机构过程中,大多属于指令性、一般性行为,尚没有形成基层分工合作、运转顺畅的机制。并且已建立的居民健康档案也并未发挥应有的作用。

(2) 需求2:医疗救治体系需要精细化运作

目前我国的医疗救治体系采取"平战结合"的运行模式,在突发公共卫生事件时,医疗机构应立刻启动应急响应,组织人员、物资迅速到位,转成应急救治模式。但在此次新冠肺炎疫情中,有的医疗机构在转换职能成为定点收治医院时并不顺利,甚至有舆情发生。这样提示我国平战结合的医疗救治体系在深层次上还存在问题,表现为并不是所有的综合医院均设有传染科,防护装备设施也存在不足,在紧急状态下,并不能完全承担应对突发公共卫生事件的职能。另外,常态化的模拟训练并未完全落实,各机构医疗机构自身的应变能力及协作配合能力均有待提升。并且,在各地在制定区域卫生规划时,并未能充分考虑过像新冠肺炎疫情一般如此大规模的疫情,医疗资源储备严重不足。

(3) 需求3:医疗卫生机构公共卫生职能需要进一步强化

三年多新冠肺炎疫情提示,需要提升医疗机构公共卫生服务功能,提高"防御—管控—治疗"三者间联系的强度,增强其协作能力。作为卫生防疫系统的一部分,医疗机构需要按照法律法规要求依法履行对传染病及突发公共卫生事件的监测、汇报、紧急救治等任务,并在其所属辖区开展传染病防控工作。此外,医疗机构及其医师对疫情防控认识仍需提高,必须通过完善法律法规、宣传法律法规,来落实法律法规,形成医疗机构管理者及医师的共识与行动策略,来进一步凸显医疗卫生机构及其工作人员公共卫生应急职能,同时应进一步配合完善相应的奖励和处罚制度。在城市数字化转型和城市治理数字化背景下,在医疗机构基础设施建设、大型仪器设备引进等中应重点引进应用新一代信息技术,来优化公共卫生应急服务流程、增强公共卫生应急服务效果。特别是应该优化与公共卫生部门间信息交流方式,建立健全信息交换机制和渠道,形成医防融合运作模式,通过有效的"防御—管控—治疗"实施联合行动。

10.1.2　城市公共卫生领域治理的问题

全球化、后疫情时代的到来,世界范围内"新公共管理运动"的开展,我国公共卫生治理结构正在转型,但是在转型中,城市公共卫生领域治理面临着一些问题。

第一,社会大众公共卫生参与度不高。公众参与被视为公共卫生治理的关键,应贯穿整个城市治理全过程[187]。现阶段,我国居民参与公共卫生治理的方式主要依托爱国卫生运动和项目制健康宣教,多是动员式和项目制,且涵盖的内容相对有限,仅涉及一些具体的预防保健行动、改变不良的生活习惯和健康行为的养成等基础层面,群众的参与也多是被动的,这其实是城市公共卫生治理群众参与的初始形态[188],难以达到理想的公共卫生治理效果。并且,群众并没有普遍建立起良好的公共卫生意识,全民健康素养不高。2022年,我国居民健康素养水平为27.78%,虽然比2021年提高2.38个百分点,但仍较低。再者,公众在公共卫生治理宏观层面上的参与严重不足。公众并未充分意识到参与公共卫生工作的使命和责任,社会也没有构建出有效监测公共卫生的环境,居民缺少便捷参与公共卫生治理的渠道。随着城市数字治理的开展,应用新一代信息技术便捷群众参与城市公共卫生治理将成为可能,这将大幅提升城市公共卫生治理的水平。

第二,企业缺乏参与公共卫生治理的意识。达成城市公共卫生治理目标,整个社会都应积极参与其中,这包括政府的疾病预防控制机构、医疗机构、个人和企业等组织,公共卫生治理是企业需承担社会义务的一部分。然而,当前的中国市场中,众多企业对于其社会责任的认识并不充分,难以主动参与城市公共卫生治理,更有甚者会出现危害公共卫生的行为。如部分企业超过国家的排放规定而引发环境污染问题,忽略了员工安全保障而导致职业病高发。也有部分企业无视消费者健康权益,生产的商品及服务未能达到卫生要求而损害人群健康。部分这种现象使得中毒、意外受伤和创伤等疾病的人数大幅度增加,造成公共卫生事件危机,给城市公共卫生治理带来挑战。

第三,"新公共卫生"运动对城市公共卫生治理提出更高要求。公共卫生治理曾重点关注威胁人类健康的传染性疾病,随着社会环境和生活方式的转变,慢性病和精神卫生问题高发,在背景下,以关注慢性病和精神卫生问题的"新公共卫生"运动产生。与传统公共卫生重视健康教育不同,"新公共卫生"运动强调重视社会对生活方式的决定作用。在此理念指导下,公共卫生城市治理工作的范围不再局限于卫生领域,而是扩大到整个社会[187]。面对久坐综合征、互联网综合征和过劳综合征等不良生活方式导致的疾病,转变公共卫生理念和治理结构,营造积极健康的社会环境来实现公共卫生城市治理成为关键策略[189]。

第四,地方政府公共卫生城市治理中风险评估、预警监测能力不足。在此次"新冠肺炎疫情"防控过程中,地方政府在快速封闭城市、隔离人员、全面接收患者等关键行动顺利实施等方面展现出强大的执行能力,这有效防止了更大潜在风险的扩散。

但是在风险评估、预警监测等方面则存在明显的不足和短板。在地方政府公共卫生治理中,强化风险评估、预警预测能力能有效遏制由点到面迅速失控的趋势,减少人员、财产损失。

第五,应急物资储备体系不够现代化。目前各城市应急物资储备方式为各部门分类、分专项储备,而以大数据技术为基础,基于综合风险研判的统一应急物资采购供应体系建设严重不足。尤其是以实物储备为主的应急储备方式,在面对新冠肺炎疫情这种高感染性和快速扩散性传染病时就无能为力了。所以在城市公共卫生治理应急物资储备体系机制中需要创新储备方式,如合约储藏和生产能力储备,但目前普及程度仍不够。并且,目前我国还未形成一套完整的应急物资储备平台,一旦出现大规模突发公共卫生危机,中央政府与地方政府之间,军队与民众之间无法实现信息快速交流,可能导致物资调度和运输效果降低[186]。

10.1.3　城市公共卫生领域治理挑战与应对策略

城市公共卫生领域治理在面对诸多问题背景下,亟须补短板、堵漏洞,积极应对挑战。

第一,要加强公共卫生法治保障。目前,我国公共卫生法律法规缺乏核心母法和完整体系,公共卫生基本方针、政策和原则不清,各法律法规中涉及的公共卫生内容僵化滞后,缺少衔接性、系统性,难以有效应对复杂未知的传染性疾病。特别是城市公共卫生立法有待完善,应急响应机制有待细化增强,执法部门主动性和协同性有待增强,居民法律意识有待提高。

第二,要持续落实预防为主的健康工作方针。长久以来,我国重医轻防倾向突出,未能有效落实预防为主理念,多部门、全社会整体联动尚未形成合力,随着我国医疗卫生工作的重点从"以治病为中心"转向"以健康为中心",城市公共卫生治理工作应进一步突出预防为主,改变个别部门对公共卫生认识重视程度不够,认为只是卫生健康系统的职责的现状;要提高疾病预防控制机构的独立性和权威性。

第三,要提升城市公共卫生治理精细化水平。城市公共卫生治理精细化表现在城市应急保障能力上。目前我国应急物资储备制度刚刚建立,相关制度仍不完善,缺少主动性和前瞻性。对突发公共卫生事件物资保障需求及潜在风险评估主要以经验判断为主,缺乏基于数据的决策支撑,供应保障和生产运输体系抗风险能力弱,容易出现防疫物资及应急用品产能不够,农副产品等居民生活必需品储备不足的风险;城市规划设计精细化水平不够,在城市建设整体规划中,公共卫生安全和传染病防控等方面考虑较少,部分区域在规划时,整体空间狭小拥挤、人口密度高,对人群精细化健康管理尚待进一步提升。针对不同场景、不同人群的健康干预做的仍然不够,如城市内高校、科技企业多,这就带来心理健康和职业健康干预的需要[190]。

10.1.4　城市公共卫生领域治理的趋势

伴随着城市发展与治理内外部环境的变化,城市公共卫生安全风险突增,强化城市公共卫生安全体系建设,全面提升城市公共卫生安全水平的理念已经深入人心,这为城市公共卫生治理带来了很好的舆论氛围。但城市公共卫生治理的挑战也变得更加复杂与多变,涉及个人到国际社会等各个层次,越来越多的公共卫生治理问题上升到全世界高度并被视为重要的议题。强调人民卫生健康安全已经成为越来越多城市治理者的共识,以"卫生健康"为共同利益诉求,寻求跨越地域理念认同正在被逐步实践。未来城市公共卫生治理的趋势是通过积极的全球合作、系统的公共卫生治理、重点突出的补短板战略等一系列集体行动,来协同应对人类卫生健康共同体面对的公共卫生安全威胁,这符合国家发展的战略需求,也将为国际社会的分工治理提供合理化框架。

10.2　上海多轮公共卫生三年行动计划的实践经验

10.2.1　行动计划实施背景

一个没有足够强大公共卫生体系的城市,在某种程度上可以被视为一个安全防护不够完善的城市,很难抵挡各类严重传染病等生物因素的侵害。上海就是在总结"非典"的经验和启示的基础上开始谋划并布局开展公共卫生三年行动计划的,这也确保了上海的公共卫生工作走在全国前列。在上海公共卫生服务体系建设中,有一些标志性事件,如1996年,上海即在全国首先创设市级卫生监管机构,同年,在全国率先设立疾病预防控制中心(CDC),1998年开始启动基层社区卫生服务改革,开始探索推进地段医院转型为社区医疗服务中心的实践。

虽然上海公共卫生服务体系建设进行了多方面探索,但在内外环境不断变化下,要应对未来可能出现的各类传染病与慢病威胁,现有的上海公共卫生活动系统还需改进以弥补其明显的缺陷,这包括:一是总体卫生投资不足且公共卫生资金较低;二是当前的管理模式尚不能有效整合资源实现协同效应;三是公共卫生工作人员的专业技能和技术水平无法满足新的风险挑战,特别是高级别专家人才相对稀缺,医护人员对预防措施的认识和教育也急需加强;此外,基础设施方面也存在短板,如信息管理工具落后、信息传递网络欠完善等;最后,紧急情况下的响应策略不够科学,需要进一步强化,以便更好地解决和控制危机;此外,公众对预防疾病的关注度仍然不高,整个社会的健康观念还需要继续深化。正是为了解决这些不断出现的问题与困境,上海连续推出了多轮公共卫生行动计划。

2003年,突如其来的"非典"警示公共卫生问题已经不再仅仅是卫生问题,而是要把国家安全和城市安全体系全盘纳入考虑的问题。上海认识到,如果一座拥有貌似完善且强大的公共卫生系统的大都市都不能有效抵抗诸如严重的传染病的话,那么该都市可以被视为防御不足、无法保护市民健康。因此,上海要在持续推动经济发展和社会进步的过程中,均衡提升乡村和城市的发展水平;同时,还要强化对公众卫生健康的支持力度以建立更有效的防护措施来应对可能出现的各类重大传染病疫情威胁。首轮公共卫生三年行动计划就是在此背景下开展的。

历时三年,上海市的基本公共卫生体系架构已经构建完成,预防与控制、治疗疾病、健康监测系统得到了进一步完善,医疗机构的基础设施也获得了显著改进,同时,其提供的公共卫生服务及应对突发公共卫生危机的能力也有了明显的提高。然而,目前乃至未来一段时间内,上海市依然会面对诸多严重的公共卫生威胁。作为一个全球化的超大型都市,拥有庞大的居民数量、高度密集的人口分布以及复杂的国内国外交流互动,无论是自然的或人为的事故如火灾、爆炸、疫情暴发或是社会安全的突发事件(特别是来自国外的生物、化学武器攻击)都会给城市的公共卫生体系带来更大的压力。在此背景下,第二轮公共卫生三年行动计划开展实施。

经过执行了两轮公共卫生三年行动计划建设,公共卫生和医疗基础设施有了明显的提升,对于严重疾病的预防控制及紧急情况处理的能力也得到有效的增强,居民的健康状况也有了显著的改善。然而,由于上海是全球化的超大都市,其公共卫生体系的均衡发展仍然存在不足之处,不仅无法满足民众不断上升的需求,也不能适应城市发展的急需保证公共卫生的安全,更谈不上提供顶级、亚太地区领先乃至世界前列的公共卫生服务。特别是在面对大规模的突发公共卫生危机时,我们还需要更加科学、精确、迅速的管理方法和科技工具。为此,第三轮公共卫生三年行动计划开展实施。

经过三轮9年的建设,上海的公共卫生工作已经基本完善,但是随着医药卫生体制改革的深入和卫生事业发展的规划,"构建具有国际视野、中国特色、上海特点的公共卫生服务体系"日渐提上日程。要进一步提高认真履行政府基本公共卫生服务职能和切实保障民生日渐重要。在此背景下,第四轮公共卫生三年行动计划开展实施。

第五轮三年行动计划是在新冠肺炎疫情肆虐的大环境下进行的,上海市为贯彻落实习近平总书记的重要指示精神和党中央、国务院有关决策部署,进一步健全本市公共卫生应急管理体系,提高公共卫生服务能力与水平,根据市委、市政府《关于完善重大疫情防控体制机制健全公共卫生应急管理体系的若干意见》,制定第五轮行动计划并实施(表10-1)。

表10-1 上海多轮公共卫生行动三年计划实施背景

轮数	计划时间范围	实施背景
第一轮	2003—2005年	全市公共卫生机构功能正在逐步由传染病防治向传染病和慢性非传染性疾病防治并重拓展,已初步构建起由疾病预防体系、医疗服务体系和卫生监督体系组成的公共卫生体系框架。但是,全市公共卫生体系仍存在明显差距和薄弱环节。2003年突如其来的"非典"给了我们重大警示。上海不断加强公共卫生体系建设,构建起保障人民群众身体健康和维护城市安全的屏障
第二轮	2007—2009年	第一轮公共卫生体系建设三年行动计划顺利完成,公共卫生体系框架基本形成,预防控制、医疗救治、卫生监督网络进一步健全,公共卫生机构的硬件条件明显改善,公共卫生服务和突发公共卫生事件处置水平得到有效提升。当前和今后一段时期,全市公共卫生安全仍然面临各种严峻挑战,对城市公共卫生体系建设提出了更高的要求
第三轮	2011—2013年	通过实施第一轮、第二轮公共卫生体系建设三年行动计划,公共卫生的基础设施、设备等硬件条件明显改善,重大疾病预防控制能力、突发事件处置水平等内涵素质有效提升,市民的健康水平显著提高。但是,在应对重大突发公共卫生事件时,需要更为科学、高效、快速的管理能力和技术手段。2011—2013年将是上海"十二五"建设的关键时期,市委、市政府积极谋划和实现本市公共卫生体系建设新一轮发展蓝图,进一步提升人民群众健康水平和生活质量,切实保障城市公共卫生安全和社会稳定

(续表)

轮数	计划时间范围	实施背景
第四轮	2015—2017年	已连续启动并实施了三轮、九年的"上海市加强公共卫生体系建设三年行动计划",大大提升了全市公共卫生服务与管理水平,全市平均期望寿命、孕产妇死亡率、婴幼儿死亡率、甲乙类传染病发病率等主要卫生指标持续多年达到了世界发达国家和地区水平。为继续切实保障上海国际化大都市的城市公共卫生安全,进一步提升市民健康素养和不断优化上海主要健康指标
第五轮	2020—2022年	为贯彻落实习近平总书记关于只有构建起强大的公共卫生体系,健全预警响应机制,全面提升防控和救治能力,织密防护网、筑牢筑实隔离墙,才能切实为维护人民健康提供有力保障的重要指示精神和党中央、国务院有关决策部署,进一步健全本市公共卫生应急管理体系,提高公共卫生服务能力与水平,根据市委、市政府《关于完善重大疫情防控体制机制健全公共卫生应急管理体系的若干意见》,制定本行动计划

可以看出,三年行动计划作为一项政府的公共政策、集体的行动,主要是为了解决当时那个时期未来一段时间的主要公共卫生问题与风险的,具有前瞻引领性。

10.2.2 行动计划实施阶段与特点

为了更具有行动的指导性,结合当时上海经济社会文化环境的特点,上海目前已开展的五轮公共卫生三年行动计划均具有特点,具有目标指向性。在"非典"后,上海市制定了建立并完善应急管控、资讯管理、预防与控制措施、医疗救助、人才培育及科研探索、健康监察和社会支援等7个子系统的战略目标。在此基础上,他们继续深化优化公共卫生产业的组织结构和运作模式,以加强其专业技术团队的专业技能和知识储备。经过前两个阶段的发展,上海的目标是使其公卫服务能力更加强大且优质,同时加快补足薄弱环节,从而全面提升其整体的服务质量和效果。因此,开始了第三阶段的行动方案。到了第四阶段,鉴于全球频繁发生的大型公共卫生危机,策略重点在于实现疾病的早期发现、精确的风险预测和快速有效的紧急响应处理,构建一个"预防—干预—诊治"衔接有序的"医防融合"疾病综合防治服务体系。第五轮行动计划主要是在新冠肺炎疫情防控的背景下,重点是落实市委市政府《关于完善重大疫情防控体制机制健全公共卫生应急管理体系的若干意见》和《健康上海行动(2019—2030年)》,实现新冠肺炎疫情的常态长效防控作,进一步推动上海市公共卫生体系在基础设施、核心能力、学科人才、工作机制等方面实现高质量发展。可以看出,这样一个大型的政府行动,阶段划分清晰,行动目标可测、可量,非常具有引领性和实操性。

表 10-2 上海多轮公共卫生行动三年计划重点任务

轮数	重点任务
第一轮	到 2005 年,完成公共卫生体系主体框架和重点项目的建设,初步建成应急控制系统、信息系统、预防控制系统、医疗救治系统、人才培养和科学研究系统、卫生监督系统、社会支持系统 7 个系统
第二轮	进一步加强本市公共卫生体系七大系统的建设;理顺公共卫生机构的管理体制和运行机制;增强公共卫生专业队伍的技术水平和技术储备。基本建成覆盖全市、功能完善、职责明确、反应灵敏、运转协调、持续发展的公共卫生体系,形成有效预防控制重大疾病和突发公共卫生事件的长效机制,提升市民健康水平,维护城市公共卫生安全
第三轮	瞄准国际最先进的公共卫生研究领域和研究方向,以"均衡、协调、深化、完善"为主线,加强公共卫生服务规范化管理,提升公共卫生科技含量,进一步提升公共卫生服务体系硬件和软件综合实力,提高服务能力和效率。到 2013 年末,基本实现疾病干预科学有效、健康管理自主普及、基本公共卫生服务优质均等的目标,建成具有国际水平、体现上海特色、满足社会需求、与上海国际化特大型城市相匹配的公共卫生服务体系
第四轮	力争到 2017 年年末,能够实现疾病监测综合灵敏,风险预警精准科学,应急应对处置立体高效,打造一个"预防—干预—诊治"衔接有序的"医防融合"疾病综合防治服务体系,实现"健康云平台"的全程健康管理。 具体举措包括五个方面: 一是以确保一方平安为根本,完善公共卫生应急救援体系。重点聚焦城市公共卫生安全,打造全方位的卫生应急监测、处置和救援体系。 二是以全程管理为要求,建设"医防融合"的公共卫生服务体系。聚焦重点疾病,强调全程自主管理。 三是以问题和需求为导向,落实公共卫生惠民服务。重点聚焦重大公共卫生问题和民生关注的热点问题,实施一批示范性、惠民性项目。 四是以科学化应用为机制,强化公共卫生法治化管理。重点聚焦法治化管理,制定一批标准、规范和行业准则,创新公共卫生政策和评价理论指标体系。 五是以培育国际先进水平为标准,加强公共卫生学科人才建设。聚焦国际公共卫生前沿和顶尖水平,打造一批公共卫生重点学科和人才高地,培育和提升本市公共卫生的国际影响力和竞争力。以探索公共卫生医师规范化培养、建立"特种兵"人才和能力储备三级梯队机制、建设 10 个重点学科和 10 个高端海外研修团队等来落实
第五轮	落实市委市政府《关于完善重大疫情防控体制机制健全公共卫生应急管理体系的若干意见》和《健康上海行动(2019—2030 年)》,将新冠肺炎疫情的常态长效防控作为本轮计划的重中之重,对标最高标准、最高水平,推动本市公共卫生体系在基础设施、核心能力、学科人才、工作机制等方面实现高质量发展。 主要任务包括聚焦城市公共卫生安全,健全重大公共卫生应急管理体系,聚焦能力提升,强化公共卫生服务内涵建设,聚焦人群健康需求,实施惠民利民工程,聚焦支撑保障,健全公共卫生多元参与机制共 4 个方面 13 项任务

10.2.3 行动计划实践效果

为了对上海市的公共卫生体系建设三年行动计划的全面性、科学性和客观性进行分析,上海市政府对每一次的行动计划都进行了中期和末期的评估。以第五轮三年行动计划为例,2022年9月18日,上海市卫生健康委组织召开第五轮三年行动计划实施情况整体评估专家会。专家组综合评估后认为,作为贯彻落实"公共卫生20条"的重要举措,尽管受到新冠肺炎疫情的影响,各个参与的项目方仍能保持高水平的工作质量并积极推进各项任务。市与区两级政府紧密配合,全面提高疾病的预防及控制能力,有效地改善了基础设施、关键技能、研究人员和运作模式等方面的不足之处。总体来说,该方案取得了非常明显的成果:建立了一个统一的信息处理平台,能够支持各部门之间跨领域信息的收集、整理和协作使用;建立了三个主要网络,包括全城范围内的流行病学监控网、病毒感染诊断网和重症治疗网;组建了一支由五千多人组成的多功能联合应对突发公共卫生事件的预备部队,大大提高了新冠肺炎疫情的处理速度;通过加强科研人员的培训和发展,创建了26个重要的公共卫生重点课题小组,培育出86位领军人物和优秀的年轻学者;特别强调了针对慢病的综合医疗服务管理、卫生监督、社区健康管理和疾控中心的能力提升。此外,针对重点人群和重点健康问题实施惠民项目。第五轮三年行动计划的总体完成情况受到了专家组的充分肯定和高度评价。

10.2.4 行动计划未来趋势

上海将持续做好重大疾病防控和公共卫生工作。继续优化疾控体系,将启动实施第六轮公共卫生体系建设三年行动计划,提升监测预警、实验室检测、流行病调查、卫生应急等核心能力。

做好新冠肺炎疫情"乙类乙管",按照"保健康、防重症"的要求,加强重点人群健康服务,引导公众自我防护,推进疫苗接种,强化医疗救治能力和物资储备,做实社区与区级医院、市级医院的协同联动和分级救治机制。加强对疫情及流行毒株变化的监测和预警,保持应急管理随时激活状态。强化重大疾病防控,加强对艾滋病、结核病等重大传染病和流感、人感染H7N9禽流感、猴痘等重点传染病的防控。

全面推进医疗服务体系高质量发展。提升社区卫生服务能力,强化社区基本医疗、公共卫生、健康管理和康复护理功能,推进社区康复中心、护理中心、健康管理中心建设,建设第三批20家社区康复中心、30家中医示范站点、20家园区健康服务点已纳入

2023年市政府为民办实事项目。推进公立医院高质量发展,重点是推进中山医院、瑞金医院的国家试点工作和本市40家单位的试点。推进中山医院综合类国家医学中心建设,加快瑞金医院、龙华医院国家医学中心落地。推动本市区域性医疗中心服务能力标准化建设和紧密型医联体建设。

推动中医药传承创新,推进本市国家中医药综合改革示范区建设,加快国家中医药传承创新中心、中西医结合旗舰医院、中医疫病防治基地、中医紧急医学救援基地建设,实施基层中医药服务能力提升工程。

打响国际医疗服务品牌,打造国内领先、国际知名、特色鲜明的医疗中心,发展国际医疗服务,启动国际医疗旅游试点,遴选一批有竞争力的医疗服务项目,加快向全球推广。推进医学科技创新,继续实施重中之重研究中心和重点学科、人才建设项目,高标准服务国家和城市发展战略。

深化以长三角为重点的区域卫生健康合作,今年完成长三角耐药结核病协同防治中心第一阶段建设,推进长三角新生儿出生"一件事"跨省通办,开展三省一市卫生应急国家队联合演练和季度公共卫生联合风险评估,举办长三角首届职业健康技能大赛和首次化学灾害医学应急演练。沪苏浙皖三省一市卫生应急国家队联合演练和季度公共卫生联合风险评估,举办长三角首届职业健康技能大赛和首次化学灾害医学应急演练。

提高新城区医疗卫生资源布局均衡化水平,推动新城区内的市级医院分部建设,引导新城区内的医疗机构与市级医院形成更密切的合作联系,并促进新城区内的中医药医院打造高级别的中西医诊治中心。

通过产业与医疗服务的深度整合来推动城市的经济发展创新,积极开展上海市重大传染病和生物安全的研究所、上海市免疫疗法创新的研究所、上海临床试验中心、上海国际医学科技创新中心以及上海市病毒学研究所以及其他创新基地的构建。

增强针对老人和孩子的健康保障系统,提升老年人的健康管理能力,推行老年心理关怀、饮食改进、牙齿护理等专门项目,深入推广养老与医疗相结合的方式,创建一系列国家级的养老医疗综合体和试点单位;继续优化妇女和婴儿的健康保护措施,包括扩大孕期检查、疾病的预防与控制、早期的诊断处理以及生命的抢救等方面的工作,进一步推进儿童友好的医院建设和婴幼儿发展的相关活动。

大力推进卫生健康治理现代化。加强规划引领,做好卫生健康领域"十四五"规划评估,及时调整规划指标、项目、任务,完成本市卫生健康设施专项规划编制。

强化数智赋能,实施"便捷就医服务"数字化场景3.0,推进数字健康城区、未来医院建设,推进郊区120救护车医保车上移动支付,实现院前急救全覆盖。加快医疗人工智能在临床的应用,发挥人工智能对医疗的赋能,提高向全国乃至全球的辐射力。

推进依法治理,开展爱国卫生与健康促进立法,修订公共场所卫生许可管理、医疗机构不良执业记分管理等规范性文件。

强化改革创新,深化卫生健康许可事项"证照分离""一业一证"改革,支持医疗机构创新诊疗技术,完善限制类医疗技术目录管理。

10.3 《上海市公共卫生应急管理条例》的实践经验

10.3.1 条例概况

为强化常态化疫情防控措施,统筹推进疫情防控和经济社会发展,2020年10月27日,上海市十五届人大常委会第二十六次会议表决通过《上海市公共卫生应急管理条例》,为上海市公共卫生应急管理提供了有力的法治保障。《上海市公共卫生应急管理条例》聚焦建立和完善公共卫生应急管理的五大体系,包括建设各方参与的公共卫生社会治理体系、集中统一的公共卫生应急指挥体系、专业现代的疾病预防控制体系、协同综合的公共卫生监测预警体系、平战结合的应急医疗救治体系,是公共卫生地方立法国内的首次实践。

10.3.2 条例贯彻实施情况

自《上海市公共卫生应急管理条例》颁布实施后,上海市各级政府及相关部门认真贯彻习近平总书记关于全面提高依法防控依法治理能力,健全国家公共卫生应急管理体系的重要讲话和批示精神,坚决落实党中央、国务院的决策部署,始终把人民群众生命安全和身体健康放在第一位,从守法、执法等环节发力,切实推进依法防控、科学防控、联防联控,全力保障人民生命安全和身体健康,全力守护上海城市安全。上海市各级政府和各部门面对新冠肺炎疫情防控,全面依法履责,坚持运用法治思维和法治方式开展疫情防控,在疫情防控中推进法治政府建设,提高依法执政、依法行政水平。在做好疫情防控同时,立足当前、着眼长远,坚持预防为主、平战结合,注重抓好公共卫生应急指挥、监测预警、疾病预防控制、应急医疗救治、社会治理等体系建设。可以说《上海市公共卫生应急管理条例》为上海的公共卫生体系建设提供了很好的法律依据。市、区两级政府依法加大了公共卫生体系建设的投入力度,加快了公共卫生基础设施建设,新建工程等一批重大项目建设顺利实施,加强了人才队伍和学科建设,为持续推进疫情防控、加快推进公共卫生治理体系和卫生应急管理能力现代化奠定了坚实基础。

10.3.3 条例执法检查情况

徒法不能自行。《上海市公共卫生应急管理条例》(以下简称《条例》)颁布实施一年后,上海对法规落实情况进行了执法检查,上海健康医学院健康与公共卫生学院师生参与此次执法检查的调研工作。调研发现,上海市政府及其相关部门坚持运用法治思维和法治方式开展疫情防控,积极履行《上海市公共卫生应急管理条例》规定的各项职责,形成了科学、精准、高效防控疫情的上海经验。上海市政府及其相关部门及时出台配套政策文件,并根据疫情防控形势变化,调整防控方案和各项措施。卫生健康委层面编制各类卫生应急预案 170 部。2021 年以来,共组织综合演练 68 次,医疗机构应急演练 921 次。形成物资供应闭环管理和应急医用物资储备轮库机制,确保重要物资储备与库存满足 30 天满负荷运转需求。上海市疾控中心新建工程于 2020 年 12 月开工,实现年内动议、年内立项、年内开工。上海各区均已出台区疾控中心新建或改扩建规划,并陆续开工建设。上海市疾控中心省部级重点实验室达到 7 个,检测参数扩展至 1 700 项,位列全国省级疾控中心第一。上海各区疾控中心平均实验室检测参数达到 579 项,提前完成达标建设。市、区疾控中心核心专业技术人员收入水平和中高级职称比例得到提高。在法律指引下,上海公共卫生社会治理体系不断夯实。课题组问卷调查结果显示,有 96.63% 的受访者对居住地疫情防控工作表示满意,有 89.21% 的市民表示聚餐时会使用公筷公勺。但在《条例》实施中,也存在一些问题。

第一,疾控体系建设有待进一步加强。《条例》第二十八条规定,本市按照整体谋划、系统重塑、全面提升的要求,完善疾病预防控制体系,强化医疗机构和社区卫生服务中心疾病预防控制职责。检查发现:一是区疾控中心激励措施还需进一步强化。2020 年区疾控中心收入虽然有了一定增长,但与疫情期间远超"平时"的工作负荷还不够匹配,骨干人员流失现象仍然存在。二是医防融合还不够。一些医院缺乏健全的公共卫生管理体制,落实公共卫生职责不够到位,公共卫生专业人员不足,医务人员公共卫生知识的系统化培训还有待加强。社区卫生服务中心的公共卫生医师配备不足,应对公共卫生突发事件的能力需进一步提高。疾控人员对医院公共卫生工作的指导还有待加强。

第二,基层防控信息上报、排查的信息化支撑仍然不够。《条例》第十四条、第二十二条规定,各级人民政府及其有关部门应当充分发挥政务服务"一网通办"平台的作用,优化工作流程,为公共卫生事件预防与处置提供便捷服务;依托城市运行"一网统管"平台,建设市级公共卫生应急指挥信息系统。检查发现:一是缺乏统一的面向基层的防控信息上报平台。部分区的疫情防控信息统计工作存在多部门重复统计、基层重复排摸报送等现象,基层需要花费大量的时间手工填报各类报表,个别集中隔离点每天需要填写20张报表,最高峰时则需要填写35张报表,隔离点为此设置专职人员负责信息报送工作。二是大数据系统支撑不强。部分区域人员构成复杂,时有人口底数不清,给人员排查、流调溯源等带来一定困难。个人健康码、行程码、疫苗接种等信息分散在不同系统,口岸、医院、商场等单位需要分别查验这些信息,给群众和查验单位造成一定困扰。三是智能化措施在基层防控的应用还不够。医护人员需要连续14天穿着隔离服,每天两次上门对居家隔离人员进行体温检测,工作强度大,防疫成本高,缺少智慧化健康监测手段。

第三,公共场所防控措施落实还不到位,普法宣传工作有待加强。《条例》第十六条、第十八条、第二十一条规定,机关、企事业单位、社会组织应当建立健全本单位公共卫生管理制度,个人应当加强自我健康管理,增强自我防护意识,养成佩戴口罩、个人卫生、保持社交距离等健康生活习惯。相关部门和媒体应当开展公共卫生教育,加强公益宣传。但检查发现:一是部分场所防控措施落实不到位、市民个人防护意识时有松懈。一些人员密集的医院、商场、超市等公共场所入口处要求进入人员佩戴口罩,但部分市民进入这些场所后即脱下口罩,安全社交距离也不能保持。一些餐厅不能主动提供公筷公勺,有些虽然提供了公筷,但与个人用筷没有区别,使用中极易发生混淆。二是相关部门普法宣传的针对性和普及性还不够。除了参与疫情防控的相关部门、医疗卫生单位,其他部门、非医疗卫生性质的企事业单位对于《条例》的知晓度都较低。很多市民对个人需要承担的法定义务不够了解。

第四,常态化疫情防控保障还需进一步加强。《条例》第六十五条规定,公共卫生领域的预防、应急准备、应急处置等所需经费,列入各级人民政府财政预算予以保障。检查发现:一是医疗机构的公共卫生经费投入仍需增加。部分区的传染病医院承担大量的应急处置工作,但由于防控经费及相关设施设备运行经费不足,自身又缺乏"造血"能力,医院维持日常运行存在一定困难。医疗机构有关院内感染经费缺乏相应的补偿机制。二是集中隔离房源后续储备有待加强。因持续频繁消杀,隔离酒店电梯控制面板、客房电器家具等设施设备损坏情况日趋加重,影响了一些客房的使用。一旦入境人员和中高风险地区来沪返沪人员增多,集中隔离房源将面临短缺。

10.3.4 未来精细化治理趋势

应加强基层疾控队伍建设,进一步完善疾控体系。一是进一步完善区疾控中心激励保障机制。当前疫情防控态势依然严峻,建议及时研究制定相关政策,加强对工作负荷大、风险程度高的一线抗疫人员的保障。长远来看,为了实现区疾控中心技术储备、提升专业能力,建议结合深化疾控体系改革,进一步完善相关制度,提升区疾控中心为社会提供公共卫生技术服务的积极性。二是进一步强化医防融合。研究推行疾控中心与医疗机构公共卫生相关科室人员双向交流。探索建立二、三级医院和社区卫生服务中心的医防科(防保科)以及机场公共卫生部门相关专业岗位由疾控中心派驻的工作机制,使公共卫生工作在同一标准下"同质化"运行。加强医务工作者公共卫生知识的系统化培训,提高相关人员的公共卫生专业技能和实战能力。

应加快防控信息化建设,进一步提高信息化、智能化管理水平。用信息化平台、智慧化手段支撑疫情防控工作非常重要。一是抓紧推出面向基层的防控信息平台。总结有关区在实践中行之有效的经验和做法,建立适合各区推广应用的信息上报、汇总平台,实现基层单位一次输入、及时更新和维护,各部门按需调取防控信息,减轻基层工作压力,提高工作效率。二是进一步加强大数据支撑力度。部门间要实现数据整合、互联互通,使基层开展人员排查等防控工作更加精准、高效。开发医院等重点场所人员信息自动识别系统,提高查验效率和精准度,避免因近距离排队接触造成交叉感染。三是充分运用智能化手段。建议相关部门指导有关厂家,定制生产远程监测设备,进一步提高基层工作效率和质量,降低医护人员的工作强度和防疫成本。

应强化普法执法力度,进一步落实有关部门、单位和个人的法定责任。相关主管部门要根据《条例》要求,持续抓好宣传培训和监督管理,不断提升单位、个人防控意识和能力。一是持续做好宣传教育。相关部门和有关单位要更有针对性地开展《条例》宣传工作,充分利用网络媒体等平台,做好与市民群众日常生活相关的常态化防控知识宣传,强化单位、个人法定义务的宣传,教育和引导市民做好个人防护。二是加大监管和指导力度。进一步指导相关单位健全常态化疫情防控管理制度,加强对医院、学校、商场、餐饮服务单位等重点单位的日常监督管理;加大对有关涉疫违法行为的处罚力度。相关行业组织应当督促餐饮服务单位严格执行《条例》规定,同时加强指导,细化不同类型餐饮服务单位提供公筷公勺的规范和要求,推动餐饮服务单位落实公筷公勺服务。

应完善经费投入机制,进一步提升常态化疫情防控工作的保障水平。一是进一步加大医疗机构相关经费投入。指导和督促有关区进一步加大对区级传染病医院的财政保障力度,更好发挥其作为处置公共卫生事件定点医院的作用。医疗机构有关公共卫生方面的经费,各级政府也要给予充足的保障。二是统筹规划集中隔离房源。探索将相关存量房源进行适应性改造后,作为临时隔离场所使用。提前规划、科学预测隔离房源需求,研究制定后续隔离房源规划安排,保证房源总量和必要的储备房源。长远来看,为了应对隔离人员持续增加,建议在总结、推广现有社区居家隔离经验和做法的基础上,研究适度扩大居家隔离的必要性、可行性和具体实施方案。

10.4 上海市爱国卫生与健康促进工作的精细化治理

10.4.1 爱国卫生与健康促进工作概况

爱国卫生运动是我国公共卫生治理的伟大创举,是通过发动群众和社会力量深入开展的全国性或区域性的专项卫生整治、卫生示范创建等活动,目的在于增强社会卫生意识,改造自然、改善环境、消除影响和危害人民健康的因素。其最早始于20世纪30年代我党在中央苏区组织军民开展的群众卫生治理运动。在新民主主义革命、社会主义革命和建设的各个历史时期,爱国卫生运动解决了不同时期影响人居环境和人民身心健康的重大问题,有效预防、减少、消灭疾病,保护人民健康。健康促进是世界卫生组织在1986年第一届国际健康促进大会上提出的,是指促进人们维护和改善自身健康的全过程,是协调人类和环境的战略,规定个人和社会对健康各自所负的责任。2022年,在爱国卫生运动开展70周年之际,习近平总书记指出,70年来,在党的领导下,爱国卫生运动坚持以人民健康为中心,坚持预防为主,为改变城乡环境卫生面貌、有效应对重大传染病疫情、提升社会健康治理水平发挥了重要作用。"爱国卫生"与"健康促进",一个是我国本土的实践,一个是国际上通行的策略,但核心均是城市公共卫生治理的重要实践探索,以促进公共卫生健康的治理方式。

2022年,上海市一手做好新冠肺炎疫情防控,一手推进健康上海行动,推出《市民新冠防疫知识手册(1.0—3.0版和q版画册)》《新冠肺炎疫情防控家庭消毒指导手册》,开展"公共卫生大家谈""百名专家线上云科普""市民防疫与健康生活知识云竞赛"和"新冠防疫大咖说"系列直播,形成"沪小康"首发防疫科普精品,50多家中央和上海主流媒体同步推广,各区各单位传播平台联动的传播模式,累计阅读、播放超过20亿次,发挥全媒体、广覆盖、高效率的健康科普传播效应。作为承接《中华人民共和国基本医疗卫生与健康促进法》的重要举措,2023年《上海市爱国卫生与健康促进条例》被纳入市人大立法项目,通过立法的形式,将健康教育、健康科普和健康促进工作写入地方性法规。2023年7月,《上海市爱国卫生与健康促进条例(草案)》已经进入公开征求意见阶段,可以说是上海公共卫生城市治理的又一创举。

10.4.2 爱国卫生与健康促进工作挑战

随着经济、社会的发展,我国居民健康影响因素、疾病谱均发生重大变化。作为具有我国本土特色的爱国卫生运动面对着诸多挑战,要进一步在公共卫生健康治理方面发挥作用需要调整组织方式和转变工作机制。挑战一,爱国卫生与健康促进的管理体制和治理原则尚未明确。习近平总书记在纪念爱国卫生运动70周年时明确指出,我国爱国卫生运动始终坚持党委领导、政府主导、多部门协作、全社会参与,坚持"大卫生、大健康"理念,突出源头治理,取得明显成效。目前,在爱国卫生运动相关政策体系中,一方面政策本身较为陈旧,尚未更新,另一方面,对管理体制的界定尚没有按照新发展理念进行调整。挑战二,爱国卫生与健康促进的相关部门职责不清。目前,我国各级政府均设有爱国卫生运动委员会,但是与健康促进机构共用一套班子,虽然疾控中心、医疗机构对其健康促进的职责较为明确,但作为公共卫生城市精细化治理,企事业单位、各人民团体、家庭和个人等的职责与义务尚未明确,并且,各级爱国卫生运动委员会职责有越到基层越不明确的现象,而基层缺少城市公共卫生治理重要的场景和支撑。同时,还面临着医疗机构从事健康促进工作缺乏激励、基层爱国卫生和健康促进资源投入不足等挑战。

10.4.3 上海实践探索经验

为应对以上挑战,上海市探索以爱国卫生与健康促进立法的形式进一步发扬群众性卫生运动促进健康水平的城市公共卫生精细化治理实践。在增强医疗机构参与健康促进强度方面,上海市通过理念引领、制度创新、队伍支撑、产品迭代、平台拓展,加强健康促进体系建设,打造健康至上的行业文化,完善医务人员开展健康科普的激励保障机制。这包括三项推进重要举措:一是继续推出并完善本市健康科普"三单一机制",通过"医疗机构健康科普影响力榜单""社区卫生服务中心健康科普影响力榜单""医务人员个人健康科普影响力榜单",健全健康科普知识发布和传播机制。二是创新推出首届上海市健康科普推优选树活动,作为目前本市卫生健康领域最高规格的健康科普推优活动,全面覆盖"健康科普人物""健康科普作品""健康科普品牌"和"优秀健康科普管理"四大类别,全方位深入挖掘并推广海派健康科普优秀典范。三是大力推进400余家医疗卫生机构强化健康促进医院建设,推动全市各级医疗卫生机构将健康教育与健康促进纳入发展战略和目标考核,加强组织化覆盖、机制化建设、项目化推进和品牌化运行,凸显医院健康促进主阵地、医务人员健康科普主力军的作用,将健康促进理念和标准融入业务流程和组织文化,实现院内院外联动、全生命周期的健康管理。同时,做好本市健康科普资源库和专家库的建设与管理,出台专家库管理办法,实现专家库的动态管理和有序服务。此外,"健康脱口秀"第三季将开展海选报名与推荐,也将启动健康教育频道建设工作。

10.5 英国开展"健康城市运动"的实践经验对中国的启示

10.5.1 健康城市的概念

健康城市应该是一个不断开发、发展自然和社会环境,并不断扩大社会资源,使人们在享受生命和充分发挥潜能方面能够互相支持的城市,是世界卫生组织(WHO)在1994年给出的定义。建设健康城市,是在20世纪80年代面对城市化问题给人类健康带来挑战而倡导的一项全球性行动战略。健康城市这一概念形成于20世纪80年代,是在"新公共卫生运动"、《渥太华宪章》和"人人享有健康"战略思想的基础上产生的,也是作为世界卫生组织(WHO)为面对21世纪城市化给人类健康带来的挑战而倡导的行动战略。

10.5.2 英国健康城市运动

英国是健康城市行动领导者,早在1987年,就选择利物浦作为试点城市进行建设。

一年后,在利物浦举办了第一届全国健康城市研讨会,推动了英国一系列城市发展方案的制定。经过发展,健康城市运动逐渐成为英国城市管理的战略工具。通过建设健康城市,英国积极打造清洁美丽、居住安全的城市环境,稳定的、可持续发展的生态系统,保障所有城市居民食物、饮用水、住房等生活必需品需求,成为探索将世界卫生组织"人人享有健康"战略基本原则和目的转化为实践的有效途径[191]。

10.5.3 英国"健康城市运动"经验借鉴

英国健康城市运动作为一个长期的、国际化的项目,将复杂的健康理念和可持续发展有机地结合在一起,提高和改善了城市居民的生理、精神、社会和环境等水平。其涉及的领域非常广泛,既有住房、教育、营养、休闲、娱乐、健康和医药照顾等,也有就业、交通和环境,也涉及社会隔离、歧视、阶层差异以及宗教等,几乎涵盖了所有和健康相关的领域。2016年,《"健康中国2030"规划纲要》发布,文件指出"推进健康中国建设,是全面建成小康社会、基本实现社会主义现代化的重要基础,是全面提升中华民族健康素质、实现人民健康与经济社会协调发展的国家战略,是积极参与全球健康治理、履行2030年可持续发展议程国际承诺的重大举措"。从英国健康城市运动的历程可以发现,其要义在于"融健康于万策,走向健康城市",这是英国健康城市运动的战略精髓,也是我国在开展健康中国建设中需要吸纳学习的重要方面。

10.6 加拿大开展"健康社区活动"的实践经验对中国的启示

10.6.1 加拿大健康社区活动发展历程

加拿大采用系统、综合的方法来解决城市居民健康问题。1987年,加拿大启动健康城市战略,重点以社区为场景落实。1988年,实施范围已涵盖全国各大城市,一些乡村也被纳入进来,加拿大逐步建立起省级健康社区/城市网络,比较著名的有渥太华健康社区联盟等。

10.6.2 加拿大健康社区活动的建设指标

根据世界卫生组织提出的"健康城市项目"标准框架,其涵盖的内容非常广泛,但加拿大在实际操作中进行了本土化改造,目前形成了三方面的建设指标,这对我国开展城市公共卫生健康治理也有启示。

(1)健康评估标准:包括总体死亡率、死因分析、新生儿低体重等;关于健康服务方面则涵盖当前健康教育项目数量、儿童疫苗覆盖率、每位医师和护士为社区服务人数、民众拥有医疗保险的比例、基层医疗机构是否有针对少数族裔的语言支持、市政府年均对公共卫生问题的问责次数等;(2)环境指标:如大气质量、水源清洁度、污物处理效率、垃圾分类情况、垃圾处置效果、城市的绿化程度、公共空间可达性和闲置工厂土地利用状况、体育活动设施建设、步行区域设置、自行车道路规划、公交车辆座位供应、交通网络覆盖面和生活环境改善等方面的情况;(3)社会指标:如住户住房条件差比例、流浪者数量、失业人群占比、家庭收入不及全国平均水平的家庭百分比、幼儿园设立数量、活产儿的比率(＞20周、20～34周及＞35周)、堕胎率(相对于每一活产儿)、残疾人口就业率。

10.6.3 加拿大"健康社区活动"经验借鉴

对我国来讲,加拿大健康社区活动项目的一系列成功案例,特别是在发展和策划领域的典型实践具有很高的参考价值。

(1) 在城市规划中适度功能分区,加拿大各城市和城镇当局设立了严格的分区制,旨在控制土地使用的科学性,同时保障居民的身心健康。城市规范地分为生活区、商业区、工业区和机构区;并依据分区制,市区土地划分为不同的地带,对各自的使用和开发方向都作了一些明确的规定,如对建筑物的用途、面积、地点甚至外观等方面进行了限制。

(2) 重视公共交通建设。例如,蒙特利尔的城市规划者们为避免交通拥堵问题,重新考虑原本计划采用的正方形布局,改用斜线街区模式。此外,像蒙特利尔、温哥华和多伦多这样的城市正在不断优化其快速公交车、一般公交车、城郊列车、私家车和小轿车、自行车的混合出行体系,乘客可以在不同的交通方式间按照方便原则进行换乘选择。

(3) 历史保护与经济发展相协调。加拿大提倡历史遗迹保护与经济发展的协调统一。一些城市传统商业街和历史文化游览街附近的公共空间注意与周围历史遗迹风格一致,如多伦多著名金融街道YOUNG街(Young Street)BCE大厦(贝尔公司总部)为了保存原有建筑的韵味,特地存留了一面残墙,让古老的风格与现代建筑设计交相辉映,成为最能体现多伦多城市特征的地方,也成为一个著名景点[192]。

10.7 新冠肺炎疫情数字防控治理

数字技术在公共卫生决策中发挥了重要作用,这包括群体监测、病例判定、接触追踪以及基于流动数据和与公众沟通的干预评价。基于数十亿移动电话、大型在线数据集、连接设备、相对低成本的计算资源以及机器学习和自然语言处理的最新进展,基于数字的决策成为可能。与控制疫情暴发和大流行一样,控制新冠肺炎疫情的基础是发现和遏制感染群和社区传播的阻断,以减轻对人类健康的影响。这包括监测、快速病例识别、社区传播阻断和强有力的公共沟通。监测这些措施的执行情况及其对发病率和死亡率的影响至关重要。数字化应用改变了生活的许多方面。截至2019年,全球67%的人口订阅了移动设备,其中65%是智能手机,撒哈拉沙漠以南的非洲增长最快。在2019年,下载了2 040亿个应用程序,截至2020年1月,38亿人频繁使用社交媒体,这为应用数字技术进行防控治理奠定了基础。

10.7.1 数字流行病学监测

数字流行病学监测一个核心公共卫生功能是从时间、地点和人员方面了解感染传播情况,并确定疾病的危险因素,以指导有效的干预措施。使用一系列数字数据源可以为监测提供主要流行病学数据。在早期疾病检测数据来源方面,可以通过已建立的人口监测系统、临床医生诊断的病例和综合症状监测网络。症状监测网络是基于临床症状的报告,如"流感样疾病",而不是实验室诊断。

10.7.2 决策支持的数据可视化工具

数据监控大屏在大流行中得到广泛使用,能整理实时公共卫生数据,包括确诊病例、死亡和检测数据,以使公众了解情况并支持在线完善干预措施决策。新冠肺炎疫情数据监控大屏通常侧重于时间序列图表和地理地图,从区域级别的统计数据到案例级别的坐标数据。几个数据监控大屏能进一步对临床试验、政策和经济干预以及对保持社交距离效果进行反馈。但各国政府对统计数据的报告缺乏官方标准和不一致,使全球比较变得困难。并且,有时来自政府的最新统计数据也没有及时向社会开放。

10.7.3 快速识别病例技术

在大流行期间,早期和快速的病例识别对于病例的隔离和适当的接触是至关重要的,以减少继续传播,并了解关键的风险和传播模式。数字技术可以补充临床和实验室通知,通过使用基于症状的病例识别和广泛的社区检测和自我检测来获取传播,并且自动化完成、加速向公共卫生数据库报告。通过在线症状报告进行病例识别,如新加坡和英国,通过视频评估和检测,提供关于隔离和转诊的建议。

10.7.4 数字接触追踪

在病例识别和隔离后,需要快速追踪和隔离接触,以防止进一步传播。在传播率很高的地区,需要在越来越不可行或至少以传统手段具有挑战性的规模实施和监测这些干预措施。如果没有数字化工具,数字接触跟踪自动跟踪的规模和速度就不容易达到。这些减少了搜寻传染源的难度,特别是在人口稠密而且流动的地区。在新冠肺炎疫情全球大流行中,已经有几个国家开发了数字接触追踪 App,但在隐私问题上存在争议。

10.7.5 流动数据评估

智能手机通过 GPS、手机网络和 Wi-Fi 采集的聚集定位数据可以监测实时人群流量,识别潜在的传播途径,并深入了解公共卫生干预措施的有效性。但获取移动数据是一个重大挑战,这些方法引起了伦理和隐私方面的关切。如意大利智能手机用户的位置数据分析估计,在 2020 年 3 月 12 日宣布封城后的一周内,意大利各省之间的总出行减少了 50%。同时,数字鸿沟也是数字治理技术推广应用的一个软肋。在 2018 年,世界卫生大会关于数字健康的决议确认了数字技术在推进全民医保和可持续发展目标方面的价值。但世界上仍有 51% 的人口未订阅移动互联网。

城市公共卫生治理未来数字化水平将不断提升,病毒不分国界,越来越多的数字技术和数据也不分国界。迫切需要调整数字技术的监管、评价和使用的国际战略,以加强大流行和未来其他传染病的准备工作。

10.8 城市公共卫生领域精细化治理的未来发展方向

智能手段在公共卫生领域精细化治理能发挥重要作用,是未来发展方向,且具有可复制、可推广的深远意义。借助智能化工具,构建涵盖多种数据类型、全视角且广泛覆盖的城市公共卫生活动应急管理体系,并创建一个疫情联防联控大数据智慧决策中心。该系统及中心旨在强化城市应对公共卫生突发事件的管理效率,具体包括:全面掌握现况、整合调配医疗保健资源、集中公布重要资讯、实时传递关键命令、多个层级的协作配合、预测未来的发展趋势六项功能。同时,我们还需优化民众的健康记录文件,以确保各类型的医疗机构能与疾病预防部门之间有效地共享信息、交流意见并对可能的风险发出早期的警告。运用大数据和人工智能技术,深入研究公共场所、人口流动、活动轨迹等方面的情况,以便快速识别出高风险地区和高风险群体,从而进一步提升公共卫生风险评价和警报的先见性和准确性。预计将来我们会使用更多互联网设备、5G 通信网络和大数据/人工智能等新科技手段,扩大监控范围和时间段,进而提升公共卫生管理的精确程度。将来,有关的信息构建、大数据平台、测试与检查等方面都应被视为科技创新的关键区域。只有对企业的全部数据有深入了解,才能够明确哪些公司具备实施公共卫生精准管理的能力并具有创新潜力,这样一来,在紧急情况下就能迅速动员企业参与战斗;同时,对于日常的研究开发及投资活动也需要提前做好规划和预备工作。未来,相关信息建设、大数据系统、检验检测等都是科技应用重点领域。要全面掌握企业信息,知道有哪些企业拥有公共卫生精细化治理的技术和创新力量,在战时才能调动起来;而平常的科研、投资领域也均要有所布局和准备。未来城市公共卫生领域精细化治理一定是智慧化、智能化的阶段。

参考文献

[1] 黄璐.城市治理研究:文献梳理与评述[J].四川行政学院学报,2020(5):34-41.

[2] 郁建兴,王诗宗,杨帆.当代中国治理研究的新议程[J].中共浙江省委党校学报,2017,33(1):28-38.

[3] 李成瑞,张卓元.全面安排待业人员充分利用劳动力资源——兼论人口理论研究中的若干问题[J].经济研究,1980(8):17-24.

[4] 顾朝林.城市管治:概念·理论·方法·实证[M].南京:东南大学出版社,2003.

[5] 踪家峰,郝寿义,黄楠.城市治理分析[J].河北学刊,2001(6):32-36.

[6] 张明斗,刘奕.新时代城市精细化治理的框架及路径研究[J].电子政务,2019(9):76-84.

[7] 张驰,刘太刚.居民需求层次下的分层治理:城市治理的新视角[J].城市发展研究,2020,27(11):73-79.

[8] 乌尔里希·贝克,郗卫东.风险社会再思考[J].马克思主义与现实,2002(4):46-51.

[9] 何珊君,姚晓晖.风险治理理论视角下中外治理模式及其经验比较[J].华北电力大学学报(社会科学版),2022(3):43-54.

[10] 杨雪冬.改革路径、风险状态与和谐社会治理[J].马克思主义与现实,2007(1):17-24.

[11] 杨雪冬.风险社会理论与和谐社会建设——杨雪冬研究员访谈[J].国外理论动态,2009(6):1-6.

[12] 陶建钟.风险社会的秩序困境及其制度逻辑[J].江海学刊,2014(2):95-100.

[13] 李路路.社会变迁:风险与社会控制[J].中国人民大学学报,2004(2):10-16.

[14] 张文显.构建社会主义和谐社会的法律机制[J].中国检察官,2006(4):58-59.

[15] 刘婧.风险:当代社会的重要特征[J].东岳论丛,2005(1):193-196.

[16] 陈东冬.风险社会治理的理论依据、实践困境和创新路径研究[J].宁夏党校学报,2022,24(4):114-121.

[17] 赵秋.市域社会风险治理能力现代化的实现路径——基于韧性治理理论的分析视角[J].重庆行政,2021,22(4):67-70.

[18] 木永跃.流动人口社会风险治理:理论与路径[J].上海行政学院学报,2021,22(2):91-101.

[19] 陈樱花,陈安.专家谈|做好从"应急管理"到"应急治理"理论范式的转变[EB/OL].

[2019-11-19]. https://www.mem.gov.cn/xw/ztzl/2019/xxgcddsjjszqhjs/thwz/201911/t20191121341444.shtml.

[20] 佟德志,林锦涛. 基于大数据的应急治理创新:模式、优势与困境[J]. 中央社会主义学院学报,2021(1):186-196.

[21] 王勇. 基于4R危机理论的高校突发事件应对策略探析[J]. 邢台职业技术学院学报,2021,38(1):63-67.

[22] 黄玲. 应急治理中的社区组织联动研究[D]. 武汉:华中师范大学,2021.

[23] 高培勇. 财税体制改革与国家治理现代化[M]. 北京:社会科学文献出版社,2014.

[24] 杨宏山,石晋昕. 从一体化走向协同治理:京津冀区域发展的政策变迁[J]. 上海行政学院学报,2018,19(1):65-71.

[25] 闫冰. 城市社区治理的碎片化及其整合:协同治理的视角[J]. 郑州大学学报(哲学社会科学版),2021,54(5):27-32.

[26] 张雯. 协同治理理论视角下济南市老年教育服务供给研究[D]. 济南:山东大学,2022.

[27] 陈倩文. 柔性治理:农村干部的行动策略与治理限度[D]. 武汉:武汉理工大学,2020.

[28] 褚业娴. 乡村振兴背景下传统乡村柔性治理模式创新研究[J]. 南方农机,2022,53(5):65-68.

[29] 张雨. 韧性视角下社区应急治理困境研究[D]. 长春:吉林大学,2022.

[30] 孙建平. 超大城市风险治理[M]. 上海:上海人民出版社,2021.

[31] 赵瑞东,方创琳,刘海猛. 城市韧性研究进展与展望[J]. 地理科学进展,2020,39(10):1717-1731.

[32] 徐驰. 我国城市政府建设韧性城市问题研究[D]. 哈尔滨:黑龙江大学,2019.

[33] 朱正威,刘莹莹,杨洋. 韧性治理:中国韧性城市建设的实践与探索[J]. 公共管理与政策评论,2021,10(3):22-31.

[34] 梁正. 数字双赋打通韧性城市建设"最后一公里"[J]. 人民论坛·学术前沿,2022(Z1):26-34.

[35] 项松林,潘莉媛. 韧性城市的理念演进与发展路径——以合肥市为例[J]. 湖北经济学院学报,2022,20(6):120-127.

[36] 郭芃,李健,朱雅玟. 国际大都市城市更新中的科技创新转向:趋势与启示[J]. 上海城市管理,2023,32(4):9-17.

[37] 高见. 系统性城市更新与实施路径研究[D]. 北京:首都经济贸易大学,2020.

[38] 王嘉,白韵溪,宋聚生. 我国城市更新演进历程、挑战与建议[J]. 规划师,2021,37(24):21-27.

[39] 董昕. 我国城市更新的现存问题与政策建议[J]. 建筑经济,2022,43(1):27-31.

[40] 党云晓,湛东升,谌丽,等. 城市更新过程中流动人口居住就业变动的协同机制研究——以北京为例[J]. 地理研究,2021,40(2):513-527.

[41] 李静. 智慧城市发展背景下的现代城市规划设计[J]. 智能建筑与智慧城市,2023(7):48-50.

[42] 巫细波,杨再高. 智慧城市理念与未来城市发展[J]. 城市发展研究,2010,17(11):56-60.

[43] 方卫华,绪宗刚. 智慧城市:内涵重构、主要困境及优化思路[J]. 东南学术,2022(2):84-94.

[44] 胡广伟,赵思雨,姚敏,等. 论我国智慧城市群建设:形态、架构与路径——以江苏智慧城市群为例[J]. 电子政务,2021(4):2-15.

[45] 张骐严. 上海超大城市治理模式的数字化、精细化创新[J]. 科学发展,2021(11):62-71.

[46] 李文钊. 数字界面视角下超大城市治理数字化转型原理——以城市大脑为例[J]. 电子政务,2021(3):2-16.

[47] 白喆,董正浩,邓成明,等. 数字中国建设整体布局下新型智慧城市发展的研究与思考[J]. 通信世界,2023(13):25-27.

[48] 陈水生,甫昕芮. 人民城市的公共空间再造——以上海"一江一河"滨水空间更新为例[J]. 广西师范大学学报(哲学社会科学版),2022,58(1):36-48.

[49] 侯晓蕾,苏春婷. 基于人民城市理念的老旧社区公共空间景观微更新——以北京市常营小微绿地参与式设计为例[J]. 园林,2021,38(5):17-22.

[50] 戴颖宜,周素红,文萍. 流动人口主观幸福感影响因素及其对"人民城市"建设的启示[J]. 城乡规划,2022(2):84-92.

[51] 刘智慧,张泉灵. 大数据技术研究综述[J]. 浙江大学学报(工学版),2014,48(6):957-972.

[52] 贺全兵. 可视化技术的发展及应用[J]. 中国西部科技,2008(4):4-7.

[53] 刘勘,周晓峥,周洞汝. 数据可视化的研究与发展[J]. 计算机工程,2002(8):1-2.

[54] 曹策俊,李从东,王玉,等. 大数据时代城市公共安全风险治理模式研究[J]. 城市发展研究,2017,24(11):76-82.

[55] 本清松,彭小兵. 人工智能应用嵌入政府治理:实践、机制与风险架构——以杭州城市大脑为例[J]. 甘肃行政学院学报,2020(3):29-42.

[55] Wolfgang E. Introduction to Artificial Intelligence[M]. London:Springer,2017.

[57] Blackman T, Coombes M. Using Administrative Data for Intelligent Local Governance[J]. Newcastle University, 1996.

[58] Chikhale M M, Mansouri M, Mostashari A, et al. IntelligentGovernanceofLarge-scaleEngineering Systems：ASub-systemicApproach[C]//2012 IEEE International Systems Conference SysCon. Canada：[s. n.]，2012.

[59] 高奇琦,刘洋. 人工智能时代的城市治理[J]. 上海行政学院学报,2019,20(2):33-42.

[60] 张明斗,刘奕. 人工智能在城市治理中的应用逻辑与风险应对[J]. 湖南行政学院学报,2021(1):5-13.

[61] 中本聪. 比特币白皮书:一种点对点的电子现金系统[Z/OL]. (2020-01-07)[2023-06-28]. https://mp.weixin.qq.com/s?_biz=MzIwMjY0OTQ4Ng==&mid=2247483656&idx=1&sn=83daee6d5c3931b62a57decf9f10229d&chksm=96da3be9a1adb2ff67239918b7f51c78e63c0caec74a9e22e4ea2120c216ce03902ccdff2434&scene=27.

[62] 石娟,郑鹏,常丁懿. 大数据环境下的城市公共安全治理:区块链技术赋能[J]. 中国安全科学学报,2021,31(2):24-32.

[63] 袁勇,王飞跃. 区块链技术发展现状与展望[J]. 自动化学报,2016,42(4):481-494.

[64] 陈涛,马敏,徐晓林. 区块链在智慧城市信息共享与使用中的应用研究[J]. 电子政务,2018(7):28-37.

[65] 杨俊峰. 区块链技术在新型智慧城市建设中的应用研究[J]. 通讯世界,2018(10):36-37.

[66] 李斯雪,张毅. 区块链技术对城市治理创新的影响[J]. 湖北省社会主义学院学报,2022(6):96-103.

[67] 汤文仙,胡雅芬. 区块链在城市治理中的应用:价值、赋能与路径[J]. 城市观察,2020(6):92-102.

[68] 范金刚,邓迪,郭艳来. 建设区块链城市路径研究[J]. 信息通信技术与政策,2018(7):12-17.

[69] 李忆华,郑文佳. 区块链赋能城市社区治理及其实现路径[J]. 宁夏大学学报(人文社会科学版),2022,44(3):167-172.

[70] 孙超群. 区块链技术何以赋能城市治理:变革与挑战[J]. 城市发展研究,2021,28(12):62-67.

[71] 王雅楠. 整体性治理视角下城市社区网格化治理的优化研究[D]. 石家庄:河北经贸大学,2022.

[72] 王思斌.论民本主义的社区发展观[J].社会科学,2001(1):34-38.

[73] 蒲浩荣.我国城市社区治理模式研究[D].西安:陕西师范大学,2014.

[74] 祁文博.网格化社会治理:理论逻辑、运行机制与风险规避[J].北京社会科学,2020(1):119-128.

[75] 刘琪.城市网格化管理模式的拓展应用研究[D].上海:上海交通大学,2008.

[76] 魏源,赵晖.社会管理创新视角下的网格化治理模式研究[J].湖北民族学院学报(哲学社会科学版),2013,31(6):64-66.

[77] 唐亚林,钱坤.城市精细化治理的经验及其优化对策——以上海"五违四必"生态环境综合治理为例[J].上海行政学院学报,2019,20(2):43-52.

[78] 锁利铭,王雪.城市智能化升级的复杂逻辑、耦合变迁与治理转型——以"城市大脑"实践为例[J].广西师范大学学报(哲学社会科学版),2022,58(5):72-85.

[79] 刘锋.城市大脑的起源、发展与未来趋势[J].人民论坛·学术前沿,2021(9):82-95.

[80] 锁利铭."城市大脑"建设何以更加有序[J].国家治理,2021(17):11-15.

[81] 陈水生.城市治理数字化转型:动因、内涵与路径[J].理论与改革,2022(1):33-46.

[82] 陈思思.推进上海城市数字化转型构建"四梁八柱"治理框架[J].科学发展,2022(4):87-96.

[83] 王丛虎,乔卫星.基层治理中"条块分割"的弥补与完善——以北京城市"一体两翼"机制为例[J].中国行政管理,2021(10):49-56.

[84] 李蔚.安全韧性城市建设[M].上海:上海人民出版社,2022.

[85] 罗琦佳.城市治理体系和治理能力现代化研究[D].成都:西南交通大学,2019.

[86] 周望,徐萍.超大城市数字治理的先行示范——基于深圳实践的系统考察[J].深圳社会科学,2022,5(5):16-28.

[87] 广东省社会科学界联合会中国深圳综合开发研究院联合课题组.从新冠疫情防控看我国超大城市治理现代化的"三个能力"建设:深圳的视角[J].新经济,2020(11):23-30.

[88] 巩宜萱,史益豪,刘润泽.大安全观:超大型城市应急管理的理论构建——来自深圳的应急管理实践[J].公共管理学报,2022,19(3):46-57.

[89] 陈文,段召.深圳城市治理的三种模式研究[J].城市观察,2021(1):43-55.

[90] 苗田盛."路长制"运行的现状及管理对策研究[D].郑州:河南工业大学,2020.

[91] LuPeng.国际智慧城市安全治理比较研究[D].上海:上海外国语大学,2021.

[92] 李宣志.市域治理的末梢支撑:城市基层社区治理问题及进路[J].法制与社会,2021(19):

117-119.

[93] 谢丹.新时期公民参与城市社区治理问题探析[J].现代商贸工业,2021,42(5):27-29.

[94] 彭勃,杨铭奕.问题倒逼与平台驱动:超大城市治理重心下沉的两条路径[J].理论与改革,2023(3):79-93.

[95] 陆化普.城市交通供给策略与交通需求管理对策研究[J].城市交通,2012,10(3):1-6.

[96] 毛寿龙.城市治理与政策的秩序维度[J].中国青年社会科学,2018,37(1):26-30.

[97] 张桂敏,吴湘玲.文化堕距理论视角下农民工市民化"困境"与"出路"的分析[J].云南社会科学,2018(3):136-143.

[98] 中华人民共和国公安部.2021年全国机动车保有量达3.95亿 新能源汽车同比增59.25%[EB/OL].(2022-01-11)[2023-03-15].https://www.mps.gov.cn/n2254314/n6409334/c8322353/content.html.

[99] 黄坤达.城市交通拥堵问题的文化审视及治理路径[J].辽宁警察学院学报,2022,24(2):80-89.

[100] 马清.城市交通治理模式变革[J].城市交通,2019,17(1):45-50.

[101] 龙志刚,郭小壮,郭文奇,等.交通强国背景下城市交通治理关键问题及策略[C]//中国城市规划学会城市交通规划学术委员会.交通治理与空间重塑——2020年中国城市交通规划年会论文集.北京:中国建筑工业出版社,2020.

[102] 汪光焘,陈小鸿,叶建红,等.城市交通治理现代化理论构架与方法初探[J].城市交通,2020,18(2):1-14.

[103] 易承志,郭佳宇.城市环境精细化治理的现实逻辑与优化路径——基于需求-回应的分析框架[J].理论与改革,2021(1):62-75.

[104] 王芮东.城市环境治理问题分析及对策[J].资源节约与环保,2020(6):117.

[105] 郑国军.城市水环境治理问题及对策探讨[J].清洗世界,2022,38(1):91-93.

[106] 刘乾.城市环境噪声控制问题及治理策略[J].皮革制作与环保科技,2022,3(23):158-160.

[107] 沈香玲.上海市社区精细化治理现状及优化路径研究[D].上海:东华大学,2022.

[108] 陈大为.法治政府视阈下推进城市社区治理法治化研究[J].成都行政学院学报,2018(6):20-26.

[109] 李新刚.基层社会治理精细化的实践探索与提升路径[J].中共济南市委党校学报,2022(5):77-81.

[110] 林雄斌.面向拥堵治理的交通政策创新及其精细化管理趋势[J].道路交通与安全,2016,

16(4):1-6.

[111] 朱赤. 南通城市交通拥堵精细化治理的逻辑、困境与对策[D]. 苏州:苏州大学,2020.

[112] 李佳敏,郭亮,罗佳. 政策视角下城市交通治理模式发展趋势的推演[C]//中国城市规划学会,成都市人民政府. 面向高质量发展的空间治理——2020中国城市规划年会论文集(城市交通规划). 北京:中国建筑工业出版社,2021.

[113] 余敏江,邹丰. 制度与行动者网络:新加坡环境精细化治理的实践及其启示[J]. 学术研究,2022(7):44-51.

[114] 余敏江. 复合碎片化:环境精细化治理为何难以推进?——基于整体性治理视角的分析[J]. 中国行政管理,2022(9):89-96.

[115] 王丹丹. 城市管理应该像绣花一样精细[EB/OL]. (2023-05-24)[2023-06-28]. https://www.cntheory.com/xxsbzl/xxsbzywzxd/xxyd/dszx/202305/t20230524_56700.html.

[116] 林悦. 推进城市精细化管理进程在城市治理上下足"绣花"功夫[J]. 农村. 农业. 农民(B版),2019(7):42-43.

[117] 大连市城市管理局. 精细化赋能城市管理绣花功夫扮靓城市[J]. 城乡建设,2022(18):64-65.

[118] 李申华,徐伟. 日照市:用好"绣花"功夫提升城市精细化管理水平[J]. 城乡建设,2019(1):44-45.

[119] 邓倩. 数据驱动城市精细化治理的问题及对策研究[D]. 成都:电子科技大学,2022.

[120] 薛泽林. 从约略到精准:数字化赋能城市精细化治理的作用机理[J]. 上海行政学院学报,2021,22(6):57-66.

[121] 龙海波. 数字化视角下城市精细化管理发展路径探析——基于上海超大城市"有机生命体"调研[J]. 发展研究,2023,40(4):31-35.

[122] 中共成都市委党校学报编辑部课题组,杨阳. 多元主体参与下的城市社区治理研究——以成都市为例[J]. 大连干部学刊,2018,34(8):58-64.

[123] 杨慧琳,陈旺. 城市社区参与式治理的实现与思考——以新桥社区提案机制为例[J]. 产业与科技论坛,2022,21(12):170-171.

[124] 陈迎. 碳中和概念再辨析[J]. 中国人口·资源与环境,2022,32(4):1-12.

[125] 张景瑜. 碳中和视角下的城市治理与可持续发展探究[J]. 科教文化,2021(10):45-47.

[126] 刘中民. "碳达峰"与"碳中和"——绿色发展的必由之路[EB/OL]. (2021-08-13)[2023-07-15]. https://www.cas.cn/zjs/202108/t20210813_4801862.shtml.

[127] 刘曼,王国恩.以人为本理念下的城市总体规划实施评估框架与体系[J].规划师,2019,35(20):26-31.

[128] 谢坚钢,李琪.以人民为中心推进城市建设[EB/OL].(2020-06-16)[2023-07-13].http://www.xinhuanet.com/politics/2020-06/16/c_1126118861.htm.

[129] 杨峰,胡秋涵,任运月.智慧化城市治理:驱动、挑战与进路[J].成都大学学报(社会科学版),2022(4):26-35.

[130] 张亨明,章皓月.城市治理智慧化的理论分析与实践探索[J].求索,2021(6):156-164.

[131] 邢鸿雁.数字化城市管理中存在的问题及对策[J].住宅与房地产,2021(12):33-34.

[132] 吉福星.以"数智化"提升城市治理[EB/OL].(2021-04-27)[2023-07-15].http://theory.people.com.cn/n1/2020/0427/c40531-31689047.html.

[133] 王新哲,黄建中.城市总体规划文本表达技术实践特征与思考——以《上海市城市总体规划(2017—2035年)》为例[J].城市规划,2020,44(9):85-92.

[134] 上海通.2035愿景:卓越的全球城市[EB/OL].(2019-12-05)[2023-07-11].https://www.shtong.gov.cn/n258239/20210701/437022.html.

[135] 泮伟江.我国超大规模城市社会的风险治理及其挑战[J].民主与科学,2021(4):38-43.

[136] 泮伟江.中国超大规模城市法律治理[J].国家检察官学院学报,2020,28(6):16-33.

[137] 魏华.人工智能赋能超大城市治理现代化[J].理论视野,2022(10):67-72.

[138] 熊丽.大城市治理更需细功夫[J].秦智,2021(4):11.

[139] 徐观峰.整体性治理视阈下上海"一网统管"建设路径研究[D].上海:中共上海市委党校,2022.

[140] 郁建兴,樊靓.数字技术赋能社会治理及其限度——以杭州城市大脑为分析对象[J].经济社会体制比较,2022(1):117-126.

[141] 浙江省人民政府国有资产监督管理委员会.杭州"城市大脑"让城市更聪明[EB/OL].(2021-10-11)[2023-07-15].http://gzw.zj.gov.cn/art/2021/10/11/art_1229565209_23350.html.

[142] 胡晓雨.伦敦城市韧性战略:打造人、空间、过程韧性的城市[EB/OL].(2022-06-01)[2023-07-17].https://sghexport.shobserver.com/html/baijiahao/2022/06/01/758800.html.

[143] 杨灵芝.城市基层社区治理模式的实践探索[J].中国航班,2022(23):295-298.

[144] 易臻真.社区治理|城市基层治理如何高质量发展[EB/OL].(2022-04-18)[2023-07-13].

https://www.thepaper.cn/newsDetail_forward_17669656.

[145] 朱广堂,管雯君.时空大数据支持的新型城市治理信息平台研究与实现——以广东省佛山市禅城区为例[J].中国名城,2019(8):34-40.

[146] 崔凤霞.广东省佛山市禅城区:"大数据·微服务"构建社区治理服务新模式[EB/OL].(2022-02-23)[2023-07-14].http://zt.cncn.org.cn/2022/imibg/news/2022-02-23/6064.html.

[147] 金悦磊.公众参与让社区治理不冷漠[EB/OL].(2001-12-30)[2023-07-16].http://www.banyuetan.org/gj/detail/20200228/1000200033136201582856922412769227_1.html.

[148] 王沁泉.城市社区治理结构及多元主体治理逻辑——基于上海市和美国阿灵顿县社区案例研究[J].环球市场信息导报,2017(2):20.

[149] 王淑佳,唐淑慧,孔伟.国外低碳社区建设经验及对中国的启示——以英国贝丁顿社区为例[J].河北北方学院学报(社会科学版),2014,30(3):57-63.

[150] 城市运营.全球六个养老地产成功案例总结[EB/OL].(2019-09-30)[2023-07-06].https://www.sohu.com/a/338449664_100193744.

[151] 前瞻产业研究院.日本港北新城养老地产模式分析[EB/OL].(2018-09-30)[2023-07-08].https://f.qianzhan.com/jiankangdichan/detail/180903-7ed76d19.html.

[152] 张兴杰.提升城乡社区治理现代化水平(治理之道)[EB/OL].(2021-11-26)[2023-07-05].http://opinion.people.com.cn/n1/2021/1126/c1003-32292260.html.

[153] 汪光焘,单肖年,张华,等.数字化转型下的城市交通治理[J].城市交通,2022,20(1):1-9.

[154] 赖锴.城市道路交通治理的问题及优化路径[J].辽宁警察学院学报,2021,23(1):76-80.

[155] 李晨毓.上海智慧城市基础设施与智能网联汽车融合发展思考[J].交通与港航,2023,10(2):79-83.

[156] 涂辉招.上海智能网联汽车的新发展与新机遇[J].张江科技评论,2022(1):42-43.

[157] 吴俊贤,张小信.上海市智能网联汽车规模化示范应用发展分析[J].人工智能,2022(4):78-87.

[158] 柴佳蕾.空间乱象与秩序重构:共享单车治理研究[D].上海:华东理工大学,2019.

[159] 陶丽丽.大中城市共享单车协同治理的优化研究[D].上海:上海师范大学,2019.

[160] 李希喆.我国城市公交服务公私合作机制(PPP)的实践研究[D].北京:华北电力大学,2014.

[161] 毛旭东.我国公交行业的特许经营研究[D].南京:南京财经大学,2012.

[162] 蒋中铭.东京都市圈轨道交通发展历程、特点和经验[J].综合运输,2021,43(9):119-125.

[163] 罗求生,曾文静.低碳社区建设及其实践——以英国贝丁顿"零碳社区"为例[C]//中国城市科学研究会,江苏省住房和城乡建设厅,苏州市人民政府.城市发展与规划论文集.江苏:[出版者不详],2018.

[164] 巢美.国外城市道路拥堵收费模式研究以及对北京的启示[D].南昌:江西财经大学,2013.

[165] 郭洁.智慧城市建设对城市交通拥堵改善的影响研究[D].成都:电子科技大学,2020.

[166] 肖佳.城市环境治理中存在的问题与对策研究[D].湘潭:湘潭大学,2018.

[167] 郭家欣.党建引领城市治理研究[D].上海:中共上海市委党校,2022.

[168] 雒阳阳.黄浦江水体污染区域协同治理机制研究[D].上海:上海师范大学,2014.

[169] 王雯.美丽长三角|共建清洁美丽长三角示范区 2021 年度生态环境质量状况发布[EB/OL].[2022-06-06]. https://mp.weixin.qq.com/s?_biz=MzA5NzM0NjUwOA==&mid=2652195028&idx=1&sn=b28e4c26795f1645cb944749b67bc234&chksm=8b43de77bc34576169685dcac4ec598b11f3cf5e1c843c767b4d7a930d5842bb498bc0bb1c9c&scene=27.

[170] 夏奕宁.跨域一体、绿色共生!长三角示范区生态环境一体化保护典型案例近日发布[EB/OL].[2023-01-14]. https://mp.weixin.qq.com/s/Z2qFDmAJnE7DwhVCdM_29w.

[171] 刘青.以伦敦泰晤士河为例的英国水务管理启发[J].智能城市,2021,7(14):159-160.

[172] 王友列.英国泰晤士河水污染治理及对淮河流域的启示[D].合肥:安徽大学,2016.

[173] 崔曙平,王莉.伦敦泰晤士河水环境治理的经验与启示[J].江苏建设,2016(4):69-73.

[174] 由文辉,顾笑迎.国外城市典型河道的治理方式及其启示[J].城市公用事业,2008(4):16-19.

[175] 陈志萱.法国成功改造了塞纳河[J].青海科技,2014(1):67-68.

[176] 王诗文.德国鲁尔区大气污染治理的法律规制对中国京津冀区域化治理的借鉴[C]//中国法学会环境资源法学研究会,河北大学.2017 年全国环境资源法学研讨会(年会)论文集.2017.

[177] 江山,林超君.19 世纪和 20 世纪德国鲁尔工业区环境问题与综合治理[J].南京林业大学学报(人文社会科学版),2020,20(5):81-93.

[178] 赵志诚.从废弃垃圾堆放场到城市公园的景观改造研究[D].哈尔滨:东北林业大学,2011.

[179] 张心欣.城市垃圾填埋场生态修复中的景观方法与应用研究[D].苏州:苏州大学,2018.

[180] 王志磊.基于生态设计的城市垃圾填埋场景观设计[D].聊城:聊城大学,2016.

[181] 倪蓁,郑钦玉,雷均,等.垃圾处置地的生态恢复原理与实践——以清泉垃圾填埋场为例

[J].安徽农业科学,2009,37(31):15365-15367.

[182] 虞莳君,丁绍刚.生命景观从垃圾填埋场到清泉公园[J].风景园林,2006(6):26-31.

[183] 马德帅.习近平新时代生态文明建设思想研究[D].长春:吉林大学,2019.

[184] 程广鑫.从"粗放式"到"精细化":北京市朝阳区城市环境治理机制之创新[J].行政与法,2020(11):86-94.

[185] 段宇宏.基层公共卫生治理面临的形势和挑战[J].中国经贸导刊(中),2020(10):144-145.

[186] 孙菊.疫情推动公共卫生治理现代化改革[J].人民论坛,2020(S1):38-41.

[187] 谢轩骞."新公共卫生"简介[J].河南预防医学杂志,2006(2):128-129.

[188] 罗德志,杨劼,罗蒙英,等.我国公众参与公共卫生的发展、概念及其理论检视[J].卫生软科学,2006(4):382-384.

[189] 张丽.新时期公共卫生治理结构的转型与重塑[J].中国卫生事业管理,2010,27(8):511-512.

[190] 茆京来.超大城市公共卫生治理体系中存在的风险隐患和对策建议[J].中国卫生资源,2022,25(3):269-272.

[191] 周向红.欧洲健康城市项目的发展脉络与基本规则论略[J].国际城市规划,2007(4):65-70.

[192] 周向红.加拿大健康城市实践及其启示[J].公共管理学报,2006(3):68-73.